PAUL ADAM

CRITIQUE
Des Mœurs

PARIS
ERNEST KOLB, ÉDITEUR
8, RUE SAINT-JOSEPH, 8
—
Tous droits réservés

CRITIQUE DES MŒURS

OUVRAGES DE PAUL ADAM

CŒURS UTILES

EN PRÉPARATION

DIEU

ÉMILE COLIN — IMPRIMERIE DE LAGNY

PAUL ADAM

CRITIQUE

DES MŒURS

PARIS
ERNEST KOLB, ÉDITEUR
8, RUE SAINT-JOSEPH, 8

Tous droits réservés

POUR ÉDOUARD DUJARDIN

CRITIQUE DES MŒURS

DE LA CRITIQUE

Pour la plupart des écrivains qui la signent, la critique semble le prétexte vulgaire de conter aux gens des antipathies ou des goûts.

Une œuvre emporte la louange si elle leur donne l'émotion d'y reconnaître des idées latentes en leur propre esprit, des sentiments analogues à ceux qu'ils convoitent; en un mot si elle les délivre de leurs gestations obscures.

Elle déplaît si les dogmes offerts contredisent leurs penchants, s'ils s'opposent à la propagande de leurs théories personnelles.

La critique aime ou hait. Elle se passionne. Par suite elle opère dans l'erreur.

Car le plus détestable critérium sera toujours

l'émotion. Un effort moral, littéraire ou politique peut n'en susciter aucune d'importante, soit que notre âme ait à réfléchir pour le concevoir, soit que nous ayons perdu la notion des mobiles originels dont il procède. Sa beauté n'existera pas moins en dehors des sensations évoquées.

L'énergie de Louis XI reconstituant la France, sans troupes, sans argent, sans amitiés, malgré les hommes de Bourgogne et d'Angleterre, présente une beauté. Mais comme elle ne soulève pas d'émotion brutale, comme elle exige beaucoup d'examen, l'œuvre de ce roi séduit moins la majorité des esprits que la gloire inutile et grossière de Louis XIV.

Les livres de Flaubert concourent sans doute à la plus heureuse manifestation du génie gallo-romain. Ils finiront par se classer avec les écrits d'Eschyle, du Dante, ceux de Rabelais, de Shakespeare, le *Sepher Bereschit* de Moïse, et les poëmes de Firdouzi. Seulement, pour réussir à en admirer la magnificence, il importe de suivre, à travers les formes, l'ampleur du cycle philosophal qui passe de *Bouvart et Pecuchet* à *La tentation de saint Antoine*, qui saisit toute l'humanité encore qu'elle se dérobe sous les allures diverses des époques. La sobriété de la thèse, la pudeur vénérable de déguiser le motif des dogmes, égarent l'opinion autrement émue et secouée par le tambour rythmique de Victor Hugo.

Lors des batailles prochaines, l'anarchiste humanitaire dont le refus de tuer vouera la vie aux douze bourreaux en uniformes aussitôt constitués par le conseil de guerre, extériorisera, en ce martyr, une beauté morale plus haute que celle de Décius se jetant au gouffre pour sauver Rome. Car l'anarchiste n'espérera point l'assentiment unanime pour récompense. Inapte à comprendre l'idée trop vaste de l'amour universel, la multitude imputera ce sacrifice à la lâcheté ou à la folie parce qu'il déconcertera les traditions les plus fermes. La vanité de l'intelligence vulgaire, froissée d'être contredite, blâmera l'acte sublime. D'ailleurs l'émotion ainsi causée touchera beaucoup moins les gens que l'enthousiasme mis dans l'âme publique par l'histoire du sergent Bobillot conforme à la banalité des croyances.

Du convenu et de la passion, des préférences innées ou adventices, la critique devrait affranchir, avant tout, les esprits, se fermer définitivement à l'émotion et considérer l'œuvre hors des contingences.

Le labeur deviendrait certainement moins commode. Aujourd'hui, le feuilletonniste ne prend guère de peine. Il exprime des sentences selon le caprice de sa papillonne, le souci de sa situation ou les engagements de ses amitiés. Cet an, le ton en faveur est un scepticisme fin, muni d'indulgence, avec une plaisante manie de réaction propre à soutenir les efforts moroses des imitateurs universitaires, les théories naguère démodées du centre gauche et, quant aux mœurs, l'impertinente facilité en usage sous la Régence. On se veut doctrinaire à la façon de 1840 ou roué comme un ami de Richelieu. Voilà pour l'apparence.

Elle seule occupe.

La critique s'inquiète moins de son caractère obligatoire : l'impersonnalité. La logique ne la tente pas, non plus que la solidité ; et c'est chose téméraire de proposer ici une nouvelle sorte de jugement.

Ne semble-t-il pas désirable toutefois de le faire, moins dans l'espoir de persuader que dans celui d'intéresser.

Donc, au sens de quelques-uns, la critique aurait pour devoir de rechercher impartialement, en chaque œuvre, selon les indices manifestés, le principe, le dogme d'après lesquels on la conçut. Le juge y donnerait de l'approbation ou de l'improbation selon qu'elle lui paraîtrait conforme à ce principe ou contradictoire avec lui.

Que l'on se propose par exemple de porter un jugement critique sur la société contemporaine. Il siéra de dire comme il suit.

Les hommes de 1789, en renversant le pouvoir monarchique dont le principe était l'honneur, euphémisme de la force, lui opposèrent le principe de la Vertu attribué par La Rochefoucauld à la forme républicaine du gouvernement. Selon ce qu'ils émirent de leurs actes, de leurs écrits, la vertu se pouvait définir : le respect des lois par eux offertes. Ces lois codifiées sous l'empire donnèrent pour assise à l'ensemble social, la propriété héréditaire. Elles enjoignent donc aux citoyens la vénération du bien d'autrui et celle du mariage.

Car le fils conçu par l'intermédiaire d'amant vole, à l'heure d'hériter, la fortune du père putatif, et cela de complicité avec la mère. Il y a tromperie sur la personne et la qualité, par conséquent escroquerie, larcin.

Or, les observations de psychologie sociale recueillies depuis cent ans révèlent l'extraordinaire fréquence de ce dol. Les statistiques affirment que chaque mari, en France, est trompé une fois et demie selon la moyenne, durant l'époque de la cohabitation conjugale.

Le principe de la propriété héréditaire se trouve ainsi constamment dénoncé. Quand il agit en amant, le citoyen revêt aussitôt la qualité de voleur, et, par là, s'insurge contre la loi qu'il vante.

D'autre part, les fortunes composées en ce temps ne le furent guère qu'au moyen de la filouterie. Cela se démontre par les banqueroutes innombrables des notaires, les procès civils, les faillites commerciales, les gigantesques détournements de la Société des métaux et de la Compagnie de Panama.

Tous ces hommes qui posent en dogme la vénération de la propriété, consomment leur vie à la violer par les ruses les plus géniales. Autrefois, pour dépouiller une nation, il fallait des armées, des étendards, des buccins, des batailles, des milliers de chevaux et de vélites; et le sort n'était pas sûr. Maintenant dix hommes se réunissent, lancent une affaire, proclament un mensonge, intéressent trois ministres et cent députés dans leur entreprise et du jour au lendemain, sans armées, sans batailles, sans risques, les cent vingt larrons chamarrés de leurs ordres raflent l'épargne de tout un peuple acquise elle-même d'ailleurs par les pires, les plus minimes et les plus cruelles malversations.

En sorte que depuis les siècles historiques, le monde tourne afin que se développe l'art du vol prêt à atteindre son apogée sous notre régime de République.

Il s'ensuit que la propriété et le mariage sont les deux choses perpétuellement reniées. Par ses actes, la société contemporaine se proclame contradictoire avec son principe, la vertu. La critique se doit de juger détestable l'état présent de vie, de le vouer à la destruction la plus prompte, pour substituer à la vertu un meilleur criterium : l'altruisme, par exemple.

Cette sorte de critique s'étendrait aussi bien à la morale et à littérature.

Ainsi, que l'on choisisse, parmi les lectures excellentes de l'époque, les poèmes de M. Francis Vielé-Griffin. L'on y découvrira sans peine, avec un peu de perspicacité artistique, le dogme qui les meut.

Les *Cygnes*, *Joies*, la *Chevauchée d'Yeldis*, marquent une philosophie sereine. Il s'en déduit que l'homme est un *état* de l'énergie cosmique, selon le sens qu'attribuent à ce mot les déductions de la science exacte. L'unique bonheur, la félicité suprême résident dans la conscience la plus fréquente de cette vérité, dans la Vie de l'Univers intégralement imaginée sur la suggestion offerte par le simple fait de nature ou la naïve attitude humaine. Un refrain de chanson ancienne est dit. Voici le sentiment qui naît, pare l'âme, croît, au cours de la strophe, se complique, embrasse le monde, synthétise les connaissances, fréquente le postulat dernier : Dieu. Les strophes descendent de cette apogée, et, graduellement, de l'infini contemplé, elles reviennent à l'image initiale, qui reflète et contient merveilleusement le rythme total des Forces. *Les Joies, le Porcher, le Gué*, donnent tout cela par leurs vers affranchis de l'antique étreinte prosodique, et qui jaillissent de la mesure coutumière pour s'adapter à une seule cadence tour à tour élargie et restreinte sur l'allure extensive ou serrante de la pensée.

La parfaite accommodation au dogme des symboles et de leur forme doit induire à conclure que l'œuvre de ce poète est des meilleures.

L'on peut dire, en somme, que le seul critérium est l'harmonie de l'intention à l'expression. L'œuvre devient louable si cette harmonie sonne, mauvaise si on ne l'y rencontre pas. Et cela est à peu près absolu.

La critique ne peut donc pas, rationnellement, se passionner, haïr ou chérir, avoir des impulsions et des répulsions. Quiconque s'attribue le droit de juger, se doit distraire de ses émotions et de ses goûts personnels. Il doit, s'il convient, louer ce qu'il déteste, ou blâmer ce qui le touche, esclave de la règle d'harmonie qui éprouve les œuvres en ressort suprême.

Les présents essais de critique tenteront de ne pas se départir de telles notions; mais on n'y réussira sans doute point, en chaque page.

CRITIQUE DES MOEURS

DE L'AMANT

L'on a dit beaucoup de sottises sur les maris et très peu de vérités sur l'amant.

La littérature romantique le dépeignit noble et fougueux; l'école sentimentale en fit un consolateur attentif; les naturalistes le montrèrent plein de tempérament. Avec autant de sincérité, la *Gazette des Tribunaux* le décrit encore d'autre façon : l'amant des comptes rendus est surtout un personnage équivoque.

Lorsque la justice se décide à sévir contre les ménages du monde dont l'allure pimente le potin local, il se révèle toujours de singulières choses. On découvre que famille et amis, ce milieu généralement considéré, n'est pas moins exempt de vice que l'épouse expiatoire. Les gens sommés de comparaître afin d'instruire les juges sur les mœurs de l'accusée subissent le plus souvent des indiscrétions d'audience qui mettent leur âme en fâcheuse lumière.

Ainsi en fut-il pour ce beau capitaine à qui les cascadeuses de l'adultère écrivaient : « Mon cher ami, nous dînerons ce soir ensemble. Je t'offrirai le paiement de l'addition, car je sais que tes ressources ne te permettent pas de luxe... » Auparavant, nous savions que madame Achet envoyait au soldat de ses rêves cinquante louis pour la réparation d'un revolver. L'ami de madame Weiss n'oublia point que l'époux à éliminer par l'arsenic avait contracté une assurance de dix mille francs et rappela en une lettre à sa maîtresse les mesures utiles afin de ne point perdre cet avantage posthume.

Il n'est guère de procès bourgeois ou mondain qui ne proclame la vilenie de l'amant. Et, de fait, si basses sont les fonctions galantes qu'elles ne peuvent manquer d'avilir la conscience.

Sait-on plus humiliante attitude que celle de l'homme dominé par l'instinct amoureux? Toutes les sottises, il les accomplit. Tous les ridicules, il les accepte. On le voit courir derrière son choix avec une ténacité canine. Il monte dans le même omnibus; il en descend; il saute en fiacre, en bateau, en wagon. Il attend sous les portes.

Il arpente le trottoir devant les fenêtres où il La soupçonne de guetter. Sa boutonnière se pare de fleurs, sexes des plantes, pour un symbolisme excessif.

Il abdique sa dignité : il flatte le concierge, courtise la cuisinière, soudoie le groom ; il boirait avec les laquais. Les plus sottes phrases éclosent sur ses lèvres babutiantes; il murmure des louanges d'une banalité sempiternelle et prend des attitudes plastiques à faire hurler les guenons. Dépourvu de voix, il fredonne des couplets insipides. Dénué de littérature, il commet des acrostiches et des odes. En vieil habit passé de mode, il parade et se pavane. Timide, il devient querelleur. La bêtise de l'instinct l'opprime. Il ne La quitte pas du regard : il La suit et L'obsède de son geste tremblant ou bestial, les veines gonflées, l'œil lamentable et quêteur. Rien ne lui coûte ; il se prive de luxe et de propreté ; il ruinerait sa famille. Tour à tour, pâle et congestionné, rapide et chancelant, impertinent et servile, le corps secoué de mouvements nerveux et l'âme vide de pensées hautaines, le citoyen moderne ne rappelle jamais plus qu'en état d'amour l'anthropoïde ancêtre des temps lacustres et l'animalité originelle.

Et le pis est que plus l'homme rampe dans l'ordure, moins résiste la femme. Le dégoût ne la prend pas, qui semblerait la seule impression logique. Cependant des gens écrivent pour démontrer que la femme est un être de finesse délicate.

L'ignominie des rapports intimes ne le cède pas aux hontes de la poursuite. Voilà le galant dans la place. Il se travestit volontiers en domestique et en commissionnaire. Il flagorne le mari, le vante, l'exalte, et refoule au fond de son âme tout ce qui contrarierait les opinions les plus superficielles du monsieur qu'il prétend au plus tôt voler, déshonorer, ridiculiser. Pour occuper la position, aucune traîtrise ne lui répugnera.

Quoi de plus lâche que cette rivalité de l'amant contre le mari, où l'agresseur se dissimule et se dérobe ? Cependant il subjugue peu à peu la femme. Il s'agenouille et il baise les semelles. Il tient devant elle le rôle d'un ivrogne enœillant une bouteille convoitée par son estomac.

« Madame, dit-il, que pensez-vous de l'amour de l'homme pour le vin de Tokay?.. N'est-ce point là une sensation bien subtile et infiniment exquise... Imaginez-vous qu'il existe des gens assez grossiers pour vouloir du Johannisberg... Ah! se trouver un soir avec une bouteille comme vous, sœur de ma soif ardente, devant l'éternité de l'Univers et pour la douceur de la vie... Croyez-le bien, madame, il y a des alliances prédestinées, des affinités mystérieuses... entre certaines soifs et certaines bouteilles... Quelle adorable étiquette pare votre verre si limpide, si délicieusement verdâtre... Votre goût n'erre jamais. Oh! ce jet de lumière dans le blond de votre bouchon! Ravissante! en vérité! Ah! comme je vous aime et comme votre impassibilité me désespère! »

Il y a cette différence entre la bouteille et la femme, que celle-ci se laisse toujours leurrer par les périphrases sentimentales sous quoi l'amant dissimule assez mal son appétit. Car, bien qu'en puissent dire d'aucunes et d'aucuns, ce sentiment n'est jamais qu'allusion préparatoire, et si transparente!

Certes, il vaut moralement bien peu l'homme qui, pour obtenir quelques médiocres satisfactions d'épiderme, supprime sa loyauté, subit les caprices de la coquette, tolère les alternatives d'avance et de recul dont se délecte l'étroite cervelle féminine, répudie ses croyances afin de séduire le mari, — et cela avec l'intention très arrêtée de mentir, le lendemain de la victoire passionnelle, à ces serments et à ces allures de comédie.

L'art d'aimer est uniquement l'art de mentir. Les âmes viles, les âmes d'histrion peuvent s'y plaire. En effet, la femme adore la tromperie et le théâtre; Si au fond de soi elle ne croit point au sentiment, elle se livre parce que l'amant qui fait sa cour joue comme sur la scène. A ce baladin d'intimité elle offre ses faveurs pour applaudissements.

L'amant est toujours un satyre ou un fat. Dans le premier cas il faut excuser le malade. Je ne sais rien de plus triste que le monsieur asservi à son tempérament, esclave de la chair, et qui va, par la vie, avec une âme hagarde que presse le besoin. Sans doute la thérapeutique future découvrira-t-elle un remède pour ces malheureux. Quant au fat, il devrait encourir la sévérité des lois.

Ils pullulent, les hommes niais, impersonnels, acquis à l'opinion générale, incapables de nourrir une ambition un peu haute dans l'ordre intellectuel et qui se proposent, en manière de gloire, la multiplication de leurs amours. Pour cela seul ils vivent, hallucinés et vaniteux, portant au visage la vantardise de la conquête récente. Ils vivent dans le mensonge et l'instinct et, par là, s'avilissent rapidement jusqu'à élire pour commanditaire la femme qui accueille leurs effusions. Cependant, il n'est point facile de comprendre quelle logique peut inciter un homme bien élevé à se targuer d'un triomphe amoureux. C'est aussi le prestige recherché par le héros de l'écurie ou de l'office, celui qu'arbore le militaire traînant dans les promenades publiques une servante épanouie ou la fillasse des carrefours. La singulière émulation que de rivaliser avec la canaille qui, elle, se glorifie toujours pour des raisons autrement sérieuses !

Si les femmes savaient ce que disent les plus épris au sortir de leurs bras, sans doute elles périraient de honte. L'amant ne les a conquises par tant de bassesse que pour les flétrir. Que l'on pénètre dans un cercle d'hommes causant amour à l'heure du cigare, nul ne pourra distinguer s'ils parlent des faiblesses d'une épouse ou du métier d'une catin. Les mêmes termes salissent l'une et l'autre. Et, de fait, quel respect pourraient-ils devoir à celle que ne dégoûtèrent point leurs grossières manœuvres ? Ne leur sont-elles pas semblables ? Car le fat rapporte à lui-même, à la perfection de son extérieur et de son esprit, tout le mérite de la victoire. Non plus que ses maîtresses qui se fardent de sentiments, il ne tient compte de la sollicitation physiologique.

En réalité, quand deux êtres de sexes contraires et sympathiques sont en présence, il se produit entre eux un courant de fluides qui les attire l'un vers l'autre, absolument comme s'attirent deux pôles électriques contraires dans l'expérience du laboratoire. Il y a un état amoureux de l'humanité, comme il a un état électrique de la matière. L'homme porte le fluide actif ou positif, la femme le fluide passif ou négatif. De même qu'après l'étincelle l'antagonisme des fluides disparaît dans l'état neutre, de même, après la possession, l'amour souvent s'évanouit. D'ailleurs l'état électrique et l'état amoureux s'identifieront peut-être pour la science, puisque l'on constate qu'aux temps d'orage la femme s'émeut et succombe plus facilement.

Le malheur est qu'on ne veut pas admettre de pareilles certitudes. Par crainte de chercher sincèrement l'émotion agréable, on déguise le souhait charnel sous tout un fatras qui vit uniquement de redites littéraires et de mauvaise versification. On préfère garder des rêveries médiocres qu'exploitent les roués et les goujats.

Il le faut bien constater. Le jeune homme moderne recherche l'adultère par économie ou même par cupidité. Rien de moins rare, en province surtout, que de voir installé chez le bourgeois opulent un gaillard de moustache guerrière qui mange à la table du monsieur, chasse sur ses terres, use de ses équipages, se fait ouvrir des comptes chez ses fournisseurs et lui emprunte même le louis de poche. Il préconise telle villégiature, conseille le menu, récite des poésies, dessine les toilettes de madame en attendant qu'elle lui ouvre l'alcôve où il s'acquitte. Une cocotte, au contraire, lui coûterait. Voilà le mot de la « Cruelle Enigme ».

Et le mari? dira-t-on. Le mari souvent a tout tenté pour tenir sa femme dans le devoir. Mais gâtée par les romans dits honnêtes qui peignent le vice sous des couleurs sentimentales et intéressantes, l'épouse a cru trouver le bonheur en réalisant ces sottes histoires. L'heure du lieutenant a sonné pour elle. Le mari a bien songé à l'éclat, à la tragédie. Il y a les enfants. Le sage attend que passe la tempête, celle des sens comme celle du temps. Il accepte l'inévitable, avec ce raisonnement que la satiété tue la passion. En effet Madame se lasse. Le mousquetaire cassé aux gages va chercher ailleurs le gîte, la pâture et le reste. Mais un autre passe bientôt. La maison est bonne, la dame hospitalière. Une nouvelle expérience tente la repentie. Le ménage se sépare de fait, sinon d'apparence. Madame s'appelle Clarisse au Cercle des Coqs et « Clo » au Grand Café. Afin d'échapper au ridicule, Monsieur soupe avec les figurantes des troupes passagères ou bien il entretient une modiste.

D'abord la femme a suivi son cœur. Vindicative, elle gardait de graves rancunes pour certaines paroles échappées à l'époux aux minutes d'impatience; et ce lui a été une vengeance très douce, savourée, que la première faute. Au second amant, elle a évoqué les exemples historiques, la perversion des grandes dames, et elle a jugé de haut ton ce mépris du ménage...; puis viendra le désir de savoir la vraie fête, de visiter incognito les cabarets de nuit, de courir les petits théâtres, les édens, les lieux de joie, de graver son prénom sur les glaces et de verser, elle aussi, le champagne dans le piano. C'est elle qui paiera : « Je t'offre l'addition, car je sais que tes ressources..... » Devant ses bonnes amies, elle déclarera : « Je ne veux être qu'un honnête homme. » Elle rira aux éclats du « petit que j'entretiens. » A vingt ans, ses filles non pourvues enseigneront le piano au cachet, et ses fils peineront sans avenir dans des emplois de comptable.

L'amant, lui, aura épousé la fille de sa plus riche maîtresse; et, quand ses petits atteindront l'âge où le cœur s'éprend, il leur dira, en bon homme, la voix tout émue : « L'amour, voyez-vous, mes enfants, c'est encore ce qu'il y a de meilleur dans la vie ! »

*
* *

Cette sorte d'hommes est la vulgaire. Le type de l'amant a donné, dans l'histoire, des exemples d'héroïsme et d'aberration magnifiques. Rappellerai-je cet empereur byzantin qui mourut de sa passion tactile pour les pierres ?
Voici.

Irène était une personne très malheureuse, bien que l'empereur Constantin l'eût choisie comme épouse pour son fils Léon, dès l'âge de dix-sept ans, alors qu'on la nommait la plus belle et la plus intelligente des Grecques. Elle avait cru, en sa jeune tête philosophique, régenter toute cette cour, dont le principal mérite s'étalait sur la splendeur des costumes. Mais on l'avait vite confinée dans des appartements spéciaux avec des eunuques et des cubiculaires qui ne l'approchaient point sans épuiser toutes les cérémonies de l'étiquette. Elle s'ennuyait abominablement. Nulle autre distraction ne lui pouvait échoir que de faire quelques niches innocentes. Par exemple, elle cachait, sous son édredon, des images du Christ et de la Vierge, afin d'exaspérer son mari voué à l'hérésie iconoclaste. Quel tumulte dans le palais ! Elle se dégoûta cependant de voir ses serviteurs et ses chambellans punis pour de telles fautes, rasés, déchirés du fouet, et conduits tout saigneux à dos d'ânes, par les rues de Byzance, devant la joie de la populace et des militaires. Car ceux-ci soutenaient avec ardeur l'hérésie réprouvant le culte des images. Elle leur permettait, sous couleur d'orthodoxie, de voler les métaux précieux des icones et des statues liturgiques.

Alors Irène laissa courir des mots sur son beau-père Copronyme, ainsi surnommé parce qu'il avait, le jour de son baptême, oublié de retenir l'éloquence de ses intestins. L'or du baptistère s'en était trouvé souillé. Mais depuis longtemps tous les mots avaient été dits sur cet incident malheureux, et cela ne fit que lui retirer la sympathie des personnes graves. Et, quand son beau-père mourut, étant tombé par hasard en pourriture, cette distraction même lui manqua. Elle se promenait sur un char attelé d'un quadrige blanc, avec de beaux camails hérissés de joyaux extraordinaires conquis sur les princes de l'Asie. Mais le peuple la fatiguait de ses acclamations, et elle rentrait avec d'atroces migraines dans son palais de Mégaura, où rien ne réussissait à la séduire.

Ainsi se désola-t-elle quelques années. Elle ne goûtait même pas les plaisirs de l'hippodrome. Sans doute eût-elle fini par mourir de chagrin si son époux ne lui avait, soudain, donné de la jalousie. Elle s'appliqua, en conscience, à cultiver ce sentiment..., et sa vie s'agita, désormais, d'une manière intéressante.

*
* *

A force d'épier l'empereur, elle découvrit qu'il se consumait de passion pour une centaine de menues créatures ravissantes, uniques, gardées avec un soin rare dans les chambres les plus reculées. Léon s'enfermait de longues heures avec elles. Il en était de lucides et d'opaques, de brillantes et de sombres, de limpides et de constellées. Elles passaient sur ses mains en dégageant des lueurs. Le soleil ne pénétrait là que par une seule fente, subtilement ménagée dans les vantaux ; et dans ce rai de lumière radieuse, l'empereur les faisait danser. C'étaient les pierres les plus merveilleuses du monde acquises, depuis les temps anciens, par les princes de Rome et de Byzance. Irène lui vit ainsi des perles grosses comme des yeux d'homme et plus vives ; des gemmes qui semblaient du sang clair où des âmes encloses continuaient une existence ; et des escarboucles magiques attirant l'amour ainsi que l'abîme attire le corps. Dans la chambre obscurcie, l'empereur s'amusait à faire ruisseler, en ses doigts fins, les eaux lumineuses des améthystes, des topazes, des rubis, des béryls, des chrysolithes. Pour tenir, sans cesse, à portée de son regard, de telles féeries visuelles, il ordonnait que sa suite et ses ministres eussent leurs hardes bardées de joyaux.

Et, dans les cortèges, cela chatoyait sous l'admirable ciel à toutes courbettes des coursiers. Léon allait ainsi, les jours de fête, la double couronne en tête, un manteau tissé de pierreries étendu sur la croupe de son cheval. La cavalcade étincelait sous le pesant soleil comme un léviathan aux écailles de feux colorés ; et le peuple délirait, ému jusqu'aux fibres par la vertu des pierres.

Mais Irène s'aperçut bientôt que si les regards de

l'empereur s'arrêtaient sur elle, ce n'était point qu'il considérât la beauté du visage ou la noblesse du corps. Son œil s'éprenait des pendeloques de perles attachées au collier quintuple qui lui parait les épaules. Elle se comprit alors délaissée et une étrange mélancolie l'accabla.

Elle ne connaissait pas de moyen qui lui permît de lutter efficacement contre les pierres. Une femme très belle et très majestueuse ne l'eût pas effrayée. Mais comment rivaliser avec les escarboucles! En vain essaya-t-elle de tenter l'empereur par les plus délicates et les plus savantes de ses caresses, par les merveilles de son savoir : Léon, possédé de la passion des gemmes, garda un cœur dur.

Même sa folie s'accrut. Il possédait des cuves d'argent pleines de pierreries, et il s'y baignait les mains, le visage, comme dans une eau régénératrice. C'était un charme, disait-on; personne ne l'en saurait délivrer. Son âme devenait l'esclave de l'esprit des gemmes. Bientôt, rien ne réfréna plus son délire. Se prévalant de l'hérésie iconoclaste, il enlevait des sanctuaires celles dont il tombait amoureux, au grand scandale des chrétiens.

A cette passion, il perdit la santé. Les humeurs mauvaises qui avaient fermenté dans le corps de son père, de son aïeul, commencèrent à lui corrompre le sang. Il ne dormait plus, et passait ses nuits à bercer en ses paumes la beauté de ses amantes dans le recul des salles aux grandes mosaïques.

Pressentant sa fin prochaine, il s'absorba davantage dans son bonheur.

*
* *

On voyait dans l'église de Sainte-Sophie une couronne d'or enrichie de gemmes choisies parmi les plus belles que les empereurs romains eussent conquises sur les trésors des rois, aux temps des victoires illustres. Cette couronne, l'empereur Héraclius l'avait consacrée à Dieu, parce que trop lourde, nul ne la pouvait porter. On l'avait suspendue à la voûte. Léon, quand il fut lassé de ses joyaux habituels, s'en éprit follement. Chaque jour, il venait pour la voir, et il lui causait comme à une maîtresse. Il caressait ses formes admirables. Des afflux de sang remontaient à ses paupières ternies, et il restait longtemps sous elle à recevoir dans ses yeux les regards des pierres.

Irène le surprit là, une après-midi de soleil. Il se tenait à genoux dans sa robe de drap d'or, et ses doigts aux cent bagues, croisés sur sa poitrine, il adorait, le visage plein d'extase, tout maigre parmi la barbe poussée. A cette heure, c'était un pétillement parmi les gemmes. Le soleil, près du crépuscule, commençait à roussir; et les dalles de marbre poli réfléchissaient, dans leurs perspectives profondes, les lueurs de la couronne. Il était comme au milieu d'un irradiement, au centre de la basilique déserte, riche de ses murs de mabre, de ses porphyres, de ses froids et luxueux métaux. Les coupoles étaient des ciels pleins d'illuminations.

« O mon époux, dit Irène, je vois bien que j'ai perdu pour jamais tout votre cœur... Ce m'est une grande tristesse... Cependant, je ne veux pas vous voir dépérir ainsi, et puisque vous voilà si fort amoureux de cette couronne, emportez-la dans le palais afin d'en jouir toujours... »

L'empereur n'attendait qu'une indulgence pour se décider au rapt. Il avait peur d'offenser son peuple. Le conseil d'Irène le décida; il crut que, par bonté conjugale, elle avait préparé les voies pour que la foule excusât son délire, Il s'appropria l'objet sacré.

Mais la possession occulte ne lui suffit pas. Il fallut qu'il offrît au monde sa félicité. A la première fête, il apparut au peuple avec, sur le chef, la couronne d'enchantement! Il resplendissait comme le soleil des grimoires alchimiques. La foule ébahie, stupéfaite, l'adora. Lui se sentit entraîné dans un tourbillon de voluptés exquises et cuisantes. La couronne l'étreignait passionnément; et leur amour jaillissait en feux splendides. L'étreinte sembla se renforcer à mesure que redoublaient les acclamations. La couronne s'alourdit, le pénétra... Et il crut que c'était la ville de Constantin tout entière et l'empire qui le saisissaient ainsi, avec la force des siècles, et la vigueur des victoires signifiées par les gemmes. Il regarda Byzance qui scintillait dans une sorte de vapeur, belle et blanche entre les plaines bleuâtres de la mer, du ciel, avec l'étincellement des dômes, les dorures des flèches aux édifices, les courbures de ses rues en pavois de fête et ses grèves mangées par la bave des flots éternels.

Puis le scintillement de la ville redoubla; Léon vit se multiplier soudain les points d'or et les lueurs;

et toute la cité oscilla sous ses pieds comme un navire.

A son front, la volupté flambait. Des chaleurs douloureuses, délicieuses à la fois, dévorèrent son cerveau. La vertu des pierres le domptait.

A peine rendu au palais, il lui sembla que c'était tout le feu des pierreries qui se fluidifiait, ruisselait à ses tempes, le tenait en possession. Le pouvoir des gemmes pénétrait en lui, ainsi que des pointes d'épées. Il hurla ses transports et bientôt sa torture. La couronne étranglait sa chair. Quand il la retira, il vit que des pustules énormes lui germaient sur le crâne, et que les escarboucles, les rubis, les perles, étaient reproduits sur sa tête en hideux furoncles, en monstrueux kystes, en dartres écarlates.

Il devint si horrible que les serviteurs désertèrent ses appartements. Ses cris épouvantables surprenaient les marins entrant dans le port et dominaient le bruit des rames dansant en cadence au flanc des galères.

La fièvre le consuma vite, et comme l'agonie allait venir, il aperçut l'impératrice Irène, assise dans sa cathèdre, et qui l'examinait mourir, ayant aux yeux des clartés de triomphe.

DU CRIME PASSIONNEL

Non moins que l'argent, la femme est un mobile de meurtre. Quoi qu'on en puisse prétendre, elle ne réussit guère à réhabiliter sa condition des temps barbares. Elle est encore un butin qu'on se dispute et qu'on se vole par le moyen des armes. Et cela ne lui déplaît point. Elle sourit volontiers au vainqueur, prête à offrir sa chair d'éternelle esclave à qui la mérita par la ruse ou par la force.

Tel, qu'un rival fougueux mit à mort, l'autre soir, dans un cabaret de banlieue, fut fort mal avisé de tenter ainsi le sort. Ne savait-il pas que le meurtre commis pour Elle est l'orgueil suprême que toute femme rêve? Déjà, et par deux fois, celle-ci avait excité son amant nouveau contre l'ancien qui réclamait, à tort ou à raison, quelques sommes. Ce fut donc grande imprudence de venir manifester pacifiquement. Sans doute, abusé par l'optimisme général qui vante nos apparences de civilisation, 	e malheureux se dissimulait trop la sauvagerie des mœurs. Il lui eût suffi cependant de parcourir les faits divers pour apprendre comme s'y exterminent, par le feu, le fer et le vitriol, les gens en mal d'amour. C'est de la frénésie, c'est de l'hécatombe.

L'indulgence des jurys pour ces sortes d'attentats encourage le massacre; et l'on se tue à droite, et l'on se tue à gauche, sous le vain prétexte de se prouver d'immuables et tenaces affections.

Jamais le vieux dogme oriental qui proclame l'identité de l'amour et de la mort ne trouva pareille réalisation. La femme, vase où s'élabore la vie, répand la discorde et la destruction. L'amour prépare la mort, la fermentation dernière par quoi de nouvelles existences viendront d'ailleurs à s'animer.

Certes, le dogme semble poétique ; mais son application immédiate commence à gêner nos âmes un peu décadentes et qui voudraient que l'État moderne garantît au citoyen quelque sécurité. Car il est dur de n'oser plus prendre épouse sans avoir à craindre la vengeance d'un amant outragé dans ses sympathies les plus vives. Il est pénible de voir sa compagne et associée partir avec un militaire et d'essuyer ensuite, si l'on tente une modeste protestation, le feu mortel du ravissseur indigné par votre insistance.

L'opinion affiche beaucoup de sévérité envers les pauvres diables qui, dépourvus de tout, s'approvisionnent au moyen du vol et étouffent quelquefois leur victime par précaution auxiliaire. M. Deibler les retranche du corps social en grande cérémonie. La misère, le commandement impérieux d'instincts jamais réprimés, les abominables exemples de leur enfance ne comptent pas pour excuses.

Voici, par contre, un monsieur muni d'une éducation excellente grâce à la faveur du hasard. Titulaire d'une place suffisamment lucrative et honorée, il n'a point, pour s'aigrir, de raisons évidentes. Il commet le plus grand crime : il tue. Rien ne le contraignait au meurtre qu'une belle colère. Il va ouvrir des bras pathétiques; il va dire : « C'est l'amour! » Son avocat répétera : « C'est l'amour! » Et l'on s'attendrira; et l'on épluchera le passé de la victime pour y découvrir des abominations qui justifient presque l'assassinat. Le monsieur a des chances de se tirer d'affaire moyennant quelques années de prison, dont une chiourme bienveillante lui atténuera les inconvénients.

En réalité, la force de la passion amoureuse peut-elle valoir mieux comme excuse que la misère opiniâtre et le défaut d'éducation première? Pourquoi l'appétit de vivre, de manger, de se vêtir et de se chauffer l'hiver, est-il jugé moins nécessaire que le besoin d'aimer? Pourquoi la vie même semble-t-elle inférieure à une fonction accessoire de la vie? Pourquoi tolérer qu'on supprime un vivant lorsqu'on le supprime au bénéfice de l'amour? Enfin pourquoi l'homme las de coucher sous les ponts, de butiner sur les tas d'ordures, et qui tue affolé par les suggestions de son estomac, pourquoi cet homme ne trouve-t-il pas l'indulgence offerte gracieusement au monsieur qui assassine afin de satisfaire l'appétit particulier d'un sens ou, si l'on veut, d'un sentiment?

Il y a là une grossière erreur de morale.

Ils sont multitude, les meurtriers qui, à l'audience, ouvrent des bras pathétiques en s'écriant :

« C'est l'amour ! » Ainsi ils font larmoyer les dames et arrachent leur acquittement à un jury toujours prévenu par la profusion des romances tapotées sur les pianos de famille.

Le crime passionnel ordinaire se réduit à peu près à cette formule : Roméo lâché attend Juliette au coin d'une rue et la supprime ; ou bien : Juliette abandonnée guette Roméo derrière une porte et le tue, à moins qu'elle ne le défigure.

Juliette, donc, avait admis Roméo à des plaisirs intimes. N'était-ce pas charmant déjà, cette faveur ? Et Roméo ne devait-il pas se tenir pour satisfait ? Au bout de quelques semaines, Juliette se fatigue du jeu. Roméo ayant épuisé la série des anecdotes et des calembours qui rendaient son commerce agréable, la belle le congédie parce qu'il a cessé de plaire. Quoi de plus naturel ? et en vertu de quel principe Roméo exigerait-il, sous peine de mort, une hospitalité éternelle dans le cœur de Juliette ? Il doit beaucoup de reconnaissance pour l'accueil. Mais si le cœur de la dame est une auberge, il est juste qu'il cède la place au nouveau venant, sans se plaindre.

Lucullus, las de son parasite, lui interdit sa porte. Le parasite sera-t-il excusé si, pour cela, il assomme Lucullus ? Le sera-t-il davantage s'il assomme le convive successeur, plus alerte en esprit et plus plaisant à l'hôte ?

En vérité, Roméo mérite qu'on le pende ; car s'il a tué, c'était afin de venger son amour-propre, et n'est-ce pas le plus futile des motifs pour donner la mort ?

D'autre part, voici que Juliette a défiguré Roméo d'un plein bol de vitriol. Le juge la renverra-t-il indemne ?

Le traître lui fit, dira-t-elle, des promesses. — Mais, Juliette, vous savez bien ce que valent ces promesses-là, pour naïve et simplette que vous vous donniez. — L'amour a porté son fruit et je suis fort embarrassée de ma progéniture. — Ignoriez-vous, Juliette, que les délices amoureuses n'allaient pas sans ce péril d'accroissement patriotique ? Vous avez risqué l'aventure, supportez bravement votre maternité, vous moquant des sots qui blâment le bonheur où vous avez goûté. — Enfin, l'infâme m'a séduite ! — Oh ! Juliette, oubliez-vous l'invitation tentante de vos œillades, et l'imprudence de vos allures qui encouragèrent l'empressement du galantin : vous le saviez bien ; votre résistance n'était qu'un jeu piquant. Vous souhaitiez au fond de vous-même la joie que vous sûtes vous faire offrir. Et c'est le dépit de l'abandon qui arma votre main fluette mais rancunière. Crime d'amour ; non : crime d'amour-propre !

L'amour-propre fait le fond de toutes ces querelles sanglantes ; et c'est triste chose de voir réclamer par tant d'amants le sacrifice d'une vie humaine pour calmer la blessure de leur vanité. Bien petite est l'offense devant un châtiment si définitif. Ceux qui jugent devraient prendre garde à se laisser moins attendrir, et à diminuer par la crainte de pénalités sérieuses le nombre exorbitant des crimes passionnels. Qu'ils se rassurent : ils ne frapperont que les moins intéressants des amoureux. S'il en est de tout à fait sincères, pour qui la possession de l'objet aimé compose l'unique intérêt de la vie, ceux-là se délivreront eux-mêmes d'une existence insupportable avant de penser à détruire l'être adoré.

DE L'ÉPOUSE

Vraiment les épouses sont des personnes bien étranges. Indifférentes et téméraires, elles avancent par le sentier sanglant. Les armes tonnent. Les poitrines craquent. Les os se fêlent. Les vies culbutent, la leur parfois. Elles sourient et tendent leurs lèvres au passant, et se troussent avec affabilité, sans que rien leur enseigne de la sagesse. « En voulez-vous, messieurs : prenez-en. Je suis l'épouse, vous savez, la gardienne du foyer, la pure fileuse des légendes... Prenez-en à votre sâoul, beau brun, et vous aussi, joli blond... Par ici, pstt! »

Cela se passe partout, dans les ménages d'artistes et chez le négociant. Quelque part, l'ami qui dîne avec sa maîtresse et le mari plante soudain son couteau dans le ventre de ce bourgeois assez téméraire pour prétendre emmener sa femme en voyage sans joindre l'amant aux colis. La loge du concierge elle-même s'illustre d'aventures. Ça devient tout à fait commun.

Le souci de s'entendre dire des fadaises, de se

croire adorable, fatalement adorable et passionnante, de mettre en action les histoires des livres et de la scène, de se jouer de la comédie, du drame à foison, voilà toute la puérilité qui excita l'épouse.

La fréquence de ces tragédies laisserait croire qu'une loi sévère oblige toutes les jeunes personnes à convoler contre leur goût avec des sexagénaires grincheux et podagres. En réalité, la femme choisit souvent pour guitaristes des gaillards fort inférieurs à l'époux.

On conçoit, à la vérité, que certaines, domptées par un tempérament impérieux ou par des vices d'imagination, ne se puissent contenter d'un partner au jeu de l'amour. Mais alors pourquoi recourir au mariage? Nul commandement n'interdit la vie galante aux filles que le besoin du mâle affole.

De moins en moins la galanterie déconsidère. Elle n'entraîne guère pour celles qui s'y complaisent la réprobation d'autrefois. Paris doit la moitié de son luxe et l'activité de son commerce aux dépenses des dames aimantes. Les huissiers tirent d'elles leurs bénéfices les plus sûrs. Le Palais vit de leurs erreurs commerciales. Cent corporations chômeraient tout à coup si demain des lois somptuaires et vertueuses rendaient la ville intenable aux courtisanes. Les fournisseurs leur marquent du respect. La rue les estime, si elles savent délicatement soulager les infortunes des voisins. Il faut noter aussi que la plupart d'entre elles se montrent fort instruites. Elles se recrutent beaucoup parmi les institutrices. Car après tant d'efforts pour obtenir des élèves, les pauvres filles ne réussissent généralement qu'à ouvrir des cours d'adultes.

La caste est devenue honorée, avouable. On s'explique mal dès lors tout ce caracolement d'adultères, et ces pyrotechnies, et ces cadavres. Il semblerait plus simple de vivre librement en dehors des contrats légitimes. Serait-ce que les épouses sans conduite mépriseraient le rôle des courtisanes ? Et pourquoi ? Celles-ci se recommandent davantage à l'intérêt, étant loyales et courageuses en leur opinion, ne cherchant pas à dissimuler sous l'apparat du mariage les misères de leur nature. La femme adultère représente le mensonge, une lâcheté.

L'épouse qui, l'épreuve faite, invoquerait l'inexpérience de la jeunesse et quitterait bravement le logis conjugal pour cascader à son aise mériterait plutôt l'indulgence. Sa bravoure vaudrait mieux que la duplicité ordinaire, les caresses de tromperie et l'infâme commerce des privautés offertes à l'un, à l'autre.

Quand l'épouse abandonne franchement le ménage, les droits du mari devraient aussitôt cesser. S'il court à sa recherche et la tue, les peines prescrites contre l'assassin ordinaire l'atteindraient avec justice. L'épouse s'est reprise. Elle se déclare trop faible pour tenir plus longtemps sa parole de fidélité. Elle avoue sa déchéance. Il la faut laisser à son appétit. Le ridicule ne saurait flétrir l'homme, mais le pauvre être incapable de surmonter son mal. Nul, en somme, n'a le droit d'enfreindre chez autrui la libre disposition du corps. La loi qui autorise le mari à faire rechercher sa femme par les gendarmes est odieuse, mais tout autant l'est celle qui condamne à des peines dérisoires les adultères surpris en flagrant délit de mensonge et de trahison, puisque la nullité du châtiment justifie les colères sanglantes des époux.

Ce n'est pas un mince mérite de se garder femme honnête. Il faut beaucoup de fierté et de noblesse, pour cela. L'épouse consciente de sa tâche doit avoir un sentiment très hautain. Libre, elle domine par sa chasteté le troupeau des êtres asservis à leurs instincts. Sa vision s'apparente à celle du moine. Pour un idéal de vie, pour une pensée de grandeur, elle foule sa chair, elle macère ses sens ; elle humilie la partie basse de son humanité, éprise seulement d'un rêve de beauté morale. Les femmes d'honneur sont en très grand nombre, malgré le discrédit où les gourgandines mettent à présent le mariage. Rien n'ébranle leur foi en elles-mêmes. Elles cultivent l'orgueil de leur vertu et cela les sauve. Car pour elles aussi, lorsque deux ou trois hivers ont neigé sur la torche d'hymen, l'amour se dissipe. Les illusions aimées dans l'époux disparaissent. La monotonie de vivre navre ; et le bruit tente. Elles demeurent intactes par ceci surtout qu'il leur répugnerait de s'avilir jusqu'à paraître un objet de satisfaction pour le libertin.

Les filles sans fierté finiront peut-être par renoncer au mariage. Ainsi se réhabilitera l'institution.

Cependant l'écueil principal pour le bonheur des unions persistera toujours. Le besoin de mensonge et de secret reste inhérent au cerveau des femmes. Les toutes petites filles adorent avoir un secret. Elles se le confient dans les coins, en dehors du monde et ce devient vite la grosse affaire de leur vie. Si le secret se trahit, si quelqu'un réussit à le surprendre, les sanglots éclatent, une douleur émeut sincèrement les visages puérils. Le besoin de secret accapare la jeune fille au couvent. Il lie les pensionnaires à deux ou trois, lorsqu'elles déambulent dans les parcs, les mains sous la pèlerine noire, avec l'honneur des cordons verts ou bleus pendant à leurs collerettes plates. Elles se murmurent de petites confidences niaises. Elles inventent des histoires. Elles imaginent un nom. Le secret se chuchote. Cela crée entre les confidentes une intimité pleine de bonheur. Un clin d'œil, un signe du doigt leur rappellent ce bienfaisant secret qui les exalte en elles-mêmes, parmi la foule des autres pensionnaires, sous la vigilance enfin trompée des religieuses.

Dans le monde, la jeune fille ne s'en tient jamais à une coquetterie avec le jeune homme que ses espoirs lui fiancent Elle se garde de repousser l'autre, le rival ; et le secret renaît, avec la douceur des chuchotements, la gaieté des moqueries pour celui qui l'ignore. Mariée, elle se résoudra mal à la privation de ces joies singulières, mystérieuses. Il lui faudra encore le secret, la chose qu'on ne confie pas, qu'on dérobe à toutes les investigations, qu'on avoue à la seule, à la très intime amie pour en causer à deux, après mille précautions, d'une phrase soufflée derrière l'éventail. Le secret alors prend une forme. Le voici ; il parle, il s'accoude, il se trousse la moustache, il lève sa main diaphane à la hauteur des bougies.

Le secret consiste d'abord à penser que ce monsieur évoque par son allure tel personnage connu dans un roman, au théâtre. Ensuite on avoue qu'il plairait. Les degrés de sympathie s'échelonnent. Le souci de grossir le secret, de le rendre plus grave, plus important, oblige à renforcer les sensations. Le secret enfle. Il ne contient plus seulement des avis, des idées, des espoirs ; il se complique d'une action. La confidente pâlit et se hâte d'avertir que l'on court à l'abîme. La délicieuse joie !... Voilà que commence la réelle comédie. L'héroïne compte ses souffrances, ses tortures et le mal de sa lutte contre elle-même. Elle rappelle ses lectures. Elle prend l'attitude de Jeanne Hading où encore celle de Brandès. Ses tourments, imaginaires d'abord, finissent par l'obséder, la conquérir. Le secret la possède toute. Elle en a fait sa vie. Elle a voué son existence, son honneur et sa félicité au triomphe, à la splendeur du secret seul.

Mais pour que toute la joie se goûte, il importe que le secret soit soupçonné, que des forces malicieuses et adversaires le minent. Alors, graduellement, par des imprudences intelligentes, l'épouse attire l'attention du mari.

Longtemps la manigance ne réussit pas. Un soir, enfin, l'époux feint de plaisanter sur la galanterie du monsieur. Il rit, il essaie quelques saillies investigatrices. Quelle délirante félicité pour l'épouse ! Elle a reconnu le soupçon ; elle voit de la douleur qui palpite, de l'angoisse qui se grime. Elle s'intéresse au masque de folie. Il cache si mal la souffrance ! Le séduisant contraste ! Elle vogue en plein drame déjà. Son secret atteint l'importance d'une œuvre.

Des vies sont en jeu. Elle dispense par lui l'apaisement, la haine, la colère, la paix.

Devant son mari elle répète exactement telle phrase dite à l'autre en une minute criminelle ; elle joue avec la tulipe que le secret lui donna. Le mari s'informe. D'où vient cette fleur? L'épouse ment. Son imagination travaille comme une poétesse. Elle crée. Elle possède la folie de l'artiste qui s'enthousiasme sur son œuvre.

Un soir le mari s'est emporté. Il a deviné tout. Comme elle a su jouer l'indignation, la majesté, la révolte ! Le voilà maté, implorant son pardon, et deux pleurs, s'il vous plaît, coulent jusque sur sa moustache.

Elle hume cette douleur avec une singulière impression, celle de se sentir elle-même en souffrance. Le mal qu'elle fait lui donne du chagrin, du chagrin sincère, très attendrissant. Elle recueille le mari dans ses bras et lui prodigue, avec une perversité suave, les caresses mêmes dont l'autre s'affole.

Savoir qu'elle le trompe, en ce moment précis, et qu'il l'ignore et qu'elle en souffre, et qu'elle se sent prête à pleurer, toute cette complexité de choses la ravit et l'enivre. Elle s'ignore elle-même. Le secret triomphe en son âme. *Elle est un secret pour soi.* Elle tient la splendeur de sa vie.

Et le jeu continue, sans plus de raisons, parfois, sans que l'amant soit chéri, sans qu'aucun motif vaille raisonnablement cette trahison. L'épouse trompe pour rien, pour voir, pour le secret. Un jour, elle a poussé les choses à la limite. Soudain sa duplicité se révèle. La catastrophe arrive. Le revolver crépite. Les corps s'écroulent. Le sang file... La mort s'accroupit sur le drame.

Si elle n'était pas mariée, le plaisir n'eût pas atteint ce paroxysme. Tout s'écroule autour d'elle, parce qu'elle a, d'un sourire rosé et d'une œillade lumineuse, engendré la forme du secret attendu par les rêves de son enfance.

Et la petite épouse s'en va rieuse ou grave, filant les jours de notre vie, bonne fileuse des légendes, et tissant, pour ensevelir nos croyances, de beaux voiles à filets rouge.

Conterai-je à, ce propos, le dialogue de petit lever que Scipionisse me confia.

Scipionisse a quarante ans, des moustaches longues, la face un peu ravagée. Il sculpte, il peint, il versifie. Mais ses statues, ses tableaux et ses poèmes n'ont qu'une importance minime, devant les beaux décors de sa conversation. D'ailleurs il n'expose jamais, il ne fait pas imprimer ses œuvres. Il est artiste en causeries. Et pour cela on le recherche, malgré l'amertume de ses jugements, et malgré son évidente misanthropie.

Comme il quittait un jour, profanée par l'adultère, la couche de son meilleur ami, Scipionisse se sentit l'âme pleine de tristesse ; et son visage l'exprima clairement, car la complice, qui retroussait d'un geste gracile ses cheveux épars, s'arrêta soudain dans cette besogne esthétique. Elle l'examinait, très anxieuse. Même elle négligea la coquetterie de recouvrir promptement son corps et perdit incontinent la peur que ce spectacle prolongé n'émoussât, chez l'amant, le désir du revoir.

— Ma chère, dit-il, vous vous étonnez de ma mélancolie... et il vous surprend fort, n'est-ce pas ? que je ne me trouve pas à vos genoux, chantant la gloire de vos attraits !...

— Certes, répondit-elle. La mélancolie dont se ternissent vos yeux m'outrage plus qu'une parole brutale...

— Vous avez grand tort... je vous l'assure. Mon cœur est en fête et tressaille de félicité...

— Il ne semble point... et je ne saurais vous pardonner cette inconvenance que si vous m'expliquez sincèrement la cause de votre chagrin. En vérité, cela me dépasse.

— Je songe simplement à la méprise qui nous attira l'un vers l'autre. Vous aimez votre mari infiniment plus que moi...

— Autant, du moins...

— Plus... car si je vous proposais de fuir, vous refuseriez net...

— D'abord par crainte de vous incommoder de ma longue présence... Vous vous lassez vite.

— Vous aimez votre mari, et vous n'avez pas réussi à vaincre la petite curiosité de me connaître en chemise de foulard, pour lui épargner la plus sinistre injure qu'il pût redouter !...

— Nierez-vous qu'un sentiment très vif me poussait dans vos pièges, cela seul, et non cette malsaine curiosité dont vous m'accusez impertinemment.

— Pardon... j'étais l'assidu de la maison... nous nous rencontrions chaque jour, presque ; il nous était loisible de cultiver une amitié exubérante, si le sentiment seul animait votre inclination... Pourquoi avoir été plus loin ?

— Par exemple ! Qui m'obséda pendant tout un hiver pour obtenir ce rendez-vous ?.., Qui me prêta en cachette ces livres abominables ou chaque ligne insufflait en mon esprit une sorte de corruption élégante et l'excuse par avance de ma culpabilité ?... Qui joua, avec toutes ses excentricités, ses *pianos*, ses *andantes*, ses *fortes*, ses *fortissimos* la mélodie amoureuse ?... Qui, monsieur l'horrible hypocrite, sinon vous ?

— Je tentais une expérience et, comme l'alchimiste qui éprouve l'or en maint et maint creuset, j'ai éprouvé votre âme en mainte et mainte tentation. Et voilà que vous cédez à la plus basse..., la curiosité de feuilleter en moi l'album des perversités inconnues... L'appétit de la chair vous guida seul. Vous n'offrez pas de plus valable excuse que si le désir de manger une tourte parfaite vous eût contrainte à faillir avec le pâtissier.

— Oh !... Oh !...

La complice croisa ses jeunes bras sur sa gorge considérable et révoltée ; sa figure ronde s'allongea en un ovale de Pierrette ahurie, et Scipionisse alluma sagement une cigarette..., non qu'il se privât cependant de regarder la jolie fureur de la dame indignée parmi la débandade de ses cheveux couleur de cuivre.

— Ah !... Ah !... faisait-elle, pleurnichant... Suis-je assez, assez punie !... Le suis-je assez, punie !... Non, Scipionisse, non, ce ne furent pas d'aussi basses pensées qui émurent mon cœur.., Je vous écoutais parler avec des accents de poète, je voyais les mondes valser dans l'harmonie de vos phrases... et ma pauvre petite poitrine vibrait comme une lyre chaque fois que votre bouche émettait un son... Alors... alors... je me suis dit que jamais une âme si haute ne s'abaisserait à me connaître si je ne l'attirais par la promesse de mes pâmoisons. Comment, en effet, auriez-vous remarqué, Scipionisse, remarqué *particulièrement* une pauvre petite personne comme moi abritée derrière l'aile battante de son éventail bleu?... Comment l'auriez-vous remarquée, je vous prie?... Vous me disiez en passant de ces fadeurs ordinaires que l'on distribue à toutes les femmes, ainsi que l'on distribue des pralines aux enfants; et j'étais vexée, vexée parce que vous ne compreniez pas que mon âme désirait follement s'augmenter de la vôtre, puiser dans la vôtre un peu des merveilleuses choses qui y germent, qui y fleurissent... et je vous ai lancé des œillades, Scipionisse, comme je vous eusse lancé un filet, pour gratter, dans le coquillage de votre cœur, la perle suprême... la perle, Scipionisse, dont vos paroles magnifiques étaient évidemment les reflets seuls...

Et me voici à genoux devant le coquillage ouvert, Scipionisse... et je gratte en vain pour détacher la perle, la perle de ma récompense; elle est hérissée de dures arêtes, elle me fait saigner les doigts... les doigts et l'âme, ô Scipionisse!

— On ne saurait dire plus gracieusement, chère madame, que je garde une huître à la place du cœur... Je n'aurai pas l'immodestie de vous démentir... d'autant que je crois la chose effectivement vraie... Mais je n'en maintiendrai pas moins que votre imprudence fut excessive. Votre mari me surpasse, tant par les avantages plastiques que par ceux de la situation, de la fortune et de la jeunesse. Je suis, au contraire, hirsute et sans élégance. Quant à l'esprit que vous me prêtez, vous savez bien, comme moi, que votre époux possède l'imagination miraculeuse des anciens mages. Auprès de lui, le maître, je ne parais qu'un disciple sans importance. Vous l'aimez ; vous me détestez. Rien ne justifie donc l'agrément que j'ai eu de vous voir sans corset, si vous ne m'accordez point que vous fûtes troublée par le désir de connaître mes fantaisies faunesques. Avouez alors combien le prétexte est médiocre pour flétrir la confiance conjugale de la pire injure.

— Scipionisse, mon ami, vous êtes plus borné encore que vous n'affectez de le dire.

— Sans doute ; mais, enfin, indiquez-moi, de grâce, ce qui poussa votre pudeur à se dévêtir de ce pantalon nuageux et de ce corset de moire, en faveur de mon étreinte...

— Je vous le dirai donc, Scipionisse obstiné, mais ne révélez point au monde le secret terrible... Lorsqu'une femme trompe, n'imaginez pas que les motifs apparents de sa chute pèsent dans sa conscience. La maussaderie la plus funeste d'un époux maladroit ou la prestance la plus victorieuse d'un brillant dragon ne sauraient persuader de faillir une femme, si sensuelle qu'elle se pense. Non, le mobile de la faute est autrement fatal.

Il est précisément la certitude que dans ce bref moment de la possession adultère, la possédée foule, une fois pour toutes, la Loi. Songez un peu, Scipionisse, à l'admirable volupté! Fouler la Loi, le mariage, la famille, l'hérédité, la race, la patrie, tout le bataclan social pour l'instauration de quoi les hommes se tuèrent, se trahirent et s'aidèrent depuis l'origine ; ce pour quoi les religions furent instituées, les martyrs immolés, les héros combattus, les civilisations développées..., tout cela avili, démenti, pollué et méprisé par cette volonté d'une seconde, la nôtre, qui met dans un baiser et dans un soupir l'ironie merveilleuse de Satan raillant le rythme humain.

De quelle autre manière plus grandiose se manifesterait l'esprit de dispersion, de destruction et de mort contenu dans tout effort de femme. Et, ne l'admettrez-vous pas aussi? cette faute perpétuelle de l'épouse a préparé, mieux que toutes les révolutions, le mépris de la famille et des principes, le scepticisme de ces temps annonciateur du grand cataclysme prochain. L'Eve adultère a été la première anarchiste. Et nous imitons notre mère !

DU MARIAGE

A n'en point douter, les théâtres parisiens offrirent sur leurs scènes l'analyse mimée de toutes les situations nuptiales que l'on puisse prévoir. Naguère la mode était aux sentiments héroïques professés par des amoureux honnêtes, mais pauvres, refusant avec noblesse la main de jeunes millionnaires, ou bien réhabilitant une fillette affligée de bâtardise. Quand on avait rebattu ce thème, on intervertissait le rôle des sexes ; et le public sensible de s'émouvoir à souhait pour la caisse des directeurs.

Maintenant les dramaturges s'attachent, par un contraste de réaction, à peindre des mariages que l'intérêt prépare uniquement. Ils placent les fiancés dans un milieu d'affaires, dévoilent les mobiles qui conduisent les péripéties des pourparlers hyménéens, et découpent en tranches la réalité brutale qu'ils grossissent à plaisir pour se distinguer de ceux dont la vogue devança la leur.

Au Vaudeville, on jouait en même temps la *Liliane* de M. Champsaur, et au Théâtre-Libre la *Meule* de M. Leconte.

Bien que les deux actions évoluent dans un monde assez différent et que les sujets divergent, les mêmes préoccupations de tout dire mènent au dénouement l'une et l'autre pièce.

Un agent d'affaires, gros banquier et commissionnaire en toutes marchandises, se trouvant chargé de piloter par la vie parisienne la fille d'un richissime Américain dont il est le correspondant, songe à bénéficier de l'occasion. Il vendra la dot de miss Liliane à un décavé des grands cercles, gentilhomme de haut titre propre à éblouir la fille du trafiquant, et qui, s'il enlève la demoiselle, payera dix pour cent au lanceur de la vierge en or; soit trois millions pour une dot de trente millions. Un journaliste et un marquis authentique sont également intéressés dans l'affaire pour une somme de cent mille francs chacun, après réussite complète. Le journaliste remplit sa feuille d'échos flatteurs sur le chic suprême du gentilhomme, sur ses équipages et sa tenue; le marquis de nom célèbre va partout vantant la noblesse du prétendu et son honneur.

Pour les grosses dots exotiques, ces sortes de mise en Bourse sont fréquentes. M. Félicien Champsaur, qui mène la vie élégante d'un écrivain choyé par le monde, dut avoir maintes fois sous les yeux un tel exemple. Sa fantaisie poétique éprise de « modernisme » tente de grandir la silhouette du *struggle for life* et de créer un halo de légendes lumineuses autour des combats pratiques habituels aux chevaliers des clubs. De parfaites pantomimes qu'il publia, avec illustrations de Chéret, réalisent ce but d'art audacieux. Dans *Liliane*, M. Champsaur a montré le combat tout simple, sans le compléter d'attributs légendaires. A peine, et par concession au public, daigna-t-il substituer au gentilhomme un jeune politicien pour qui le banquier a cru sentir Liliane prise d'amour. Aussitôt il lui fait signer un traité pareil. On a tiré au sort miss Liliane entre les deux prétendants. Le perdant touchera une indemnité de 300,000 francs à condition de laisser la place libre. Le sort favorise le politicien. Il fallait cela pour qu'il y eût conflit de sentiments, c'est-à-dire drame ; ce politicien, étant soumis aux affres d'un amour véritable, souffrira lorsqu'il faudra s'humilier devant sa femme pour lui avouer la dette honteuse. Dans la vie simple, le gentilhomme l'eût emporté. Une Américaine assez riche pour n'avoir point à se préoccuper de sa fortune à venir, ne résistera point au prestige du titre nobiliaire, quand ce titre se consacre de succès mondains chantés par la presse, et quand le prétendu ne porte pas un physique abominable.

Certes, M. Champsaur nous conte là une histoire sincère. L'immoralité de la commission touchée par l'intermédiaire choque à tort.

Le monde le plus choisi ne compte-t-il pas de ces dames marieuses dont le logis se meuble de cadeaux superbes offerts par ceux qu'unirent ses soins intelligents ? Le maquignonnage des jeunes gens à dot s'accomplit ouvertement partout.

Quel célibataire n'entend une personne mûre lui dire confidentiellement, après le dîner :

— Comment ne vous mariez-vous pas... vous si...

si… si… (suivent les épithètes nécessaires). Quel excellent mari vous deviendriez?

— Croyez-vous?

— Ne jouez pas à la modestie… La jeunesse passe, pensez à l'avenir…

— Mais, pour se marier, il faut plaire à une jeune fille.

— Eh bien?…

— Ce n'a guère réussi jusqu'à présent.

— Vous vous y prenez mal… ou peut-être avez-vous de trop grandes exigences.

— Non pas… non pas…

— Voyons, là, entre nous, je suis une vieille femme, moi… Deux cent mille? Ça vous irait?

— Pourquoi pas? si la personne est acceptable…

— Charmante… Pas jolie… jolie… tenez, faites-moi le plaisir de venir prendre le thé chez moi un de ces jeudis. Cinq heures… Je crois que j'ai votre affaire…

Vous affectez de sourire. Cependant vous promettez… Un peu plus tard le trouble vous saisit… Deux cent mille francs! Un chiffre! Dame! peu de chose, pour vivre à Paris. Six ou sept mille de rente. « J'en gagne autant… En m'occupant davantage… dans l'affaire des mines de sel… cela nous donnerait quinze mille l'an. Bah! avec de l'économie. Et puis si la jeune fille me plaît! »

Vous partez plus tôt de la maison hospitalière. Le rêve marche, marche… Le mariage, la famille! La maison de campagne à Viroflay, dans la belle saison. La jeune femme qui lit, sous un parasol rouge, en claire toilette, une bonne petite femme qui vous cajolera, vous livrera sa franche affection...

Au café, le madère vous répugne, le garçon vous agace, les amis paraissent odieux, sots. Vous entrez au théâtre. On joue invariablement un adultère. Vous haussez les épaules. Vous êtes perdu.

En rentrant dans la garçonnière, vous constatez que la lampe pue, que les bougies fument, que le concierge oublia d'aérer. La tapisserie sent le tabac ; la couleur des portières est passée. Les papiers gisent en désordre... « Ah ! parbleu ! si je n'étais pas célibataire ! »

Le sommeil se refuse. Vous voilà perdu, vous dis-je... « Elle sera blonde... Ça se conserve plus longtemps les blondes... Ou brune, brune c'est plus piquant... Nous irons au Caire pour la lune de miel, nous prendrons à la campagne une villa, sur la ligne de ceinture : en principe, il importe de ne pas se gêner, l'un et l'autre, par une présence incessante... Je ne me montrerai pas autoritaire, non, mais ferme, très ferme, avec des attentions galantes, une application à lui préparer des surprises... »

Le matin vous vous levez de bonne heure. Dans trois mois, ce sera fait, terminé, conclu... Vous prenez des informations sur les démarches nécessaires, la publication des bans, les pièces à recueillir... Le tailleur sue sang et eau pour satisfaire vos impatiences. Vous exigez avant jeudi, la redingote à revers heureux, et le pantalon du ton suprême. Vous passez entre les mains du coiffeur, du chemisier, du bottier, du chapelier, du masseur, du pédicure, du manicure, de l'épileuse, du dentiste, du gantier, du docteur, du spécialiste célèbre pour cette maladie vague dont on vous menaça jadis... Pharmacien, doucheur, électricien... Tous les martyres vous les subissez. On ausculte, on épile, on purge, on électrise, on peigne, on épingle, on mètre, on étreint, on serre, on brosse, on aplatit, on savonne votre pauvre corps. On fait couler du plomb dans les dents creuses...

Enfin arrive le jeudi du thé. La redingote paraît trop neuve, ce pantalon ne flotte pas assez. Ces bottines se ternissent, la coiffe du chapeau a jauni. Et la cravate? Rouge comme celle des clubmen anglais? Très chic, mais trop voyant, pour une fille de roture! Bleu sombre? Bien vulgaire. Noir? Trop cérémonieux. Il ne faut pas avoir l'air d'être venu « pour ça... »

Vous déjeunez mal, l'estomac serré. Vous répétez: « Quelle bêtise je vais faire ! » Sans conviction d'ailleurs, extraordinairement ému.

Deux heures ! Rentrée au logis. Gargarismes de menthe : « Elle n'aime sans doute pas les fumeurs. » Et de la brosse vous aplatissez la coiffure sur les tempes pour ressembler au duc de Luynes. Sous ce frottement désespéré le front rougit, et les cheveux ne se rebellent pas moins. Il y aurait bien le cosmétique mais ça sent le jasmin. « Elle me prendra pour un calicot. »

Trois heures! Vous vous jetez dans une voiture de cercle. « Au bois ! » afin de pouvoir dire en entrant chez la vieille dame : « Il y avait du monde au bois, ce soir... Mon coupé a failli accrocher vingt fois... et mon cocher, qui est pourtant un bon cocher anglais... »

Quatre heures. Vous n'osez pas fumer... Les nerfs vous travaillent affreusement. Vous murmurez en style d'élégie : « La voilà donc finie, ma jeunesse, finie !... finie !... » Une larme vient à l'œil... Les nuits de folie repassent... Enterré tout cela... La demie ! bon dieu !... « Enfin !... Et puis !... madame V... dit qu'elle n'est pas jolie, jolie... sans doute alors se fera-t-Elle charmante, charmeuse pour me conquérir ! Heureux gredin... Dis un peu, le mérites-tu seulement l'amour d'une bonne petite fille qui voudra te conquérir ? »

Cinq heures. Vous avez ordonné au cocher de prendre par le plus long afin de réussir une *entrée*. La voiture arrête juste, avec un chic ravissant... Vous vous sentez très pâle. Un coup d'œil à la portière ! Nulle jeune fille en vue, qu'accompagnerait sa mère. Vous vous attardez en des explications à John qui n'en a besoin et se rengorge avec mépris dans sa houppelande teinte de beurre betteravé. Toujours pas de demoiselle.

Lentement vous montez l'escalier. Vous donneriez bien dix ans de vie pour que la vieille demeurât au septième, mais non, c'est à l'entresol. Vous vous mouchez, crachez, toussez... et essuyez vos bottines à chaque marche, sur le tapis du lieu... Tout se brouille devant votre regard ! Le timbre a résonné.

Le domestique vous annonce ! Oh ! ce nom, si bassement prolétaire !

Dans le salon il y a la vieille dame, deux petits chiens, un lycéen et un monsieur.

— Ah ! comme c'est aimable à vous, d'être venu.

Et d'un petit signe de l'œil, elle vous indique que ce n'est pas pour aujourd'hui. Tout à l'heure elle vous dira de lui apporter une loge d'Opéra-Comique, jeudi prochain, et elle invitera ces dames à la partager. D'ailleurs, elle a parlé. Ça ira.

Le supplice recommence durant huit jours ; avec, en plus, la mauvaise humeur du doute. Au soir d'opéra, la vieille dame annonce que la jeune personne, souffrante, n'a pu sortir, qu'elle-même se permet de disposer de la loge en faveur des Turinel, des vieux amis à qui elle vous présente.

— M. Paul, un artiste, un charmant homme qui a bien voulu nous offrir cette loge.

Furieux, vous disparaissez à l'anglaise dès l'entr'acte suivant. Le coupé de grande remise repart avec fracas. Vous calculez que tout cela revient à cinquante louis sans compter les bonbons et les gibiers envoyés à la bonne dame, qui pratique ce moyen habile de vivre agréablement sur les célibataires naïfs, de voir les bons spectacles gratis, en d'excellentes loges... avec, en outre, la considération que lui procure, dans le quartier, la succession de ces visites mirobolantes.

Ls type de la fausse marieuse pullule dans les salons parisiens. Il est mille fois plus ignoble que le banquier de miss Liliane. Celui-ci du moins conclut un marché franc. Il ne leurre pas ; et livre les moyens d'obtenir l'objet de la transaction. La fausse marieuse opère sur le mensonge et s'en constitue du bien-être.

Avouons-le donc, puisque ce genre de courtiers

prospère dans la vie : seules les considérations d'argent dominent les mariages modernes. Nul jeune homme ne se hasarde sans connaître un chiffre. Cela seul l'intéresse. Compte-t-il pour quelque chose la joliesse ou le charme d'une jeune fille, quand il sait que la beauté se détaille au rabais, en certains lieux des grandes villes ? Cela seul le peut séduire qu'il ne possède pas : la fortune sûre, le capital définitif. Raisonne-t-il mal, en somme ? Le voici venu vers la trentaine ; sa position faite ou près de se faire lui rapporte quelque cinq à six mille francs annuels. Il vit doucement de ce gain ; la médiocrité dorée du sage. La plupart du temps, s'il eut jadis un patrimoine, il le dévora dès l'adolescence ; il se ruina le plus possible afin d'étancher la soif d'idéal qu'il se croyait. Et il a bu la boue. Bientôt rassasié, il règle sa vie. Il sait comme elle va, la vie, impitoyable et formelle. Il connaît la maxime : « la pauvreté est le vice que l'on pardonne le moins. »

Le voilà ou seuil de l'hymen. Il s'agit de créer une famille, d'initier à la vie une jeune femme qui l'ignore totalement, soit que, loyale et simple, elle ajoute foi aux tromperies de l'éducation qui lui enseignèrent la bonté de tous, la vertu de tous ; soit que, plus sensuelle, elle s'imagine la vie comme une manière de hochet brillant dont il suffit d'agiter les grelots pour qu'ils rendent mille sons de bonheur.

Si l'époux est pauvre, il lui faudra désillusionner l'épouse sans compensation. L'horreur de la lutte la navrera. Pour peu que sa finesse native s'exalte, elle se révoltera tout entière. L'affection naturelle se flétrira dans les soucis du moment, dans les chagrins, dans les récriminations amères, puis dans les disputes. L'être froissé cherchera ailleurs les consolations utiles. Et le ménage se désagrégera. Si la jeune femme entrevoit l'existence comme une joie sûre, et qu'elle ne puisse goûter les plaisirs brillants qu'attendait son désir de fillette, — ni les sermons de son mari, ni les déductions logiques ne la convaincront. Ardente à connaître, elle se perdra pour savoir ; à moins que, morose et malade, elle ne languisse dans le devoir mal accompli.

Le jeune homme près du mariage pense aux enfants probables. Pourquoi procréer des filles sans dot, des fils sans patrimoine ; pourquoi perpétuer dans la race une lutte vaine, et produire au monde des êtres conçus pour le malheur ?

Ces raisonnements l'accablent, il en déduit que tout égoïsme à part il n'a point le droit de créer une famille, s'il ne peut suffire aux besoins que l'épouse apportera avec les habitudes de sa caste, et à ceux des enfants qui surviendront. Pour eux, il lui faut donc une riche fiancée. La société exige de l'argent, beaucoup d'argent de qui pense vivre selon la loi naturelle.

On ne sait plus dire si ce triste raisonnement, à coup sûr tout altruiste et charitable, n'a pas plus de grandeur que l'égoïsme entier d'un cœur sentimental. Pour satisfaire à une inclination purement instinctive, le jeune fiancé des romances, écartant avec un dédain impérial et vertueux les prévisions de l'intérêt, condamne aux plus extrêmes calamités une descendance de malheureux êtres qui ne lui demandaient pas le funeste don de la vie. De telle sorte que l'on saurait sans illogisme louer le prétendu intéressé au détriment de l'égoïsme sentimental.

Les jeunes hommes d'aujourd'hui semblent comprendre à merveille ce décret des destinées sociales, et le héros de M. Champsaur, honnête, loyal encore que coureur de dot, n'est pas anormal.

Que pense la jeune fille, but de tant de pensées ?

Possède-t-elle quelque fortune? Il ne lui reste qu'à choisir parmi les prétendants accourus dès l'annonce de sa dot. La voici maîtresse de son sort, et rendue par la providence capable d'élire à son gré. Si elle nourrit quelque souci de bonheur au fond de soi, le mieux serait, sans doute, d'inviter à l'hymen un homme fort d'intelligence et de volonté, propre à rehausser la fortune acquise par le prestige d'une situation brillante, et à placer l'épouse au premier rang social. Mais la femme craint avant tout la domination du mari lorsque, éduquée dans l'opulence, son caractère se détermina de façon précise et anguleuse. Généralement la jeune fille écartera les hommes aux grands desseins, très peureuse de voir l'époux se distraire d'elle et s'attacher plutôt à des idées personnelles qu'elle jalouserait. Cette élimination accomplie, elle se retrouve devant les quelconques jouvenceaux de son monde et comme l'un et l'autre sont à peu près pareils, elle se décide pour le plus riche, ne voyant dans le mariage qu'une augmentation de la fortune et du bien-être qu'elle amène.

Ces sortes de mariages si fréquents entre richissimes, valurent, à notre époque, l'accumulation des capitaux en quelques familles dont le nombre se restreint de plus en plus, et dont l'opulence croît en raison directe de cette restriction.

Telles furent jadis les unions politiques par où s'amplifiaient les empires, se fondaient les puissances. On sait l'histoire d'Éléonore d'Aquitaine dont les noces ouvrirent la guerre de Cent ans. L'argent, puissance moderne, a, tout comme la force, ses féodaux, ses feudataires, ses lois saliques.

De nos jours, le curieux empereur d'Allemagne recommença cette politique des mariages, ces alliances des familles régnantes. Mais il ne conçoit pas qu'elles sont dénuées d'importance parce que elles ne s'appuient pas sur la puissance du temps, sur l'or, et que la force est devenue vassale de l'or.

La jeune fille pauvre ne peut tenter que de conquérir par ses charmes plastiques, la gentillesse de son esprit ou la beauté de sa morale, un mari en situation prospère. Le jeune homme généralement ne se laisse pas prendre au piège. Je ne sais pas de spectacle plus lamentable et plus navrant que ces soirées de la haute bourgeoisie et de la petite noblesse, où les jeunes filles pauvres dénudées le plus possible en leurs toilettes de bal mettent en œuvre une navrante et naïve science de courtisanes pour séduire les valseurs. Cela serre le cœur et cela fait mal de les voir si pimpantes avec, sous la précaution des gestes et des sourires appris par la sollicitude des mères, l'angoisse constante de ne point réussir, de froisser et de déplaire.

Quelle aventure les exemptera du célibat? Leur faudra-t-il se joindre à un pauvre aussi et subir la misère ou bien accepter le funèbre sort d'accueillir un galantin âgé, une manière d'ogre vicieux qui se sent des appétits de chair fraîche et achète, moyennant une reconnaissance de dot, une esclave pour ses caprices valétudinaires.

Et il faut encore compter les hasards, les folles plaisanteries du sort. J'ai connu Eva ; cette petite lunatique dont la dot imposante attirait un essaim de prétendants qui la suivaient de plage en plage ; Eva et sa mésaventure, Eva !

*
* *

Dépouillée soudain des nues orageuses, la lune, de sa clarté, glace les dunes, les conques des vagues, les terrasses musicales du Casino, enfin se mire au visage de la vierge qui dresse son corsage de pourpre et d'or vert dans la sérénité nocturne.

La valse, en bas, ne cesse ; et les spirales des ondes sonores rident l'air.

« Un prétendant manqué ! » Oh, ni éperons, ni moustaches impérieuses, ni ces doigts à bagues héraldiques qu'arbore le soupirant des Rêves, ni rouges lèvres disertes à murmurer les choses des troubadours. Cependant il était de prestance. Sa barbe brésilienne semblait suffisamment représentative. On lui attribue des rentes très certaines qui, chaque trimestre, naviguent à lui d'Outre-Atlantique.

En somme voilà bien le dixième mot dur qu'elle lui signifiait ainsi, l'éventail un peu levé sur ses lèvres méchamment rieuses, non si haut levé que le prétendu n'ait pu concevoir l'ironie de sa froide denture.

Ah, Maman ! quel chagrin ! quelles gronderies à subir ; et si justes ! Et ce pauvre frère, spahi en un lointain Sénégal, combien de temps encore faudra-t-il restreindre sa modique pension mensuelle afin de payer, sans amoindrir la dot, les appeaux fournis par le couturier ?

Le pauvre frère ! en ce lointain Sénégal. Palmiers et cactus comme dans la serre de madame Ephraïm... Vivre dans une serre toujours, avec un grand manteau rouge, une chéchia et un sabre... Le pauvre frère !

Mais enfin pouvait-elle initier ce mâle hirsute et velu aux mystères de son corsage indécis et, devant ces prunelles charbonneuses, dérouler la noble sarabande de sa chevelure aventurine et, en cette barbe touffue, plonger la lueur impeccable de ses ongles ?

Le minuscule miroir serti d'ivoire et blotti dans sa jupe de soie bleue, ne la marque-t-il pas immuable pour toute lutte ; svelte, cuirassée d'or vert et de pourpre, les bras longs et pâles, la gorge basse, inéclose mais déjà battante sous la gaze safranée du fichu. Au casque de sa coiffure un papillon de diamants darde les mille facettes de ses élytres vers la lune neuve qui roule entre les cinq étoiles d'une constellation oubliée. Par-dessus les pavillons internationaux, les eaux gourmandeuses, les toits de la ville, les belvéders et les spires de la valse.

Quant aux fauves étangs de ses yeux, elle craint

d'y penser. Ces deux trous à l'âme la décèlent trop naïve et trop ouvertement quêteuse d'expérience. Ils la désolent.

Mais sa bouche mince et troussée aux commissures d'un mépris aristocratique, cette bouche en coupure de plaie mortelle, rosâtre, gouachée, superlativement fine, préhensive et retenue : voilà La Force.

Non sans une certaine terreur, Eva songe à l'occasion manquée et qui, peut-être, ne se représentera. Se laisserait-elle vieillir sans époux ?

Elle déploie son éventail contre de tels augures ; les branches d'écaille s'entr'ouvrent devant l'infini de la mer avec le bruit des foudres artificielles.

D'un geste net, la vierge décapite une fois pour toutes les fantômes errants par le vide, ces injurieux inspirateurs de craintes humiliantes et vaines. Plus calme, elle lève son buste contre l'horizon lunaire, enfouit dans sa poche le miroir consolateur et domine irrésistiblement les bosses innombrables des dunes.

Maintenant les arpèges accélérés d'un quadrille assaillent la coupole de fer ajouré où elle a pris sa pose contemplative des soirs, l'attente de l'unique Parsifal digne du Graal de sa vertu, lui, qui desséchera les étangs de ses yeux, et cicatrisera la plaie mortelle de sa bouche avec l'électuaire des amours héroïques. Comme elle sera pure devant son cigare !

Néanmoins la mer déchante sa ballade. Amante inconsidérée elle se tord aux reflets de l'impassible lune qui, ronde, blonde et judicieuse, chemine entre les parterres d'étoiles et les espaliers de planètes, très ménagère de ses rayons.

Or avec le galop furieux des légendes et un vague cliquetis de fer apparurent sur la digue les deux cavaliers de la Romance. Ils allaient en allure de poursuite.

Soudain, les bras étendus, le poursuivant hurla un mot ; un mot terrible et sans doute sacramentel, car le poursuivi volta net. De rage il lança dans la mer sa cravache, puis galopa sans plus ajouter vers les musiques balnéaires.

Eva ramenait fébrilement le linon de son fichu sur sa gorge inéclose et palpitante.

Les cavaliers grandirent. Des galons brillèrent à la manche du plus proche. Aux grilles blanches du Casino l'officier sauta de selle, laissant à quiconque le soin de rejoindre sa bête, fière d'esquisser des danses plastiques et circulaires, en toute initiative. L'autre, un soldat, parvint à saisir les brides du coursier rebelle et prit le chemin d'une taverne qui brillait entre les dunes.

Le drame fini, les personnages disparus dans la coulisse, la mer se fâcha tout à fait. Elle gonfla, cracha injurieusement à la face placide de la lune ; qui contre l'outrage, se drapa dans le velours violâtre des nues orageuses. Les dunes noircirent, les paysages sombrèrent, les falots du Sémaphore conquirent une tout autre importance devant cette obscurité uniforme que striaient les écumes livides des flots. Arrachée, au second éclair, d'une méditation spécieuse, Eva s'étonne du sinistre décor inopinément surgi. Sa pudeur prend courroux de ne point avoir aperçu le changement des fonds, l'éclipse des lumières et le fracas de l'ouverture ; car l'image de l'officier idéalement éperonnée, svelte et vigoureuse l'avait tenue toute, cherchant à s'orienter dans les saharas de l'avenir pour y découvrir l'oasis et la tente de leur mutuel bonheur éternel.

Alors le ciel goutta. Des écus d'eau s'abattirent sur les ferrures du belvédère. Tout fraîchit.

La vierge craignit un rhume et, croisant son linon hermétique, elle s'efforça par petites pincées d'obtenir à droite, à gauche, des boursouflures en soupçons de seins.

*
* *

— Le capitaine de Vardilly ; ma fille, qui a bien voulu se charger d'une commission de Monsieur ton frère. — Ma fille Eva; capitaine. Et ce pauvre Charles, que devient-il?

*
* *

Donc chaque jour levée à huit heures.

En peignoir cuivre sur le balcon de l'*Hôtel des Océans*. Souhaits à la mer bleue, au ciel bleu, aux dunes blondes. Et puis l'attendre en mordillant les feuilles des camélias trépassés au dernier bal...

L'attendre comme ça tous les matins, la coiffure en déroute et qui bat aux brises, elle, un peu brune, mate, cheveux couleur d'aventurine ; devant cette nature dodue blonde en robe bleue. Le plus effectif des contrastes !

L'attendre. Se rappeler sa bague massive héraldique. — Tout comme dans le rêve — et ses doigts longs aux ongles courbes, et puis se dire très bas comme il récite *le Roman de la Rose* de sa bouche diserte aux choses des troubadours, — tout comme dans le Rêve — ; revoir en soi ses cheveux courts, rares quand il s'incline ou lorsqu'il se place devant la lumière, mais, en somme, indiquant plutôt une nature bien affinée au laminoir des illusions.

Quelle horreur, les gens bien portants, et qui l'affichent, et qui mangent, et qui boivent, et qui rient, et qui rament, et qui nagent, et qui dansent. Lui, correctement mesure ses ébats, avale ses pilules d'argent dans un mignon flacon de verre bleu, colporte des sels anglais.

Sans fioritures, sans pose de triton souffleur de conque, il barbote dans la mer en deça des perches indicatrices. Deux valses, le soir, avec elle; un quadrille pour sauver les apparences avec maman ou une amie de maman. Hosanna la famille ! Environ trente mille livres de rente, fils unique. Autant après la mort du père si vieux déjà. Dans trois ans au plus tard les cierges funéraires et le défilé pompeux des carrosses noirs. Alors, Paris, le Faubourg, les premières et le turf.

L'attendre. L'attendre. Par la digue dès neuf heures, lui sur son cheval isabelle, aux fines jambes resercelées, bête de verre filé à peine sortie de l'ouate des boîtes, fauve et d'or comme les aiguillettes d'état-major à l'épaule du cavalier. Et derrière, haussant ses pupilles épaisses de gazelle, caracole l'inévitable, l'inévitable soldat maure qui, au désert, par des exploits de paladin, sut reprendre Jean de

Vardilly aux mains mortelles des Touaregs. Une familiarité, une affection grande lient le capitaine au soldat. Ils se murmurent des paroles étranges de langue arabe ; et le musulman parfois se montre en costume natal, drapé d'amples manteaux blancs, de voiles. On n'aperçoit que ses lèvres incarnadines décloses sur le lis des dents, puis les immenses pupilles à cils lourds. Alors Eva de dire : « Tiens la Madone noire ». D'un sourire, d'un geste long, l'homme caresse l'air en soufflotant des mots...

Telles attitudes de cet être la déroutent comme chose mal définie, semblant offrir double sens. Elle a de la mésaise devant ce corps doux et qui darde des regards si elle s'oublie tendrement au bras du fiancé.

Pourtant elle n'osa pas rejeter son cadeau, bracelets en noyaux de sculptures savantes qui parfumèrent violemment sa peau, son linge, ses coffres. Le parfum de harem s'attacha, adhéra ; maintenant il gêne comme d'une présence humaine espionnant les actes, l'esprit, partout, toujours, cependant que, grave dans son burnous de drap rouge, Ibrahim passe et que ses lèvres aimables laissent choir : — « Salamaleck. »

*
* *

Les guirlandes et les cloches : frais carrosses, aux florales cocardes dans le tumulte, dans l'assaut des carillons. La blanche chasuble illuminante s'incline, reçoit, monte, prépare.

Introïbo.

Devant les herses de cierges, palpitantes holocaustes, en robe nuptiale, victime plus holocauste, plus palpitante et volontaire ; — Éva. Pleurs de Maman ! Pâleur du fiancé, figures sages des demoiselles, et splendeur des guerriers en beaux uniformes ; — circulairement.

Kyrie eleison.

A travers les gazes blanches : la taille vaillante du capitaine, sa moustache impérieuse — Tout comme dans le Rêve. — Le Christ matois sourit au haut de la Croix, et la joie du soleil ravive les vieux tableaux sacrés qui se meuvent avec les ondes triomphatrices des orgues.

Sursum Corda.

Tout se confit d'encens. Violet, doré, Monseigneur en éloquence lâche une douce pluie d'éloges vers Jean, vers sa figure la plus médaille mirée au glacis des gants blancs. Violet, doré, Monseigneur en éloquence désigne comme sanctuaire des maternités le corsage de moire blanche, le corsage inviolablement indécis où tendent aussitôt les regards de la foule indiscrète, étonnée.

Agnus Dei.

Lui, *le Révélateur.*

Elle, l'innocente et blanche hostie.

Au soir le couteau du sacrifice. Cicatrisée la plaie rosâtre de sa bouche. Desséchés les étangs de ses yeux. Bouchés à jamais les trous de l'âme.

Benedicamus Domino.

Et les ondes des orgues filtrent aux fumées des cierges où tremblent les blanches pierres du temple et l'or du tabernacle.

⋆
⋆ ⋆

Le couple se sonda l'âme aux oscillations des railways helvétiques glissant contre les sucreries des monts, l'angélique des lacs et les chants sirupeux des cascades.

Parfaites convenances! Les yeux d'Éva s'assombrirent, et se voilèrent d'astuce. Elle médita des noirceurs qui sauvegarderaient sa dignité aux jours possibles de l'attaque. Son soigneux génie laboura quotidiennement la patience de l'époux afin qu'elle rendît au centuple.

D'épreuves en épreuves, elle gradua l'élève du parfait mari. Majestueusement elle fut la dispensatrice des baisers conciliateurs et des caresses de privilège. Son orgueil indécis et virtuel, capable de toutes merveilles, principe et réceptacle des passions, but des prières tremblantes; son orgueil légitime de sanctuaire inviolé jusqu'au jour du triomphateur librement choisi et consacré par les religions, lui donnèrent toute force, toute royauté, toute puissance. Sous le dais conjugal elle marcha première, hiératique et hautaine, daignant des soirs se révéler en complaisances et en douceurs, et livrer le baume de sa chair pour panacée aux fièvres de l'amoureux capitaine.

Et il ne se voulut reprendre. Par suprême courtoisie il approuva tous les désirs, et s'humilia en adorations.

Galamment il prétendit que ce lui était délices qu'on le commandât, et si, parfois, il se laissait rire de la haute gravité de l'officiante, il voulait aussitôt qu'on le punît d'une moue perfide, où la rose plaie de la bouche se plissait et se retirait à ses lèvres quémandeuses, où les yeux pleins d'astuce menaçaient de sûres vengeances sa félonie.

Tant parut lui plaire l'initiation qu'il ne se voulait résoudre au retour. Seul un ordre impérieux des ministères le put décider à rejoindre la demeure ornée par les mains maternelles dans la ville de garnison.

* * *

Ce premier soir de logis stable et définitif, les lampes arrosent de lumière le soyeux boudoir où se pavanent les bergeries de Saxe et les Japonaises rêveuses au fond des plateaux de laque. Ce premier soir de samovar conjugal ! En robe à fleurs, Éva flagelle résolument le clavecin de toutes ses bagues apâlies, de tous ses ongles en bataille. Sous sa mantille espagnole, Maman approuve de la tête, et son pied fripon minaude comme aux gloires d'antan.

Pour cette fois, la vie va se jouer sérieusement au décor de l'intérieur conjugal. Finies les répétitions à huis clos, les bagatelles, et la parade sentimentale : voici venir l'amour de résistance, quotidien, marqué au fil rouge et parfumé de saine lavande, par crainte des mites exotiques.

Jean a son air grave de cérémonial. Doucement il tourne les pages de la musique, l'œil au visage de sa femme, comme s'il mesurait les forces incluses en elle et leur efficacité dans les dissensions futures.

Souriante, convaincue qu'il ne saura l'arcane de sa pensée, Éva lui glisse de sûres œillades malicieuses un peu, puis interrogatives.

Car elle sent l'examen s'appesantir, la pénétrer.

L'obstination de l'investigateur se filtre jusque l'essence féminine pour y saisir des aspects, indices sur lesquels une induction se pourrait bâtir. Et dans la ronde des sonorités évoquées par les mains en apparat, les âmes s'étreignent pour une âpre lutte. Elle, qui se dérobe sinueuse et fugace, ou livre de semi-franchises afin qu'il s'y prenne, se perde, erre : — lui, qui cruellement cherche et fouille, halète au moindre soupçon, prêt au mépris peut-être, du moins aux résolutions viriles et brutales, dominatrices. — Ainsi, ils luttent par mots prononcés à peine et qui, pour leur unique initiation, signifient les principes du muet contrat discuté, conclu aux mois de miel où l'époux s'amendait. En ce subit Josaphat de leur mémoire renaissent les minines souvenirs, les sourires équivoques, les moues réprimées, les gestes ennuyés d'autrefois. Sinistres lémures révélateurs, ils apparaissent en foule hideuse et muette, à leur Jugement, irrévocable parmi les cataclysmes des illusions, l'effondrement des Rêves.

Et le samovar se mit à bouillir en tempête : Maman réveillée émit une exclamation d'effroi.

Eux se séparèrent. Elle sonna, Ibrahim survint, et dit à son maître des choses arabes, en disposant les porcelaines sur la table. Éva perçut qu'il était question d'elle en cette hermétique conversation. Les paroles se précipitaient, se croisaient, s'enchevêtraient. Une discussion semblait poindre et les pupilles épaisses du Maure la désignaient par d'expressives mimiques. Jean, devenu livide, semblait plutôt se défendre et offrir les prières.

L'impatientante mère ne remarquait rien et, de

toutes forces, elle insistait pour contraindre sa fille à lui résoudre des coupes de robes.

L'âme meurtrie de cet aparté, Éva, feignant la plus dédaigneuse indifférence, s'appliquait à satisfaire le caprice maternel, soupesait la soie et les garnitures de son costume. Soudain, sous le prétexte de faire paraître la splendeur des étoffes, elle se leva, se cambra devant la glace. A travers les feuilles du palmier elle vit les hommes en attitude méchante et verbeuse, pâles et mâles pour un combat. Mais le mot sacramentel entendu au belvédère, la nuit de leur première rencontre, elle l'entendit encore par la bouche maléfique d'Ibrahim. Encore le capitaine fut contraint de taire sa fureur, il frappa furieusement sur la table...

— Hé, mon Dieu, Jean! fit la mère.

Après une brève excuse murmurée, Monsieur de Vardilly se précipita du boudoir, entraînant l'Arabe.

Le bruit de la dispute grandit, puis s'étouffa dans la profondeur des corridors.

*
* *

Au seuil nuptial où Jean l'a suivie, Eva compte reprendre bientôt toute sa puissance. L'absurde discussion qui l'abaissa devant ce domestique, il faut qu'il en demande rédemption, qu'il en fournisse les causes, en dise les péripéties et la fin. D'une moue vague, ironique, elle pardonnera presque, non sans manifester en quel mépris elle a tenu son mari durant l'échauffourée. Peut-on s'oublier ainsi, toute une heure?

Comme elle réfléchissait, laissant sa main aux

lèvres du capitaine, ses yeux au clair spectacle de la chambre nuptiale entièrement rosée par la transparence des abat-jour, entièrement énodorée de violettes et d'aubépine : le fort parfum de harem qui précédait Ibrahim lui vint.

Aussitôt il se montra dans la solennité de ses vêtements blancs et de ses voiles nouvellement revêtus.

Il s'arrêta près d'eux, et demeura immobile en une pose sacerdotale. Suspendue à son cou dans une gaine de cuir écarlate, luisait la lame à demi tirée d'un couteau. Ses yeux immenses fixèrent l'époux. Il étendit les bras et proféra ce même mot sacramentel.

Jean ne bougea, ne parla, seulement il reculait avec sa femme dans la chambre. Ibrahim se plaça sur le seuil ; et il psalmodiait.

— Quitte cette femme, cette impureté, reviens à Ibrahim. Écoute : je te chanterai les chansons du douar que tu aimais ; et je marcherai devant ta monture et les peuples s'inclineront devant toi. Viens.

— Brute !

— Ecoute, je te conduirai à la Mecque, tu toucheras là Pierre, dussé-je subir l'enfer, tu dormiras dans la Ville Sainte que jamais ne souilla le regard des roumis.

... Allah ! comment cette fille impure a-t-elle su prendre ton cœur de guerrier. Tu étais vaillant autrefois et tu tenais ta parole loyale. Pourquoi mens-tu comme une vieille femme aujourd'hui. Elle a prostitué son visage aux hommes avant que tu l'aies vue le premier jour. Moi, mon bras est vaillant, je t'ai délivré de la mort, j'ai tué tes ennemis. Quel sacrifice a-t-elle accompli pour toi?... Ecoute. Par Allah! Ecoute... Le chef t'a ordonné le mariage dans le mois, parce que les hommes de la caserne raillaient notre amour, parce que dans ta nation il est infâme d'aimer les mâles. Bien. Alors tu as juré que tu ne consommerais pas l'union, que tu resterais à moi seul, tu l'as juré? Aujourd'hui : soit. Laisse cette impureté, laisse cette souillure. Tu as obéi aux chefs, obéis-moi ; parce que je suis ton maître en ceci.

— Oh sortez. Allez. Tous les deux, allez. Pour l'amour de Dieu. Allez à jamais. Vous m'êtes immondes. Ne me touchez pas! Allez, allez...

Ainsi criante, ainsi gesticulante, Eva, géhennée de douleur et de sanglots s'effondre, véridique tragédienne, après avoir poussé le verrou sur le traître véridique.

*
* *

A cette déroute imprévue, qui jamais eût songé? O l'étrange interversion! où savoir? Et comment croire maintenant? Le dire? Pouvoir le dire au risque de toutes humiliations, pouvoir dans un corsage frère épandre les larmes désolées, et se plaindre, et condamner sans excuses.

Ce fut l'impossible, l'irréalisable vœu de sa vie pour toujours close en désespoir.

Au contraire marquer d'un visage indifférent chaque heure, sourire aux spirituelles reparties, battre nonchalamment de l'éventail, et saturer d'odeurs fines les pièces parées de sa présence ; elle ne s'en put départir.

Les jours neigèrent, neigèrent, en blancs linceuls ; Maman parlait, comme la pluie sur les toits. L'immonde époux, retourné au Sénégal, expédiait des lettres officiellement affables, qu'elle lisait aux parents avec des apparences de satisfaction.

Mais pas un nègre ami sous le ciel équatorial qui aidât la Mort libératrice, capable de rompre le lien de honte. L'idée que cet homme l'avait eue dans ses mains, dans sa couche, palpitante et vierge, faisait jaillir de ses yeux des gerbes de larmes. Elle courait à la chambre nuptiale ; et au Christ du chevet, sans fin, elle contait l'histoire.

Les pleurs lui rongèrent les paupières et les joues ; le dépit la mordait aux entrailles.

Les plans et les stratagèmes si habilement ourdis durant les longues insommies des fiançailles se dénouaient sans résistance au heurt imprévu. Par son extrême et insoupçonnable perversité, le mâle échappait à ses lacs construits suivant les avis maternels et l'expérience de féminins atavismes.

Le papillon de diamants suprême cimier de sa chevelure en tomba, un soir de douleur où elle cachait sa face de vaincue dans la grotte reposante de ses bras. Il tomba, s'émietta en mille parcelles brillantes qui reflétèrent la lune, verte et bleue, soudain montée sur les futaies du parc.

Alors vaincue elle immola définitivement ses espoirs. Dans une souffrance inlassable, elle attendit superbement la mort, d'une attitude préférée, les bras en croix, les yeux vers le ciel de laque rivé au plafond du boudoir, les chevilles pudiquement croisées ; en toilette de satin candide.

Parfois au miroir elle se donnait la bonne sensation du vertige devant les étangs profonds de ses yeux, les purs étangs drainés de toute ignorance et de toute concupiscence.

Les jours neigèrent, neigèrent en linceuls blancs. Maman conversait comme la pluie sur les toits.

*
* *

Un après-midi de thé, ses amies dirent des histoires macabres. Elles pressèrent Eva de payer écot à leur décaméron. O quoi de plus macabre que les noces siennes ! Sous des noms supposés, et dans l'amertume de sa mémoire, elle narra sa haine et les causes.

Et, comme on l'adula fort pour la malice du récit ; comme ses amies résonnaient des jais entrechoqués sur leurs poitrines soufflantes, Eva se consola, l'ayant DIT.

DE LA JEUNE FILLE

Elle descend dans le fracas de l'arrivée en gare, parmi les plaids, les alpinstocks, les valises, les parents. La voilà de retour à Paris, frémissante et dorée par l'air des villégiatures, en sorte que ses cheveux blonds lui font un bandeau de métal clair sur sa peau un peu bistrée. Les petites poitrines se sont accrues à humer les exhalaisons marines ou les zéphyrs de la montagne; et on arbore une mine tout à fait altière en saluant le premier fanal électrique qui s'irradie tel qu'une perle géante sur le troupeau tapageur des fiacres.

Il y a tout d'abord un serrement de cœur. Les premières semaines vont exiger les soins de la réinstallation. La mère offrira ses maximes d'économie domestique. Et quels regrets pour le flirt des plages, les valses du casino, le crocket, le tennis et les costumes de season. Ecrira-t-il poste restante, rue de Choiseul, ainsi qu'il le sut promettre, le soir du bateau, le matin de l'ascension, au déjeuner des cascades? Et, tandis que l'omnibus de chemin de fer roule en avant, muni de sa cargaison externe de malles, de sa cargaison interne de domestiques, la jeune fille songe au fond de sa voiture qui suit.

Car ce n'est pas que le temps se perde pour les équipées amoureuses dans les villes d'eaux. La jeune fille parisienne ne garde plus les anciens préjugés de la comédie bourgeoise, où elle fut un type à robe plate, à cheveux retroussés, à cœur noble et prodigue, à piano fréquent. Elle n'épouse plus guère par sentiment ainsi que les bons auteurs de jadis le voulaient à la fin de l'acte suprême. Elle a marché avec l'époque, elle spécule sur ses avantages physiques et pécuniaires selon une astuce que les conversations paternelles et boursières lui surent de bonne heure inculquer.

Les endroits de villégiature sont terrain de chasse pour l'amoureux, non pour le mari qui se laisse prendre plutôt l'hiver sur la glace des parquets de bal. Aux eaux on s'ignore presque. De vagues présentations vous acoquinent ; et c'est chose délicate de flirter tout un août avec un joli gaillard qui ne vous reverra point, devant qui on n'aura jamais plus à rougir dans le hasard des rencontres.

La jeune fille choisit son galant dès les premiers jours parmi les amis du cousin ou du frère, ou dans la parenté d'un valseur de l'hiver, retrouvé là. L'été reste le grand inviteur aux faiblesses du sentiment. Pour peu que l'élu sache discrètement effleurer la licence des propos doublés, et cependant paraître ne le point faire exprès, mais subir une malice inopinée du langage, l'intimité se scelle entre les jeunes gens. Il y a pacte. Nous allons jouer à l'amour, pas?

Et c'est tout exquis. Rien de sérieux. Il n'importe point de vérifier la dot ainsi que dans les galanteries légitimes. Papa n'a rien à y voir, et maman ne saurait qu'y faire. En une semaine tout le Casino s'arrange. Les couples se sont formés. On organise les excursions à travers les sentiers étroits de la montagne, les visites dans les grottes dont la fraîcheur excite au frisson que le baiser réchauffe.

On aurait tort de croire que ces passionnettes se tissent sur la trame des romances ou le thème des livres entrelus. Point. De prime abord, il demeure convenu qu'on rentrera les guitares. Pas de trilles, ni de clair de lune. On s'amuse pour de bon, à deux, à quatre, les jambes nues dans la mer, sous le prétexte de chercher les crevettes. Maman n'y va point par crainte des rhumatismes, et tous les pères tètent leurs cigares autour des petits chevaux. Les crevettes ne se laissent point approcher comme ça. Il faut avancer en mer; et il y a toujours une barque de pêcheurs derrière laquelle on s'installe avec commodité, la barque-paravent ou encore la « Cache-ma-Joie », comme l'appelait à Dinard une brune fillette de seize ans, munie d'yeux en soucoupe. A la voir s'ébattre, le soleil de l'endroit ne perdait pas son or.

Elles sont, paraît-il, un grand nombre qui se laissent goûter par l'ardeur des jeunes hommes plaisants. L'esprit pratique les empêche beaucoup de convoler avec des futurs seyant à leur âme. Les titres de rente et le chiffre d'affaires demeurent en mariage les choses les plus importantes, puisque le mariage mène la vie et qu'il faut du confort. Donc, et par avance, la jeune fille contemporaine renonce à l'amour dans le mariage. Elle sait que ce mythe ne vaut même plus rien dans les romans, où l'association conjugale ne paraît que pour corser les joies de l'adultère.

Les conversations du couvent ou du cours ne repoussent pas la réalité. Les querelles intestines de la famille apprennent vite que l'argent fait la grande partie du bonheur et que, sans lui, rien de gai ne se passe. Pour exister loin de la tristesse et des ennuis, vieillir en paix dans la suite, recevoir convenablement son monde, y faire figure, pour être, enfin, quelqu'un, l'argent reste indispensable. Il en faut, et le plus possible. L'amour? Ça va bien au piano, et dans les moments perdus.

De moins en moins la jeune fille se révolte contre cette situation que lui propose l'époque. Elle sent qu'on n'a plus le loisir de roucouler entre les affaires. Il importe de diviser sa vie en part sérieuse ou matrimoniale, en part futile ou virginale.

Mais cela posé en théorie, le cœur ne cesse point de battre sa petite chamade, aux heures chaudes. Encore qu'elle se résigne à s'unir à quelque riche grisonnant et à tendances d'obésité, la jeune fille ne saurait oublier que l'esthétique de ses formes et la douceur de son épiderme sollicitent des admirations ferventes et la splendeur d'étreintes véridiques. Il la tourmente de tenir cachées tant de jolies choses qui donneraient beaucoup de plaisir à être vues; et, toutes chances pesées, comme le mariage n'est pas fait pour cela, elle se donne de l'amour.

Elle en prend avec ses flirteurs tout ce qu'il peut

livrer sans que l'on en vienne à briser la vitre réservée pour des usages conjugaux. Son imagination pervertie par des désirs contenus longtemps et mal rend une amante admirable, propre aux joies les plus savantes. A part cela cela elle reste virginale... quant à la vitre.

Fréquemment il arrive qu'un jouvenceau sans fortune, choisi pour l'amusette par une jeune fille très millionnaire, se croit parvenu du coup à la richesse. Il use de la faveur offerte, et y prend un goût d'autant plus vif qu'il la conçoit comme le prélude du contrat. Et son étonnement est excessif lorsque, la saison finie, la partner le remercie bien galamment et lui abat d'un petit mot sec son espoir de vivre à l'aise aux dépens de la dot. C'est bien là une des scènes les plus comiques où se puisse complaire un dramaturge.

A fond d'elle cependant il persiste une tendresse pour celui qu'elle a chéri de sa chair et même peut-être de son cœur, tout un été. C'est, en son âme, comme le regret de ne plus assister à la pièce qu'on vient de connaître, lorsque l'ouvreuse étend les housses sur les velours et que le cavalier assure sur vos épaules la mantille. La représentation est finie, déjà.

Il va falloir reprendre Paris, les courses dans les magasins, et les visites, et se faire aimable pour l'agent de change qui brigue avec raison sa main, préparer l'ingénieur du chemin de fer de Damas au cas où l'agent de change faillirait. Voilà toutes les sombres diplomaties à recommencer, et les aigreurs de mère à subir, et la maladie de foie qui afflige le père à soigner. Oh! le souvenir de ce sourire que Francis avait à Dinard, derrière la raquette, et comme il leur plaisait de laisser leurs doigts en caresses quand ils échangeaient leurs balles ; et ce soir fou où, avec Julia et Marguerite, elles s'étendirent sur le ventre dans le sable, corsages dégrafés, pour jouer aux sphinx, leurs petites gorges dehors comme celles des monstres égyptiens et presque aussi granit. Et de fenêtre à fenêtre. Ce soir! Il savait empiler les chaises sur son balcon afin de la voir se déshabiller. Se sachant examinée, elle y mettait moins de pudeur, et les frisures de la moustache, et les musiques qui pleuraient pendant leur étreinte dans la grotte, et tout, toute la bagatelle, tout l'opéra-comique de l'amour auquel on se laisse prendre, si forte personne que l'on soit, forte à épouser demain le vieux Vogg lui-même avec ses poils dans le nez et sa tête de hérisson, par cela seul qu'il possède avec Gordon Bennett un tiers de câble transatlantique.

Il en faut cependant de la résolution dans la vie ; il en faut, et le petit talon vernis tape plus sonore sur l'asphalte bleuie de la Ville devant les bandes vertes et citrines du crépuscule où battent les premières flammes des lampadaires, où la perle géante du globe électrique s'irradie sur le troupeau tapageur des fiacres !

*
* *

Parfois cette résolution vient à faillir ; et telle qui se tint à la parade, pendant deux ou trois saisons, sous les coups des plus séduisants, tombe tout à coup, malgré le passé de son effort, dans la boue du cœur.

*
* *

Dans cette salle du Casino, et devant la mer qui déferle pour le service des abonnés, Joannah se balance au gré du rocking-chair, voulant enfin se résoudre à choisir entre ses assidus.

La grâce des vingt ans, l'amertume joyeuse de l'esprit, les avantages extrêmement sérieux de la dot lui constituent l'assurance de plaire. Celui donne même à sourire de se rappeler l'entrain admirable avec lequel ses quatre prétendants quittèrent Paris et leurs arts de finance afin de la suivre sur cette plage confortable dont le sable semble de la poudre à parfumer.

Choisir... L'élu ne sera point, malgré son élégance et sa distinction, cet illustre sportsman Deverdis, aux quatre costumes quotidiens, et qui anime l'hiver des clubs en y faisant représenter de merveilleuses charades propres à traduire sous leur forme enjouée la philosophie la plus haute de l'histoire humaine.

Ce pourrait-il être l'astucieux Lucivore si jeune et déjà si député? Elle entend sa voix nonchalante...

— Ne trouvez-vous pas, mademoiselle... que c'est un grande beauté l'indulgence pour le vice et pour la vertu... Écarter la certitude sur le bien ou le mal... se garder du jugement.. cela seul vous hausse au-dessus du vulgaire pourvu d'opinions brutalement nettes... J'ai horreur d'affirmer, moi;... et vous?

— De même, monsieur, et c'est pourquoi je ne

puis me résoudre au mariage... il faudrait affirmer l'excellence d'une personne devant mon goût... En vérité, cela dépasse ma franchise.

Un peu vexé, le parlementaire tourne sur ses talons et s'éloigne, très haut dans son complet chêne de Hollande.

Deverdis le saisit au bras. Les voilà qui diminuent dans la perspective des salles, tâtant les louis de leur gousset pour solliciter la chance aux petits chevaux.

Il reste encore le beau vieillard Clarusse, colossal, avec une barbe neptunienne, et qui donnerait l'étrange hallucination d'aventures mythologiques, fleuve-dieu prêt à étreindre vigoureusement les nymphes.

Joannah le contemple dans un frémissement intime. Sa chair s'émeut fort à songer quelle magnifique chose ce serait d'offrir sa jeunesse au faune, de voir la passion le transfigurer, de goûter sa reconnaissance indicible et les prévenances du dernier amour. Comme il vibrerait ! Elle le lit en ses yeux; et quelle existence de rêve il lui créerait, n'ayant plus rien à quérir dans la vie que le repos sous des yeux aimants !

Sa large poitrine l'attire. Elle aurait des délices sûres à s'y blottir avec des sourires pervers et des mains malicieuses... Le pensant, elle perçoit d'étranges rougeurs lui gagner les joues... Les choses qu'il dit sonnent bien à ses oreilles, mais elle ne les saisit pas. L'expérience qu'il doit avoir des voluptés la trouble à l'extrême et secoue ses nerfs. Et lui s'aperçoit évidemment de ce malaise. Quoiqu'il énumère ses flottes et les richesses de ses banques, d'autres paroles semblent quitter ses lèvres, mille promesses singulières et de tentation.

Mais dans la baie de la porte, Ludovic Agnel a paru. La jeune fille blêmit comme si elle était surprise en flagrant délit d'adultère. Le sentiment d'une faute la navre. Pourquoi? Ludovic n'a point sa foi. Plutôt serait-elle portée à le juger banal sur les phrases de romance qu'il ne cesse de débiter. Il parle printemps et bouquets, moissons et vendanges, grappes mûres et ruisseaux. Il chantonne les plus misérables duos d'opéra, et laisse ses yeux couler entre ses paupières pour indiquer une prochaine pâmoison. Il est le sentiment. Il juge les gens sympathiques ou antipathiques. Son visage exprime la souffrance d'une âme attentive et froissée.

Il parle encore. Joannah sent en elle un éveil de sensations subtiles. De vieux accords résonnent dans son âme. Tout le passé de l'éducation ressuscite, avec les chevaliers qui moururent pour leurs dames, les pages fidèles et guitaristes, les amants incompris qui s'étiolent la bouche sur un bouquet. Elle pleurerait presque... D'impatience ou d'émotion? Elle ne saurait dire. Elle s'estime sotte et commune. Cependant la voilà prise évidemment par le plus niais et le moins accort des assidus...

Elle n'essaie même plus la résistance. Elle a pris son bras. Il l'entraîne... Devant la mer leur enthousiasme s'exalte selon la tradition. Vraiment Joannah se tuerait de rage... Mais ça y est. Il a conquis d'elle ce qui y survit de plus bas, de plus suranné, de plus puissant aussi.

Longuement, il lui étreint les doigts, sans parler. Son ridicule atteint l'épique. « Écoutez battre mon cœur, dit-il... »

Joannah souffre le martyre... Mais que faire? L'homme la tient sous son prestige. Elle se sait domptée par l'imbécile et le crapuleux. L'orgue de barbarie triomphe. Et ni sa merveilleuse intelligence, ni sa subtile moquerie affinée par cinq hivers de mondanité ne suffisent à la défendre contre l'influence odieuse et maîtresse.

Elle s'est promise à Ludovic, malgré l'aversion de ses parents pour cet homme et les conseils de ses amis. En vain Deverdis a évoqué ses plus magnifiques visions de poésie philosophique; en vain Lucivore a jeté à profusion les paillettes de son esprit; en vain, Clarusse l'a éblouie de son magnétisme charnel et lui a décerné ses trésors. Joannah les a dédaignés, contre sa raison, son intelligence et sa passion même.

Un moment, alors qu'on achète le trousseau et que le notaire dresse ses actes, la fiancée se demande s'il ne vaut pas mieux que la mort la délivre d'elle-même et de son sinistre avenir. Mais la peur de ne plus entendre chanter la voix flûtée de Ludovic la reprend au suicide.

Alors elle flirte à outrance avec Deverdis, Lucivore et Clarusse, dans l'espoir que l'un de ces êtres plus hautains la séduira, l'arrachera de sa misère morale, la dérobera aux supercheries du cœur. Vingt fois, elle est sur le point de dire à l'un des trois : « Epousez-moi, voulez-vous? Emmenez-moi... prenez-moi... » Mais aussitôt elle entrevoit clairement l'inévitable crime, l'adultère sûr. Elle les tromperait avec Ludovic.

Joannah s'abandonne donc à l'ignominie de son destin. Sans force, sans joie, elle écoute l'imbécile murmurer infatigablement sa ritournelle. Elle lui appartient, âme, corps, esprit. Il est laid. Il est stupide. Il manque d'élégance. Sa situation dans le monde reste pleine d'équivoques. Elle ne peut réussir à le renvoyer. Et le monde s'étonne « La chose va donc se faire? Cette Joannah, subtile comme Chamfort, gracieuse à faire périr les jalouses, aussi riche qu'une reine, elle écherra à l'absurde Ludovic Agnel dont les antécédents... Voyez donc la vie! hein?... »

Au Casino, c'est une désolation. On ne danse plus. Les hommes perdent tout ce qu'ils veulent au baccara. Parmi eux Ludovic triomphe... Il reste maître et roi, il est le frère de l'Océan qui gronde par delà les baies vitrées et les sons du piano...

— Neuf, messieurs, dit-il.

— Faites voir...

— Puisque je prononce neuf...

— Tiens! mais vous laissez tomber une carte... Deux neuf en cœur dans votre main?... Sapristi, le coup est facile... Huissier, faites sortir le grec...

Joannah fut sauvée ainsi par le hasard. Elle fut sauvée de la honte, mais non de la mort. Car elle périt de consomption, à Cannes, dix-huit mois plus tard, ayant craché sa vie en petites lunes de sang dans ses mouchoirs de batiste; mais regrettant Ludovic.

*
* *

Peut-être songe-t-on moins qu'il ne conviendrait au péril de certaines âmes perverses préparé par la connivence quotidienne des frères et des sœurs. Quand le fils atteint quinze ans, sa science érotique se forme des propos entendus au collège, dans la rue, parmi les jeux de camarades. Sait-il toujours garder la prudence de sa bouche?

En vérité bien des sœurs se corrompirent aux confidences de leurs frères.

Il y eut aussi des exemples de péché.

A l'époque où nous terminions nos études dans un lycée de Paris, l'un de nos camarades, Marcel V... s'enfuit un jour. Sa sœur l'attendait en voiture au dehors. On sut qu'ils s'aimaient.

Plus tard je les rencontrai ensemble dans quelques salons du demi-monde parisien.

Le couple intéressait les curieux. On les avait à dîner comme on a les gens célèbres, les histrions en forme, les littérateurs en gloire, les princes et les androgynes.

Je confessai Marcel.

Et puis des années coulèrent. A Nice je le vis mourir.

Des notes anciennement écrites me le représentent en sa vie de torture.

*
* *

. . . .
. . . .

Accroupi, replié sous la souche froide, Marcel exhalait en larges soupirs l'effroi de son sang saisi par les gerbes hydrothérapiques dans l'engourdissement du sommeil. Et il s'obstinait afin que durât cette besogne, que sa chair régénérée se vivifiât, lui fût une vigoureuse écorce, la gaîne énergique de son âme aveulie par les péchés de coutume, et mâchée par les chagrins.

Car ce vendredi, treizième matin d'un triste mois pluvieux et blême, il fallait que sa conscience justicière entreprît une terrible scission dans sa vie, tranchât le lien de passion qui la nouait et rompît d'un coup l'élan de son existence odieuse, mais si chère.

Marcel a peur, très peur. L'angoisse étrangle ses entrailles; la migraine lui flambe aux tempes sous les fraîcheurs des eaux ruisselantes. Inquiètement, furtivement, son regard effleure la portière de pourpre troussée en ses doublures d'azur sur la chambre où, tranquille encore et parmi les batistes amoureuses, repose la douloureuse Aimée.

Froid comme la douche, son corps qui gèle et bleuit le rappelle à quelque mansuétude envers soi. Bien à regret, il saute du tub et s'enveloppe de spongieuses étoffes, pensant à ces minutes déjà passées si rapides et à l'heure qui accélère ses actes vers l'instant inéluctable.

Ni les senteurs dont il s'inonde, ni la morsure tonique des vinaigres ne calment les nausées de l'appréhension. Eux-mêmes, spontanément, ses viscères se rebutent à le seconder en cette tâche destructive de son harmonie vitale.

Il s'affaisse dans l'osier criard du fauteuil à la table qu'illuminent des lames et des ivoires massés sur la blanche nappe de toilette.

Si pâle le mirent les hautes glaces du paravent. Ses mains tremblent en plongeant dans les liquides opalins des cuvettes. Avec toute minutie, Marcel s'astreint à rogner les ogives de ses ongles, à polir l'émail de ses dents, à étirer les poils de sa moustache jeune et blonde. Comme pour une fête passionnelle, il se soigne, heureux des minuscules tares découvertes à son derme et qui lui prêtent l'excuse d'un atermoiement.

Il médite des discours, de tendres récriminations, et aux yeux de la jeune fille ainsi préparée il évoquera la hideur du crime, l'avenir sans issue clos, à tous horizons, de honte et de deuil. Soudain l'on parle :

— Quelle heure, Marcel? Viens ici. Si tu veux nous allons monter, ce matin. Je prendrai l'alezan à la balzane. Nous irons galoper dans la petite allée couverte derrière la cascade. Hé, viens m'embrasser. Marcel ! Hé, monsieur.

A cette voix joueuse le courage du mâle s'écroule.

— Voilà, voilà, crie-t-il sans se mouvoir, tout ahuri dans la débâcle de ses résolutions. Sur les miroirs ses lèvres lui apparaissent simples réceptacles de baisers, ses doigts simples agents de caresse. Au souvenir des voluptés liliales et rosâtres, sanglantes parfois, sa mémoire s'affole. Et vers la figure rieuse de Madeleine qui se cadre à l'huis, antiquement drapée dans la courte pointe d'hyacinthe, il rit, il court, il s'agenouille et saisit à pleins bras les jambes nues qui plongent en claires faïences dans la neige des toisons polaires étendues au plancher.

— Oh ! mignonne, le froid te va prendre.

Et ils s'abîment aux draps de noire soie, aux dépouilles des ours bruns où s'use leur âge.

Elle, avec des mots de grande enfant, lui qui tente de fuir le vice, et toujours retombe, ils se vautrent dans la luxurieuse abjection et se tordent sous l'implacable griffure du péché.

Le cuivre fauve des cheveux le dompte, l'hallucine, le fige en l'obéissance du limpide sourire de l'Aimée... de la Sœur.

La Sœur. Oui. A ce temps, loin déjà, où si vaguement ému de sa puberté nouvelle et des confidences murmurées sous les maigres ombrages des cours collégiales, il parcourait en cachette les traductions des érotiques anciens, Madeline, un soir, le surprit dans la bibliothèque du père et lut. Elle huma le philtre affreux détenu aux marges du volume. Leur robuste sang germain voulut des expansions. De page en page, ensemble ils se perdirent, étreints par le réseau rétractile de leurs nerfs tendus. Les cheveux se mêlant faisaient frémir la peau de leurs tempes. Doucement se brûlaient les membres saisis de l'âpre désir de s'emboîter, de se pénétrer, de se confondre. Ils surent le péché dans un démoniaque sacrifice de douleur et de sang, sous la timide clarté des lampes familiales.

Enfants, la passion fervente les lia sans se dénouer à l'adolescence, à la jeunesse, à l'âge nuptial. Madeline plus vieille de deux années imposa l'ardeur de sa nature puissante, souverainement de cuivre et de roses. Marcel, robuste garçon aux lisses épaules de champion nautique, aux rudes bras d'escrimeur alerte, aux jambes un peu tortes de horsman, ne se put dérober, avec ces vigueurs, à l'appétit commun de leurs chairs.

Malgré la raison, les principes d'une éducation rigide et une véritable foi chrétienne, la horde des esprits immondes blottis en leurs muscles les traînait l'un à l'autre, sans trêve, fustigeant leur mémoire d'évocations lubriques.

En telle sorte qu'ils durent, un jour de démence, fuir la demeure des parents et s'en venir céler leur honte dans l'ombre de la foule fangeuse, à Paris.

En vain les géhennèrent leurs sordides remords. Ni ce vendredi fatidique, treizième matin du mois, ni aucun autre jour, Marcel, Madeline ne surent prononcer la parole du repentir.

*
* *

Pourtant leur amour se rassasia.

Et les après-midi se firent longues, pour eux, trop seuls. Les visites, le monde parurent à leurs esprits une chance d'éparpiller l'ennui en de frivoles conversations. Mais le monde demeurait clos à leur hymen réprouvé. La douleur de la mère connue par tous les amis de la famille les avait mis en flétrissure. Manifestée, aux premières démarches qu'ils tentèrent, cette opinion les rejeta moroses et navrés dans leur sombre rez-de-chaussée du quartier Monceau, au cœur de ce désert parisien où séjournent à la passade les luxueux nomades des patries lointaines, et se pavanent les vanités parvenues des artistes sans foyer.

Les heures furent inlassables à leur tristesse. Et tout leur devint meurtrissure. Les œillades envieuses, entendues des fournisseurs flairant en eux l'exil de quelqu'adultère peureux de scandale, leur traversaient l'âme. Des fois, les religieuses se présentaient pour les quêtes en faveur des indigents, avec la douce commisération, la chasteté des voiles endeuillant leurs corps insignifiants. Ils se sentaient fautifs près d'elles, sous l'œil mitigé du Juge ; et l'aumône plus large palliait, en quelque mesure, espéraient-ils, leur déchéance.

Une fois que l'averse larmoyait au vitrail, et que leurs êtres en une désespérance universelle, gisaient sans force, au hasard des coussins, Marcel se leva prêt à dire sa rancœur, et à proposer une définitive pénitence : la séparation. Sans doute elle conçut avant qu'il les eût exprimées les conclusions de ce discours, car son visage se couvrit de pleurs, et les sanglots comprimèrent son souffle. Les larmes perlèrent le cuivre royal de sa chevelure, lui-même noya son visage dans les coussins du divan. Et la douleur ne tarit qu'à l'embrasement de leurs peaux où la pitié alluma de chauds baisers qui flambèrent et grillèrent leurs chairs en luxure.

Afin de ne plus encourir de telles tentatives de repentir et les hontes de la rechute, ils convinrent par tacite entente de fouler au dédain de leur orgueil l'opinion, le monde et le remords. Ils vaguèrent par les travestissements des plages, connurent les spasmes émotionnels où vibre, des nuits entières, l'âme du joueur. Ils baignèrent leurs pieds dans les eaux des océans et des détroits, et s'alanguirent, durant les chaudes vesprées, aux musiques fortes des kursaals. Les hunters les emportèrent plus vite que la bise à la poursuite du chevreuil par les voûtes odorantes des forêts et dans la simplicité des plaines, tandis que les cors se lamentaient au détour des collines et sous la profondeur des futaies. Ils foulèrent les neiges éternelles des monts, ils firent claquer les fouets à pompons rouges sur les oreilles des mules tintinnabulantes, à côté des cascades en tumulte et parmi les violâtres batailles des nues orageuses.

Même aux couloirs strictement écarlates des tavernes merveilleuses, ils montèrent dans une gloire de bijoux et d'élégance avec la musique des admirations ambiantes murmurées par les lèvres peintes des hétaïres et les sourires froids des gentlemen. Leur équipage au galop des steppers brilla dans les courses et les allées du Bois.

Alors des assidus, introduits par la promiscuité des luxes et des rencontres hippiques, fréquentèrent chez eux. Des lords prolixes et rasés, de coruscants Brésiliens, des Yankees en habit de paquebot, des reporters et des artistes, glorieux brocanteurs de calembours, des vieillards propres et sentencieux audacieusement imbéciles, de prudents diplomates, et des militaires arbitres de sport.

*
* *

Enchâssée de soies favorables, la grasse et rousse tragédienne, Nina Loréal, eut de affabilités pour Madeline en ses réceptions quasi mondaines du jeudi, où les hommes d'État et les bas-bleus marivaudent aux capitons des divans. Ainsi qu'un somptueux bonbon ligoté de faveurs riches, l'artiste, devant le samovar, trônait experte à épandre le pâle liquide dans les tasses ; et Madeline illustrant le tapis de ses traînes, l'air de ses senteurs, s'en allait, majestueuse, offrir le breuvage aux invités.

Les nouveaux venus, la dame les présentait à la radieuse sœur. Leurs faces avides, déformées par une brève surprise, dévisageaient la jeune fille aussitôt. Puis, ayant, par surcroît, désigné Marcel, Nina Loréal leur chuchotait des choses avec de minces rires noyés dans les folâtres dentelles de ses jabots.

Des hommes d'âge, munis de binocles et de barbes assyriennes, s'empressèrent auprès de Madeline. Poussée dans les reculs des fauteuils, à l'ombre des paravents et des palmes, elle laissait grêler son rire heureux sur les hommages et les gestes oratoires. Aussitôt les autres causeurs se taisaient, attentifs et arborant des mines ironiques.

Et cela donnait de l'angoisse à Marcel, gêné de soi et d'elle, au coin de la cheminée dont les multiples bibelots tintaient sous le choc nerveux de ses coudes.

Il voulut expliquer à sa sœur quelle affreuse sympathie témoignaient ces hommages. Ignoblement, en façon de phénomènes d'amour et d'attraction foraine, on les exhibait à tout venant. Et les hommes de débauche se délectaient à lire en leurs figures les traces de passion criminelle, à requérir de chaque trait et de chaque attitude quelque sadique révélation qui animât leurs sens émoussés. Énigme érotique, le moindre geste de leur couple secouait la luxure et les idées mauvaises au flair du monde.

Et, âprement, Marcel piétina la pudeur de l'Aimée.

Les reproches ricochaient sur lui-même, mordaient son âme farouche et maudissante.

Or, leurs chagrins se confondirent en une péroraison passionnelle; leurs chairs se meurtrirent haineusement comme s'ils eussent voulu à coups de baisers détruire leurs appétits misérables, ou par l'objection de leur perverse récidive tenter sur eux un châtiment mortel et divin.

Silencieusement ils vécurent ensuite, reclus aux cinq pièces de leur sombre logis. Là, s'étouffaient dans les plis lourds des portières et des velours, les pas et les voix. Ils chassèrent les jeunes domestiques, et prirent de sourds vieillards, irréprochablement propres, peu apparents, toujours disparus aux angles des meubles et parmi les figurations des tentures.

Aucune conscience ne se manifesta plus dans le jour glauque et pesant des vitraux, sur le poil des tapis, derrière les bosquets de verdures tropicales, ni aux saures tableaux de Hollande. Les pourpres, les azurs de la chambre à coucher, ils les éteignirent de gazes violettes et noires. Les ors du salon se ternirent. Tout ne tarda point à se confire d'une atmosphère dormante telle qu'en rêvèrent les fabliaux pour les demeures des magiciennes.

Cependant les cierges ne cessaient de darder leurs flammes à toute heure devant les images saintes de l'oratoire. Lorsque l'esprit de ténèbres rassasié de débauche laissait répit à leurs corps, ils aimaient prendre leur repos sur les dalles impeccablement blanches du sanctuaire, entre des murailles blanches et vernies où se mirait l'or clair des lumières bénites.

Un apaisement semblait vouloir sourdre et fraîchir l'enfer de leur sang. Les douleurs s'assoupissaient. La candeur des parois neigeait douce et légère devant leur esprit plus calme, et voilait le trépas sévère du grand Christ. L'holocauste du Golgotha versait une manne de grâce et de pardon. S'ils avaient pu, pour un temps, surseoir aux pénibles labeurs de l'amour, le Christ peut-être eût définitivement triomphé, et rompu le maléfice enchaînant leurs incestueux désirs. Alors peu à peu cet espoir les imprégnait; les larmes délicieuses du repentir mouillaient leurs cils et leurs joues, l'air déchargeait leur poitrine appesantie; et, sûrs de vaincre, ils sortaient, fervents néophytes de vertu.

Mais, au soir, le génie du Mal faisait s'ouvrir les corolles des fleurs, blondir les joues des fruits et doubler les caresses des parfums. Longtemps Marcel et Madeline luttaient pour ne point déchoir, pour ne point croiser les flammes complices de leurs yeux.

L'un de l'autre détournés, ils se ruaient à des lectures. Lui, dans l'ivresse du vin, s'absorbait au milieu de la table. Un épais buisson de fougères séparait leurs visions. Insuffisante barrière à leurs splendides désirs, Marcel sentait ses bras se tendre pour renverser l'obstacle et Madeline, agriffée à la nappe, voyait ses doigts ramper à lui, comme des bêtes indociles et tenaces.

Ils fuyaient au profond des chambre, dans le silence des tentures closes, dans l'obscur des lumières abolies.

Mais, sans savoir en quels chemins les avait traînés le vice impérieux, ils trouvaient leurs mains sur l'autel de luxure, sur les noires soies des draps érotiques, sur les fourrures de l'ourse brune où s'usait leur âge.

* * *

Par un matin d'été gazouilleur, leur yole fendit les vertes moires du fleuve. L'haleine des bois ridait la chanson des eaux ; et le ciel immortel imposait la gloire de son nimbe contre la ville aux souffles bleus, ahanant sous le poids des dômes, des fabriques et des tours.

Madeline maladive laissa vibrer son chant pour Marcel qui tranchait les flots de ses rames écarlates.

L'hymne de Madeline monta de son corps de marbre clair, disant l'amour et les fleurs, et l'harmonie de vivre.

Son visage se dégagea des étoffes avec les turquoises de ses yeux et les sardoines de ses lèvres. Son cou s'affermit gracieusement ; les dents rirent, et le beau temple de son corps se dressa hors le décolletage des soies bleues et jaunes.

Alors par les arceaux du viaduc un train rugit au niais bavardage des tambours éclos en de lointaines polygones. Et seul l'hymne subsista.

Marcel lâcha les rames, la yole froufrouta dans les herbes fluviales. Ils abordèrent. La jeune femme tanguait doucement sur ses hanches voluptantes, ses pâles mains ramaient dans la brise ; ils firent quelques pas sur le sable ; et s'assirent en une simple guinguette ombragée d'yeuses.

Ce fut leur plus court matin. Il buvait la fraîcheur auprès d'elle siégeant dans ses parures, ses menus pieds en croix ; et ses épaules amies il les voyait luire.

Soudain de jeunes chats bondirent dans les branches, qui frôlaient leurs nuques. Le bras voulut saisir l'une des malicieuses bestioles ; et lui s'extasiait à cette ineffable image de la splendide denture riant au ciel matinal.

⁂

Leur mère mourut. Ils durent revoir la figure du père, entendre sa parole dure secouant la flamme de l'unique bougie allumée en hâte, cette nuit lugubre ou il annonce le deuil de sa maison, la fin de leur mère inconsolée, où il les sépare.

Et Marcel ne sut comment, après des semaines sinistres, il se réveilla sur le pont d'un paquebot entre les immensités violâtres et venteuses.

Impitoyablement les efforts de la machine scandaient son chagrin :

Chagrin de savoir perdue la douloureuse sœur, d'avoir rompu l'élan de leur vie qui semblait dans l'atténuation du remords, dans l'usure de leur male passion, s'épanouir enfin au bonheur limpide. Leur cœur, endurci contre le remords, s'apaisait dans l'impénitence.

Or trois mois le paquebot traîna ce désespoir par les océans. A Melbourne une lettre lui apprit le prompt mariage de Madeline conclu en hâte avec un officier des Indes anglaises.

L'épouvantable fantôme de la sœur aux bras d'un autre, souillée, flétrie et mourant de regrets, il ne s'en put distraire. Il requit, il s'ingénia, il apprit le nom de l'homme, sa résidence aux pieds de l'Hymalaya. Aussitôt Marcel quitta l'Australie et un rapide steamer le mena vers Bombay : sa douleur s'émiettait dans le sillage qu'il regardait fixement lui produire les heureuses nuits d'autrefois parmi l'argenture des flots. Le désir flambait ses os. La maladie fondit ses chairs, creusa ses joues, laboura ses tempes.

Que faire là-bas en arrivant? Il la prendrait, il l'emporterait.

Enfin par un soir lourd et pourpre, son cheval galopa vers le drapeau britannique dominant la mer des Jungles, dans l'incendie du couchant.

Les pourpres s'éteignirent d'un coup. Le champ des étoiles couvrit sa tête. Les ombres des forêts glissaient aux flancs ensanglantés de sa monture. Mais son cœur sonnait autrement fort que les sabots de la bête.

Une petite construction blanche, des falots rouges mobiles au long de remparts bas, et les neiges des montagnes surgissant des ombres à la verte clarté des astres.

— Le major James Fines?

Il tendit sa carte au mince gentleman sanglé dans des vestes blanches, les mains ouvertes.

— Soyez bienvenu, mon frère. Vous avez fait bon voyage?

Déjà, après des portes battantes, une vaste pièce tendue de nattes.

— Et Madeline, ma sœur?

— On l'a prévenue, elle vient. Voulez-vous du thé?

Une voix tinta, si joueuse. Elle, en toilette blanche, ses mains gantées de noir, sa taille ceinte de noir. Et, rose et fraîche, et opulente.

En ses bras, elle rit, elle cause.

— Finis, finis, Marcel.

Puis, après un dur regard :

— Je ne veux plus savoir. James me donne la félicité : James, venez; quelle joie, mon bon frère.

Le gentleman saisit les mains de Marcel.

— Vite, reprit Madeline, à table. Si vous saviez, James, comme il est bon garçon, mon frère, et les équipées de roman que nous fîmes. Étions-nous assez Childe-Harold, Marcel, my dear. Comme tu es vieilli, mon Dieu! Nous te soignerons bien, pas, James.

Et ils éployèrent leurs serviettes sous la blonde lueur des lampes familiales.

*
* *

D'un regard, d'un mot, elle avait tout aboli, tout fondu dans le passé des choses. Le mari au teint lisse, et de moutache soyeuse, devenu le signet au milieu du livre, pour elle. Une autre histoire était commencée.

Le lendemain, Marcel feignit de recevoir un télégramme pressant.

Et les paquebots reprirent sa douleur. Il l'usa parmi le kaléidoscope des pays, des êtres, des mœurs. Il l'immergea dans l'orgie, l'empoisonna d'opium.

En deux ans, il la tua.

Puis fut décemment agoniser, phtisique, à Nice;

et s'éteignit dans l'indifférence par un fauve automne.

*
* *

La jeune fille, a dit le poëte Henri de Regnier, c'est la bouteille à l'encre de la « Petite Vertu. »

*
* *

ELLE. — Léon! grand fou!... laissez-moi; et regardez à la fenêtre si mon institutrice est sur le trottoir d'en face... Non, je ne vous embrasserai plus que vous n'ayez regardé... Voyons... Il le faut, je vous assure... On dîne à six heures... Père a des invités...

LUI, *revenant de la fenêtre.* — Oh! elle y est... elle y est bien... elle lève par ici ses yeux de faïence anglaise avec une anxiété...

ELLE. — Passez-moi mon corset; vite... Songez donc! Si je rentre après cinq heures, on se doutera... et cette pauvre miss aura sur les ongles... Sans compter que moi-même... Imaginez un peu la scène si ma famille apprenait que je vous ai cédé, Léon!

LUI. — Mais, Valentine, vous le savez bien : je suis un galant homme... Vous venez de vous donner à moi, par libre amour... Je suis résolu à vous épouser...

ELLE. — Hein?... Vous n'avez pas vu ma jarretière?...

LUI. — La voici. Laissez-moi l'attacher... Certainement, je suis résolu à vous épouser... En douteriez-vous, Valentine?... Nos familles se connaissent depuis des temps... Je vais prier à l'instant ma mère de demander, pour moi, votre main ..

Elle. — Vous n'y pensez pas, mon ami...

Lui. — Comment???...

Elle. — Mais, jamais père n'autorisera mon mariage avec un garçon sans fortune...

Lui. — Après ce qui vient de se passer entre nous?...

Elle. — Ça s'est passé justement pour ça. Autrement, nous aurions été d'abord à la mairie, à l'église...

Lui. — Valentine! vous plaisantez... Je réparerai.

Elle. — Par exemple!... Oh! mais alors!! C'est un peu fort... Je vois clair, à présent... Vous comptiez ainsi prendre possession de ma dot... Ah bien! mon cher, je ne vous savais pas si calculateur... Mais vous tombez mal.

Lui. — Valentine!

Elle. — Vous tombez mal, Je ne suis pas la petite nigaude que vous rêviez...

Lui. — Nigaude?...

Elle. — Et ne tentez pas de faire du scandale avec vos histoires de mariage, d'abuser de ma faiblesse... Ça ne vous servirait guère, je vous en préviens... Je nierais tout; vous passeriez pour un calomniateur, un goujat... M'épouser! Vous pauvre! cher... vous ne doutez de rien...

Lui. — !!!!!

Elle. — Ah! ce que je me repens de ma sottise... Je m'imaginais trouver en vous un cœur un peu fier, celui d'un garçon avec qui il serait plaisant de... Bien le bonjour... monsieur le coureur de

6.

dot... Et n'essayez point, quand nous nous rencontrerons dans le monde, de prendre des airs vainqueurs ; car, je vous l'assure bien : le plus embarrassé des deux, ce sera vous !

DES COURTISANES

La mésaventure panamique, à ce que conte la malice des gens, ne fut pas sans affliger les gracieuses filles du demi-monde. Parmi les « Révélés » on nomme les plus sincères de leurs amis.

L'épargne de bien des humbles commis se consomma de la sorte pour distraire l'âme des artistes galantes ; et tel pauvre homme qui, dans une sombre province, préleva longtemps sur la mensualité des louis de tire-lire, reconnaît piteusement avoir servi par cette prévoyance la renommée de certains dessous fastueux. C'est d'ailleurs là le résultat habituel de l'économie nationale. La plus sûre désagrégation du capital accumulé s'opère par l'entremise dispersive des courtisanes.

Arton ne travaillait que pour leur gloire. Un chèque de cinq cents louis lui paraissait payer à peine la faveur de ne pas voir partir avec un galant celle qu'il désirait. A ce prix, il se contentait de suivre la voiture emmenant la dame au nid sans compagnon.

Pour excessives qu'elles paraissent, de pareilles attentions se justifient aux yeux de l'observateur s'il considère l'infériorité évidente d'un financier devant le génie corporel et spirituel d'une hétaïre ; car la médiocrité cérébrale des brasseurs d'affaires les plus notables est une chose qui stupéfie. Mille interviews manifestèrent cette pauvreté des âmes milliardaires. Evidemment la fortune leur vient à échoir parce que cela était écrit. Leurs mérites compromettraient plutôt la réputation du hasard.

Au contraire la dame d'amour dispose souvent d'une subtilité efficace. La divination des cœurs lui apprend à vite avilir les hommes pour que la surprise de se voir si bas les abêtisse du coup et les mette à sa merci. Le fait de se reconnaître inférieurs mène cette espèce d'amants à penser que nul autre ne résisterait au charme, si, comme eux, l'on en savait entièrement goûter les délicatesses. La dame d'amour spécule sans risques sur la sottise de leur orgueil.

Trouverait-on un spectacle d'une satire plus définitive que celui, chaque soir, offert dans nos cabarets célèbres. Une princesse de la galanterie en atours byzantins est assise avec un monsieur devant une table encore heureusement garnie. Des provinciaux, de braves employés d'Etat qui s'éternisent sur l'arome de leur demi-tasse achevée, contemplent la splendeur du couple, la cravate parfaite du mâle et la verroterie coûteuse de la femelle bien fardée. Celle-ci, d'un mépris circulaire, triomphe. Le maître d'hôtel est appelé. « Du Porto 18... ! » On sert, on débouche, on verse; elle s'humecte les lèvres. « Mais non, Joseph, pas ça... Mon porto à moi... On m'a dit qu'il restait encore deux bouteilles... non, ce n'est pas sur la carte... demandez à la caisse... de la vraie cave, vous savez! » La fiole arrive soutenue respectueusement dans des serviettes. La dame lève à sa bouche le verre demi-plein : « Il est trop froid... c'est horrible... Sortons-nous? » La voilà qui revêt ses fourrures, laissant les flacons chenus à peine entamés, et pour lesquels le monsieur ajoute des louis.

On se demande ce qu'il faut le plus admirer. La niaiserie du snob ébloui par cet acte, ou la science profonde de la courtisane? Par là, en effet elle a conquis la vénération du maître d'hôtel et un crédit dans l'établissement pour les jours tristes; en outre elle donne à cet imbécile une opinion magnifique de son goût raffiné et une appréhension salutaire du prix que méritera tout à l'heure la feinte d'une pâmoison. Elle tient l'orgueil du coulissier qui ne voudra paraître au-dessous de la prodigalité qu'elle lui prête, ravi d'ailleurs par des allures si royales et différentes de celles usitées à l'humble table paternelle où se rassasiait, avant les vols nécessaires, son appétit d'adolescence.

Il se croit quelque peu monarque. Et de fait il a semblé tel, aux plongeurs de la taverne et aux pauvres messieurs qui le regardèrent vivre un quart d'heure.

Cette simple scène de la parade boulevardière explique l'influence que gardent les courtisanes. Aux hommes frustes venus de la foule, elles présentent la fausse apparence de la splendeur princière ; aux hommes affinés, elles plaisent par ce cruel savoir des faiblesses et par l'art dont elles en usent.

D'ailleurs elle se démode, la légende de la naïve blanchisseuse conduite à la fortune par la folie des amants. Aujourd'hui, celles qui tiennent cour d'amour ne manquent ni d'érudition, ni de manières. Même elles s'étonnent des amitiés très hautes qui lancèrent la demoiselle aux ânes savants parce qu'elles la jugent un peu niaise, quoique si bonne. Le cas surprend. Plus généralement ce sont des filles de bourgeoisie fort éduquées. Elles embrassèrent la vie galante par théorie ou bien invitées par les exemples attiques. Les épouses divorcées augmentent aussi la phalange. Elles entrent dans le rang avec quelque mille livres de rentes patrimoniales ; et cela leur laisse attendre en paix le sourire du sort. Il arrive fréquemment que les arts et les lettres les servent. Ainsi elles écrasent d'une supériorité réelle la robuste ignorance des financiers et des politiciens.

Et elles vont parmi eux, fort méprisantes disant : « S'ils nous aiment par luxe, n'est-il pas juste qu'ils paient, s'ils nous aiment par cœur n'est-il pas juste qu'ils le prouvent en nous offrant ce à quoi ils tiennent le plus, ce pour quoi ils se dévouent ou trahissent, luttent et meurent : l'argent. » Cependant on en rencontrerait peu de pareilles à celle-ci, l'ancien type, qui, après fortune faite, demandait à ses commensaux parlant de modesties momentanées : « Dites-moi, c'est toujours un louis ? »

Elles s'apparentent donc moins à la Dubarry qu'à la Pompadour. Seulement il n'y a plus le roi ; il y a les parlementaires. Une seule ne suffirait pas au gouvernement.

Car elles gouvernent un peu. Les combinaisons de cabinet se discutent volontiers dans le boudoir. Elles disent leur mot, leurs sympathies et leurs antipathies, finissent par influencer. Des présentations utiles s'accomplissent à leur table. Là, sous leur œil attentif, les ministres s'acoquinent aux banquiers ; les chèques se transmettent. L'offre de quelques épingles à la maîtresse de maison suit naturellement les négociations heureuses. Les plus favorisées de ces dames parviennent même à obtenir que la commission d'armement agrée un produit propre à décrasser la chaudière de navire ou un clou de nouveau modèle pour le godillot du soldat. L'industriel, père du produit ou du clou, verse à la gracieuse intermédiaire un fort courtage, et le cadeau ne coûte rien au député.

Quand elle a tenu une fois cette chance, la courtisane n'imagine plus que des *affaires*. Elle cherche un autre industriel et un autre produit, puis un futur ministre capable de les soutenir, enfin la coalition parlementaire qui portera celui-ci au pouvoir en renvoyant le cabinet constitué. Il arrive qu'elle réussit. Et ce n'est pas alors plus drôle qu'à l'ordinaire.

Il existe bien peu d'hommes qui n'aient le cœur sur l'oreiller ; et les courtisanes se renseignent horizontalement. Elles savent ; elles possèdent, de plus, cette force immense que nul ne les met en cause.

Leur victoire est occulte comme leur travail, mais d'autant plus fructueuse et définitive, couvertes qu'elles demeurent par la tradition de galanterie.

Panama vient d'enrichir quelques-unes ; et elles pourraient dire pourquoi les gens compromis dans ces jeux isthmiques ne restitueront point ce qu'ils dérobèrent.

La génération des jeunes courtisanes qui s'apprête sera certainement plus puissante encore.

Mieux que les jeunes hommes de l'époque, elles renoncent, pour la lutte vive, au théâtre du cœur, sûres que leur indifférence divine à l'égard du guitariste l'attirera davantage. On les connaîtra séductrices et implacables, moins avares de faveurs que leurs devancières, moins accessibles aussi à l'émotion. Miraculeusement vicieuses, elles considèrent les privautés suprêmes de l'amour comme le simple commentaire de la poignée de main, et tout aussi insignifiantes. Ce n'est pas par les intimités du sexe qu'elles comptent subjuguer, mais par la prestigieuse et déconcertante malice de leur esprit orné. Nourries des littératures les plus rares, diplômées ou bachelières, point pauvres, éprises des splendeurs de l'art, fortes contre les préjugés et les principes, elles apparaissent sur le couchant du siècle ainsi que des créatures d'élite, décidées à saisir le vieux monde sous la griffe de leurs beaux corps.

Elles deviendront reines parce que rien de nos croyances ne saura les tirer de leur ironique compassion, ni la douleur de l'amoureux, ni le fard de l'honnêteté qui se démasque.

Au reste, elles chercheront moins à se constituer de la richesse, rêve mesquin des aînées, qu'à conquérir des situations prépondérantes et directrices, pour l'amour unique du commandement. Elles sentent que l'argent agonise. Elles déserteront la couche du mort.

Les dames de la Renaissance, érotiques, politiciennes et savantes, offrent les exemples que ces jeunes courtisanes imiteront ; car elles prennent à la Joconde la perfidie mystérieuse de son sourire, et s'en parent comme d'une mode, d'un symbole.

Plus hautes que le cœur moqué, plus hautes que l'argent délaissé, plus hautes que la chair rassasiée, elles proclameront, devant nos fils, l'empire définitif de la femme, si longtemps préparé pendant les siècles de son esclavage social. Et ce sera nouveau.

DES NAIVES

Ayant été gendarme, il gardait une allure noble. Au Luxembourg, devant les chaises où des dames, d'ailleurs peu jolies, continuent des broderies perpétuelles, il paradait, le torse net et opulent. Les cerceaux et les ballons des petits lui arrivant aux jambes ne dérangeaient point le jet de son œillade. Il l'avait très assassine. On l'eût pris volontiers pour un général en retraite.

Elles le prirent, pour cela, pour un haut fonctionnaire, un administrateur de la Compagnie du Nord, sitôt qu'il leur eût décliné ces titres comme siens. Il était excessivement convenable. Sa boutonnière, ornée de moire rouge, ne leur parut pas outrecuidante. Il parlait tout de suite de mariage. Les veuves, ou celles qui aiment se dire telles, l'attiraient particulièrement.

Il ramassait la pelote de laine tombée, le journal envolé, le parasol oublié. Son chapeau aux bords courbes décrivait des paraboles au bout de sa main en gant noir. Elles le chérirent, plusieurs ; et cela leur coûtait très cher.

Annonçant de vagues héritages, montrant la photographie de Lamartine avec la feinte que ce fut là un oncle riche et moribond, il les collait à la glu de ses mensonges. Elles le suivirent. Elles furent la dame discrète qui glisse, au moment du fiacre, un louis au compagnon dépourvu, par mégarde, de porte-monnaie. Il leur assurait des placements avantageux, pour leurs économies. Elles ne revoyaient pas leur pécule confié à sa faconde. Le mariage futur réglerait les dividendes selon la teneur du contrat de communauté.

A l'une il déroba quelque quinze mille francs ; quelque trente mille à l'autre. Beaucoup se taisaient par timidité.

Sur le banc de correctionnelle, où il comparut, il ne semblait pas l'accusé. Les gestes vulgaires des juges offusquaient un peu son allure correcte ; et l'écroulement de ces dos gibbeux, les lippes abominables de ces faces mal rasées, les tapotements de ces doigts douteux attendant la fin de l'audience lui furent un fort indigne vis-à-vis. Il en dut bien souffrir.

Lorsque les gazettes content ces aventures galantes et financières de certains escrocs accorts, on se demande volontiers comment la femme sut acquérir cette réputation de finesse dont les livres la parent.

A la connaître dans la vie, on l'estimerait plutôt tout à fait niaise. Mais cette manière de penser manquerait d'exactitude. La vérité dénonce des sentiments assez bizarres.

L'amour offre à l'homme une sorte de tremplin où sa pensée court afin d'atteindre plus haut. Il représente parfois la douleur voulue pour elle-même, consciemment ; soit une chose grande. La femme n'y cherche, la plupart du temps, qu'une détente de sa dignité morale, un exercice pour son innervation, une cure analogue à celle de ces bains de boue où se reconstituent, en certaines stations thermales, les natures rachitiques.

Car on croirait à tort que la misère seule engendre la prostitution et la multiplie. Le besoin d'ignominie harcèle la femme. A se faire payer ses faveurs, en gros ou en détail, elle éprouve, hors de toute idée de lucre, une joie singulière, propre à soi.

Il vit, à Paris, cent créatures, nées dans l'ombre des arrière-boutiques, qui arrivèrent, par le charme de leur allure et l'aide du hasard, à tenir une situation. Des annuités de trois, quatre ou cinq mille louis soldent le loyer de leur chair. Qu'un fureteur s'amuse à visiter ces maisons de bonne apparence où une dame sur le retour procure, à prix raisonnable, des entretiens rapides avec les plus illustres Parisiennes, — il s'apercevra que ces créatures aux somptueux honoraires s'oublient volontiers, pour la bagatelle de dix louis, sur le divan d'un boudoir quasi-public. Tout Yankee en villégiature, tout maquignon heureux en affaires sait le tarif horaire des plus brillantes hétaïres, maîtresses officielles de nos princes de la Bourse et du Faubourg. Et ces dix louis si durement gagnés ne servent à rien. Au plus, payent-ils un caprice de confiserie, de parfumerie, les heures supplémentaires de voiture, ou une chemise de fantaisie. Elles se vendent à bas prix avec le plaisir strict, mais intense de jouer à la pensionnaire de lunapar.

Cet amour de l'immonde guide la foule des femmes dans ses affections, D'une bande de jeunes hommes, il est notoire que généralement le moins délicat recueille le plus de suffrages auprès des belles. Des épouses, naguère très honnêtes, celles qui fêtent le premier amant, tremblent de joie quand le jouvenceau se plaint de la dureté des temps. Ainsi que les humbles filles publiques, ne vont-elles pas subvenir aux besoins d'un souteneur? Cette espérance les émeut énormément. Elles s'ingénient afin de faire accepter le don qui déshonorera leur amoureux. Bientôt, la plus heureuse de leurs sensations sera le vol des cinquante louis dérobés au portefeuille du mari en faveur du commensal.

Payer ou être payée. Il faut qu'intervienne la honte du marchandage. Même il importe peu de savoir si l'on embourse ou si l'on débourse. L'essentiel est que l'acte d'amour s'avilisse au contact du métal.

Aussi ne convient-il pas de s'apitoyer ou de se réjouir trop. Elles ne sont pas le moins du monde des naïves celles que subjuguèrent la parole et la martialité du galant de correctionnelle. Nous penserons plus justement que nulle d'entre elles n'a gardé pendant toutes ces relations une certitude sur l'honneur de l'amant. Elles durent nourrir leur doute avec d'exquises hontes, des sensations très compliquées, lorsque leur venait la peur d'avoir failli entre les bras d'un malandrin. Et c'était, en elles, certainement, une paresse voulue de ne point s'informer sur la réalité de ses hypothétiques héritages, de ses fonctions. Elles préféraient l'attente, l'angoisse, l'hésitation, le sentiment de franchir la planche frêle jetée au travers du crime; et je les juge toutes des raffinées, pour grossière que puisse paraître, à des yeux innocents, leur naïveté superficielle.

L'amour de l'ignoble les tenait. Elles ont expérimenté l'infâme.

Cette tentation constante, à quoi les femmes donnent tant, devrait, semble-t-il, dégoûter les honnêtes gens de leur commerce.

Si l'on met hors de cause le millionnaire qui entretient un boudoir par surcroît, outre son écurie, la posture de l'amoureux ordinaire demeure le plus souvent fâcheuse. Ou il pourvoit médiocrement aux nécessités d'une petite dame qui le trompe pour payer ses chapeaux et ses jarretières, et cela est bien ridicule ; ou il jouit d'une place clandestine dans le cœur d'une femme rentée par un mari, un amant en opulence. Le rôle semble très bas, peu justifiable. Il y a des aventures humbles, l'obligation de s'esquiver furtivement, de prendre refuge dans l'armoire, derrière le paravent. Voilà du misérable, du triste, de l'équivoque.

D'autre part, j'ai connu un jeune homme parfait et une jeune fille exquise. Ils s'aimaient fort et désiraient que le mariage les unît. La jeune fille passait le temps à sa fenêtre, car ils étaient voisins. Elle l'attirait par le chant sublime de ses yeux ; puis, quand mon ami tentait de meilleures démonstrations, un geste, un baiser... elle se renfermait par pudeur dans une immobilité froide, ou bien tirait les rideaux. Mon ami, blessé de ce recul, disparaissait à son tour, craignant d'être indiscret. La jeune fille recommençait alors, puis se dérobait... etc. Ce qui se passait de fenêtre à fenêtre se continuait de chaise à chaise, au salon, durant les visites... A la fin, le jeune homme douta de l'amour de sa voisine ; et, dans une heure d'exaspération, il lui pianota le refrain :

  Ça peut durer un an, deux ans, trois ans,
  Ça peut durer dix ans, vingt ans, cent ans,
   Ça peut durer tout le temps.

Une brouille suivit. Désespéré, il demanda son changement de garnison ; et la jeune fille mourut de ne le plus voir...

L'éducation et la pudeur tuent par le ridicule la possibilité de se chérir légitimement. Les liaisons illicites mènent à l'avilissement rapide, parce que la femme qui se donne, hors des lois, recherche le crapuleux et l'abominable, comme, enceinte, elle a l'appétit de la colle de peaux.

Alors, que faire ?

Pour moi, je suis très amoureux depuis longtemps de la Joconde qui trône au musée du Louvre. Je crois bien que personne autre ne lui a jamais baisé l'ongle. Moi non plus. En pensant à elle, parfois je m'abandonne à des soins mercenaires. Et ainsi je fréquente le bonheur.

L'INÉLUCTABLE

Ce document, curieux sans doute, qui me fut communiqué, montre comment la pensée s'objective malgré vous, lorsque la volonté la couve.

Ce fut un temps de grande misère, pour moi, que cet an 188... L'hiver marqua depuis parmi les saisons rigoureuses.

J'avais épuisé la complaisance des amis. Le délabrement des hardes, me retenait loin des endroits qu'ils fréquentaient. Dès le début du gel je vécus de petites escroqueries, revendant les livres de science que m'avaient donnés à crédit deux ou trois libraires assez compatissants et intéressés à mes études sur l'aérostation. Enfin, au 15 janvier le propriétaire fit saisir les quelques meubles anciens, débris de mon héritage, qui garnissaient encore le logement exigu, et, par charité, accorda une mansarde sous les zincs du toit. Je passais les jours et les nuits, couché dans un amas de haillons, attendant que la faim achevât la besogne du mauvais sort.

On croirait difficilement comme la vie s'obstine au corps des misérables. Sans autre nourriture que de puantes croûtes à demi délayées dans l'eau, les extrémités étreintes par l'étau du froid, j'espérai une semaine en vain la visite de Mob, la grande faucheuse des légendes.

Le dimanche était l'anniversaire de ma naissance. Le trentième hiver de cette existence sinistre allait passer.

Pourquoi me levai-je? L'idée monotone du suicide chantait bien encore son antienne ridicule. Mais je savais trop que la lâcheté de ma chair se refuserait au seul sacrifice un peu noble qui restât possible.

Cependant, et pour la centième fois peut-être, je tressai en forme de corde quelques lambeaux d'étoffe. J'examinai la poutre destinée par mes réflexions à l'usage mortel; et puis, comme je me soutenais à peine, je me laissai défaillir, tout heureux de ce prétexte qui remettait l'exécution.

Et devant cette ignominie de l'animal où vivait ma pensée splendide, une si grande pitié me tint que je résolus de tenter à nouveau la lutte...

Oui, ma foi, je descendrais par les rues et j'irais devant les vitrines pleines de gaz réchauffer la lamentable carcasse au spectacle civilisateur du feu.

Une croûte de glace couvrait la mince lame de verre par où le jour se filtrait; terne et nul.

Oui, certes je descendrais dans la vie, armé de bon vouloir et de platitude. Car, il fallait bien le reconnaître, l'orgueil seul, le démon d'orgueil me tuait;

Halluciné par la merveille de mes découvertes (de quoi modifier du tout au tout la face des sociétés humaines et les apparences de la planète) je n'avais voulu entreprendre ces minimes travaux de vulgarisation, ces études obligeamment sujettes des théorèmes formulés par les potentats de l'Institut, de ces mémoires sur les œuvres des savants officiels, qui, publiés dans des recueils puissants, entretiennent leur auteur enfin utile aux seuls détenteurs patentés du Vrai scientifique...

Pourtant quelle misère, cette science officielle, auprès de ma vaste théorie des « Inversions Moléculaires ! »

Chimère ? non pas. Vingt journaux, cinquante revues spéciales avaient, en France aussi bien qu'à l'étranger, développé dans leurs colonnes les principes de ce miraculeux système qui synthétisait les problèmes des forces. On y prônait la puissance spéculative de l'inventeur. Ah ! comme je croyais, ces six semaines où s'imprimèrent tant d'éloges sur mon nom, comme je croyais venu le jour béni et réalisateur. Ensuite il avait fallu s'adresser aux pouvoirs, courir les bureaux des Facultés et des Instituts ; piétiner dans les salles des ministères. Et, durant des ans, des ans, j'avais assisté au terrible étouffement de l'Idée assassinée, ensevelie par l'ambition des hommes qui auraient perdu leur prestige devant le triomphe d'une théorie contraire à leurs enseignements lucratifs. L'Idée générale, universelle, capable du miracle définitif, l'Idée vaincue par le sale instinct de l'individu ! J'ai vu ce crime mille fois plus atroce que les banals meurtres dont se repaissent les publics de cour d'assises ! Entraver le mouvement de la Race, retarder le soulagement de l'humanité entière pour contenter ces basses satisfactions matérielles de quelques vieillards parvenus au commandement par la ruse et la chance ! Voilà ce que j'ai vu...

Un assassinat, mille assassinats ! Car enfin des vies humaines finissent à chaque minute, par le monde, faute du spécifique découvert et méconnu. Ne sont-elles pas, ces morts, imputables à l'égoïsme affreux des puissants ?

Je reprendrai la lutte puisque le courage de mourir seul m'abandonne, mais non plus vainement.

Non plus vainement. Il s'agit en effet de réfléchir avec quelque solidité aux moyens... aux moyens de sortir de cette extrême misère où je m'affole, d'obtenir l'argent nécessaire aux expériences qui doivent inaugurer l'ère de l'industrie nouvelle et la gloire de mon nom.

Je descendis assez hagard, et halluciné par le jeûne, dans un brillant soir d'hiver parisien. Les globes électriques rayonnaient sur les parvis et les places, les kiosques flambaient de leurs vitres polychromes, les tavernes somptueuses dégorgeaient des rastaquouères et des boyards, des courtisanes merveilleuses sous leurs masques de fards et l'éclat roux des chevelures cerclées de filigranes d'or.

Des hommes presque aussi minables que moi se précipitaient pour ouvrir les portières des voitures.. et recueillir ainsi le hasard d'une aumône. Je tentai de faire comme eux, mais le courage me manqua. Et puis, vraiment, ce n'était pas pour nourrir ma chair que je m'humilierais tant !

Je compris vite qu'il me fallait tout d'abord renoncer à l'illusion d'acquérir un gain « honnête ». Jamais l'orgueil ne se plierait aux basses et nauséabondes besognes que l'égoïsme des traitants qualifie de « travail libre. »

De quel droit d'ailleurs ces brutes magnifiques, gorgées par la sottise du sort, asserviraient-elles mon génie à leurs immondes appétits immédiats ?

Puisqu'elles niaient la lumière, il importait qu'elle s'imposât en éclatant formidable et maîtresse, dut-il s'ensuivre le meurtre d'une individualité négative.

Ainsi pensant, je parcourus les boulevards agités par les porteurs de luxes, je m'enfonçai dans les tortes ruelles du centre, les impasses étroites où la pieuvre du Trafic engraisse sans air, et j'arpentai les énormes avenues des faubourgs bordées par les casernes funéraires où aime et dort le bétail industriel.

Quand je m'arrêtai, une aurore de brumes montait sur la ville, et le fleuve roulant ses eaux limoneuses se chargeait de chalands.

En vain essayai-je, dans ce réveil, de préciser les suites d'idées associées pendant la marche nocturne. Je ne pus reconstituer les démonstrations qui m'avaient induit à me résoudre.

Car, sans que j'en connusse les motifs exacts, ni leur déduction, j'étais, dès ce matin-là, résolu au meurtre.

« La société m'accule au suicide, répétais-je ; elle m'affame et me désigne pour la mort parce que je refuse l'humiliation de ma pensée. Me voici dans le cas de légitime défense. Le droit me vient de tuer pour garder ma vie. Sur le plus servile, sur la moindre valeur morale rencontrée, je préléverai mon droit de défense. »

Ces paroles, encore que très obscures, me grisaient comme d'une logique lucide et parfaite. Il me parut que je renaissais à l'existence militante avec maintes chances de victoire. Et c'était aussi une excessive fierté d'avoir rompu la série des influences de race, d'éducation, de mœurs, pour accepter comme fait vital, le sacrifice humain.

Aussitôt je proscrivis à jamais de ma mémoire les regrets et les hésitations; je songeai aux seules possibilités d'accomplir mon dessein de façon lucrative et sûre.

Puisqu'il me fallait encourir la plus rigoureuse peine de la loi, il importait de choisir une victime telle que les avantages procurés par sa disparition pussent compenser un pareil risque. En un mot, il était indispensable que le crime me valût la fortune définitive, si j'échappais à la vindicte sociale.

La difficulté du troc pour les diamants ou les valeurs de Bourse écarta toute pensée de sévir contre quelque marchand de bijoux ou changeur. Peu de personnes gardent leur bien en espèces, et les espèces seules, espèces ou billets de banque, peuvent se transmettre facilement sans dénoncer le porteur.

Il existe tout une catégorie d'employés, qui, aux jours d'échéance, reçoit une forte quantité d'espèces et se promène avec cette charge par les quartiers étroits et sombres où le trafic prospère. La victime de ma défense serait un garçon de recettes. Le bonheur de certains attentats rapportés par les journaux offrait un suffisant exemple pour m'affermir dans ce choix.

Tout ce raisonnement s'édifiait avec une certitude qui m'enchanta. Dans l'enthousiasme de ma foi à une réussite immanquable, je me déterminai à préparer aussitôt l'exécution.

Une circonstance m'aida beaucoup. Parmi les êtres qui avaient paru s'émouvoir de quelque compassion pour ma misère, la concierge de ma maison où je logeais, une grosse paysanne percheronne, ronde, massive et barbue, me plaisait le plus. Bien que j'eusse refusé son aide, je cherchais son salut et son sourire quand il m'arrivait de descendre les étages. Elle vivait avec un neveu employé le jour au *Crédit Bordelais*, cette immense institution d'escompte et d'échange. Le propriétaire y remplissait les fonctions de censeur, et il m'avait invité, par l'intermédiaire de la percheronne, à solliciter un emploi semblable à celui du neveu, emploi qu'il assurait me faire avoir.

Je regagnai très vite la maison, et dis à la concierge que, maintenant, tout autre moyen de vivre me paraissant impossible, j'accepterais avec une extrême gratitude la proposition.

La bonne femme m'encouragea de tout son cœur. Dans l'après-midi, le propriétaire me fit appeler, et me reçut avec une certaine courtoisie, malgré mon état pitoyable. Après des phrases de philosophie vague, il demanda quelles références m'appuyaient. Je nommai deux éditeurs scientifiques importants.

Au soir il les avait vus. La concierge m'apporta un mot où ce monsieur manifestait de la sympathie pour mon talent et déplorait la mauvaise constitution d'un état social qui ne savait mettre en usage les aptitudes.

La concierge déclara m'ouvrir un crédit chez les fournisseurs du voisinage, puisque j'allais enfin être pourvu.

J'entrai donc au *Crédit*, à neuf heures de travail quotidien pour une mensualité de quatre-vingt dix francs.

Voici le journal de mes actes et pensées, à détruire la veille du meurtre, par précaution. Jusque ce jour il demeurait précieux de reprendre sans cesse le cours de mes plus minimes desseins, de mes observations secrètes...

9 février.

... Ma besogne consiste à répartir par liasses de quartiers les traites et les effets à échoir puis à les distribuer aux garçons de recette. Ainsi je les observe tous...

Nul jusqu'à présent ne semble présenter les caractères de basse immoralité que je souhaite. Un seul... Mais sa haute taille en ferait, au moment suprême, un adversaire redoutable.

... Quels ennuis, quelles détestables petites hontes il me faut subir, les réprimandes d'un sot gras et plein de faconde, et qui m'impose son grade de sous-chef. Et il s'appelle Leiche !

15 février.

... Petit, court, apoplectique, cet Husson, les paupières plissées et tombantes, une barbe rude taillée en pointe ; le sceau du vice marqué sur les replis de sa face adipeuse où clignote un œil minuscule et lubrique. Tournure d'un baril plein, subitement garni de jambes, de bras, d'une tête, comme dans les figures des rébus..., et la plaisanterie stercoraire, le geste d'une obscènité odieusement banale... Là, au milieu de l'habit bleu arrondi sur ce dos de pachyderme, enfoncer l'aiguille empoisonnée de curare...

23 février.

J'ai fait des excuses à Leiche, après une scène violente. On m'y a contraint. Ce misérable m'a tendu sa main aux ongles carrés et noirs... « Oh ! je ne garde jamais rancune, moi » disait-il en riant pardessus son horrible cravate de satin gris à pois verts... j'ai fait des excuses à cet animal, moi... Il faut en finir de ce supplice, de cette attente.

6 mars.

Renseignements sur Husson. Moral calqué sur le physique. Leiche conte qu'il fut entremetteur galant pour certains membres du conseil d'administration. Ils lui donnèrent cette retraite, l'ayant marié avec une fille-mère dont la dot fournie par eux servit de cautionnement. Cette malheureuse il la maltraite, pris de jalousies rétrospectives, les soirs fréquents d'ivresse...

Leiche le gourmande et le moleste. Les responsabilités les plus désagréables il les lui attribue. Il lui confie les tournées importantes, dans le vague espoir qu'une grave erreur se commettra et qu'ainsi, les chefs pâtiront par la faute de leur protégé. Ce serait la vengeance de Leiche sur la hiérarchie qu'il adule et qu'il déteste.

En cet homme il fermente des trésors de haine qui le rendent semblable à moi. Il est la haine concrète immédiate, la haine qui personnifie ; moi je suis la haine abstraite, l'esprit de destruction qui embrasse la totalité des êtres... Ah la mort saurait-elle jamais compenser la souffrance de mon âme géniale torturée par l'individualisme farouche des hommes !

14 mars.

Une aiguille trempée dans cette fiole bleue où flottent dix gouttes de substance jaunâtre, peut donner la mort foudroyante au plus énorme animal qu'elle piquerait... Vêtu de deuil je suis allé dimanche jusque chez le chimiste russe. Il consume sa santé, sa vie à surveiller les vapeurs délétères qui fusent des cornues, des matras, des tubulures bouillonnant sur les fourneaux à réverbère. Son allure de cosaque hirsute se creuse, se voûte ; jadis rouge comme les baies des haies son teint se violace et blanchit. La barbe lui coule ainsi qu'un ruisseau limoneux aux fosses des joues. Ses doigts hâves se crispent sur le dôme des flacons. Et de la baie du toit un clair jour blanc tombe par faisceaux sur les facettes des verreries, y scintille...

Nous causâmes de l'infinité moléculaire, de l'essence du mouvement ; du graphique des rythmes sidéraux, de la fixation des nébuleuses, et du minéral d'Altaïr.

Après un an de silence comme ces propos m'illuminèrent. Enfin je rejouais avec l'Universel, et j'auscultais la Substance !... Quel ravissement ! Nous étreignîmes le corps céleste, l'inconnaissable Dieu. Nous palpitâmes d'amour sous la caresse de l'Unité entrevue...

Il m'a donné l'élixir de mort, sans se douter...

5 avril.

Leiche m'a dit : « Au 30 mai, il y aura dans le quartier de Husson, une échéance considérable. Les six maisons de rouennerie doivent rembourser au crédit deux cent vingt mille francs d'effets escomptés. Ah ! je lui conseille de se saoûler, ce jour-là. S'il lui manque un centime... »

Ce sera donc le 30 mai.

7 avril.

... D'ailleurs quoi me retiendrait encore. La morale ?... Cet Husson débauche les fillettes de son quartier avec l'argent qu'il gagne, quatre cents francs mensuels. Alcoolique il mange à peine ; et ses protecteurs subviennent de leur côté à l'entretien de sa femme : car jamais il ne rapporte un sou à la mourante. Si elle se plaint il la renvoie à ses amants d'autrefois.

... Leiche assure que cette malheureuse va passer...

10 avril.

Dimanche je parcourus tout ce quartier où Husson recouvrera les sommes. J'arpentai les rues étranglées, aveugles. Derrière les vitres des maisons, on aperçoit des ballots empilés ; et partout l'or affreux des enseignes ; les noms ignobles des trafiquants étalés avec l'obscénité de leur valeur marchande. Il y a des plaques de marbre noir qui affichent des noms encore. Des haquets tressautent sur le pavage et les blousards blasphèment. Des messieurs obèses, le ventre cerclé de chaînes d'or, les doigts pleins de bagues, se hâtent et bousculent les gens de moindre mise, tout rayonnants de leur féroce égoïsme, congestionnés par le désir du lucre.

Là je louai, vers l'extrémité de la rue, deux chambres au quatrième. La maison très vaste contient sept bureaux de commerce, et neuf magasins. La circulation est incessante. La cour s'encombre de voitures, de camions, de charrettes à bras. Devant cette cohue passante, jurante, le concierge, vieillard, sale et ravaudeur, semble avoir renoncé à toute surveillance. Il ne remarquera point, ce jour d'échéance, si Husson, un parmi les vingt garçons de recette qui passeront, resort ou ne resort pas.

11 avril.

A midi, pendant l'heure de repos, j'effectuai l'emménagement. Quatre chaises, une couchette, un lavabo, une table, un porte-manteau, un fauteuil d'osier.

... Ce soir je songe à tout disposer déjà.

Il entrera dans la première pièce... Je prendrai le billet et le prierai d'attendre. Je passerai dans la seconde pièce.

Comme j'aurai suspendu aux murailles des lithographies grivoises, il s'occupera sûrement à les examiner. Je rentrerai alors, et le piquerai... au dos, une simple piqûre légère, en lui posant la main gauche sur l'épaule par un geste de camaraderie, pendant que, resté derrière lui, ma main droite enfoncera l'aiguille sous l'omoplate gauche, « hein, vous regardez ça, vieux polisson ?... »

12 avril.

D'une croix faite à la craie j'ai marqué nos positions respectives pendant le crime. Ainsi opère, je crois, un régisseur de théâtre lorsqu'il met le drame en scène. Quelle émotion peut-être ! Ou plutôt non. Les catastrophes encore lointaines semblent toujours devoir bien plus terriblement affecter, qu'elles n'émeuvent en effet.

13 avril.

Je me fis confier hier, par le chimiste russe, le soin de surveiller une longue expérience sur un puissant réactif qui détruit et absorbe les résidus animaux, presque toute matière. Son préparateur a monté chez moi un vase immense en faïence épaisse, une manière de tonneau. Nous y avons cette nuit élaboré une mixture d'acides pernicieux qui brûlent incontinent le tissu organique. Un bifteck que j'y jetai fondit comme suif sur le feu. Des os de bœuf s'y émiettèrent en une impalpable poudre bientôt disparue. Les expériences sur les étoffes, les métaux ne faillirent point à fournir des résultats encore plus prompts.

La mort est là plus terrible, sans même l'espoir d'immortalité et de régénérescence qu'évoque la fermentation ordinaire des cadavres.

Il s'agit de savoir après quelle absorption de matière le réactif saturé rendra en analyse chimique les éléments détruits, et sous quelles formes : bases, sels, acides, plasma celluleux, agglomération microbienne, ptomaïnes... ?

Le cadavre de Husson dissous dans la mixture facilitera la solution du problème. Nous connaîtrons enfin l'exact principe organique de l'animal humain.

15 avril.

... Ma situation change... Pendant une heure de désœuvrement ne m'amusai-je pas à tracer la coupe d'un canal entrepris avec les fonds du *Crédit* et que les ingénieurs réputaient impossible malgré dix-huit mois de travaux ? je démontrai et j'expliquai à Leiche un système d'écluses et de coupes déclives qui rendaient l'exécution possible et même simple, en tout cas beaucoup moins coûteuse que le contre-projet des ingénieurs. Leiche émerveillé de courir partout répéter ma démonstration. Ce matin on m'appelle chez les administrateurs. Il y avait conseil.

On m'interroge non sans urbanité. Je recommence mes plans au tableau. L'ingénieur en chef de la compagnie les approuve sauf quelques points de détail, et s'extasie sur ma science. Je révèle mon passé. Incontinent ou m'investit d'un poste important appointé de douze mille francs annuels.

Me voilà rendu aux compas, aux épures, à la divine et créatrice algèbre ; et sauvé de la misère funeste.

1er mai.

Pourquoi ai-je signé ce billet à ordre, alors que je possédais l'argent nécessaire pour payer mon tailleur ?

C'est folie... Ce billet doit m'être apporté par Husson le 30 mai, lorsqu'il aura recouvré près de trois cent mille francs dans les deux rues précédant mon logis, sur son itinéraire.

Mais puisque je n'ai plus besoin maintenant du crime ?... pourquoi ai-je signé le billet ? Sottise !!... Distraction...

2 mai.

Quelle joie de manger à ma faim, servi par des valets propres, dans un restaurant aux glaces claires, au luxe sobre, entouré de dîneurs discrets et élégants !

Mes vêtements anglais, ma canne à pomme d'onyx, le lustre éclatant de mon chapeau me ravissent comme un enfant. Je passe et repasse devant les miroirs des devantures boulevardières. Ah! j'ai tant souffert aussi... et les humiliations!

Mes amis anciens se retrouvent, me reconnaissent: « Parbleu! je savais bien que le malheur ne pouvait vous durer, avec un talent pareil au vôtre... Venez dîner samedi... ma femme sera enchantée de vous voir... Je n'accepte pas d'excuses. A samedi! »

Il y en a dix, il y en a vingt. Je ne me pensais pas tant d'amis!

3 mai.

Je suis revenu au logis du crime, attiré. Oui, attiré... Bien que je me fusse offert le prétexte d'aller voir mes mixtures chimiques et de porter à mes acides de la matière organique à dévorer... Prétexte, simple et sot prétexte, car je ne leur en portai pas...

Et au fond de moi, il surgit cette idée (aujourd'hui saugrenue pourtant) : « Tu leur donneras une solide pâture, le 30 mai. »

Quelle peine étrange pour me débarrasser de cette obsession du crime... Il me semble réellement que j'ai créé un être, un être vivant et fort ; hors de moi il agit et me commande...

Je suis sorti très tard de cette maison.

5 mai.

Leiche, que j'ai pris dans mes bureaux, annonce que la femme de Husson mourut, la semaine passée; depuis le veuf semble modifier sa vie. Il a repris l'enfant de sa femme, petite fille qu'une nourrice élevait à la campagne; et il forme des projets d'économie qui doteront l'adoptive, un jour.

Leiche insinue que ce doit être là un tour de sac du vieux filou.

20 mai.

« ... Cette quinzaine passa follement rapide et terrifiante. Je ne quittai pas le logis du crime, où par un vain mensonge de mon esprit envers ma conscience, j'ordonnai qu'on apportât tant et tant d'appareils scientifiques que les deux chambres sont encombrées. Et, il faut bien me l'avouer, ce fut prudence pure, en peur que la location de ces chambres ne me fût imputée à mal par de futurs juges.

Donc, je ne puis me défaire de la conviction que je tuerai Husson le trente de ce mois pour lui voler sa recette.

Cependant ma raison affirme la négative. Je demeure bien sûr de ne pas accomplir le meurtre. Et parfois j'éclate de rire tout seul parmi les bocaux et les flacons à cette idée ridicule d'assassiner un pauvre diable, jadis canaille, maintenant amendé et repenti, devenu le modèle des pères adoptifs — cela, au risque de me faire guillotiner quelque jour alors que mes appointements suffisent à mes besoins, que ma situation en vue permet d'espérer, d'ici peu, les subsides officiels pour expérimenter mes théories de l'*Inversion moléculaire*. En vérité cela est fou.

Voici. Je suis la proie d'une sorte de malsaine perversité assez fréquente chez les esprits bizarres des grandes cités intellectuelles. C'est une envie irrésistible de mettre à l'épreuve ma volonté psychique.

Ayant tout préparé pour un meurtre, l'arme, le lieu, la victime, le profit, et la disparition du cadavre, mon âme morale aura-t-elle la force de résister à ce concours de circonstances, ou vaincra-t-elle cette sorte de vertige, qui, je le sens, m'excite à accomplir le forfait, sans raison, simplement pour obéir à l'instinct satanique de destruction ?

Ainsi se pose le problème psychologique qui sera résolu le 30 mai, par moi.

J'ai écrit sur ce point un long mémoire, où je tiens note, heure par heure, de mes tergiversations, de mes efforts, de mes peurs. Je le lègue à l'Institut si, par malheur, je tue mon homme; car je m'éliminerai ensuite de la vie, comme un élément de mort.

Une fois ce premier crime commis (et il resterait très probablement impuni) rien ne m'arrêterait plus sur la série des expériences pareilles. Aujourd'hui j'opère *in animâ vili*, sur une âme vile; et l'idée me naît déjà de songer combien plus intéressant serait ce combat intérieur si la victime désignée représentait une force intelligente; — mon chimiste russe, par exemple.

Très réellement, le jour où pauvre et désespéré, je résolus ce crime, je créai un être, un fantôme invisible mais sensible qui m'opprime. L'idée de meurtre a dédoublé mon âme, comme la création d'Ève dédoublait Adam. Et je me rends compte que l'Ève nouvelle me tentera par la pomme de la science pour me faire chasser de l'Eden moral. Ces vieilles et miraculeuses traditions résument toute l'humanité présente, future...

Me dérober à l'Ève?... Comment?

26 mai.

J'ai pris le plus simple moyen. Résigné au résultat, à peine inquiet sur sa nature, *j'attends.*

La vie m'accueille. On lira en séance solennelle de l'Institut, le 7 juin, mon aperçu sur les *Inversions moléculaires*. La gloire me vient.

Mais Ève ne m'abandonne pas. Sa présence inéluctable me reflète. Inéluctable. Inéluctable présence. Quoi que j'entreprenne, quels que soient mon chemin, mon désir de l'instant, mon regret de l'heure, elle se dresse tendant à ma perversité le fruit savoureux et damnant du savoir.

Savoir si par ces moyens artificiels mon âme succombera!... Si par affinement extrême de ma pensée, je trouverai le point de départ de l'anthropoïde, la brutalité sauvage et inexpliquée, l'appétit du meurtre, pour l'amour du sang...

Ainsi et à nouveau s'expliquerait le grand et beau symbole du cycle éternel des choses, de l'identité des extrêmes, des contraires; le serpent Ouroboros gravé par les anciens sur les talismans et les pantacles, le serpent qui se mord la queue, l'humanité revenant, au bout de son rythme de progrès, sous la gueule du monstre primitif, à la sauvagerie originelle...

Quelle Ève tentante et vicieuse....!

Tentante et inéluctable!

28 mai.

Un beau soleil, les toilettes pimpantes des dames, ces quelques verres de vieux Corton, l'excellence du cigare, l'habile ornementation de mon nouvel appartement où rien ne se trouve que de suaves tentures si antiquement neuves, si récemment anciennes, et cinq meubles de luxe parfait et sévère... Voilà qui chasse toute l'hypocondrie de ces derniers jours.

Pourtant je retournerai au logis du crime. Je préparerai tout comme si *cela devait arriver*..... afin que ces sottes images cessent de me hanter ensuite, l'expérience ayant démenti ma folie d'un mois...

Gai, excessivement gai, je descends au boulevard...

29 mai.

..... Depuis le midi, tout est prêt.

Voici la croix à la craie où Husson se placera. J'ai pendu contre le mur ces gravures du dix-huitième siècle ; *l'épouse indiscrète*, le *lever des ouvrières en modes*, *le midi*, *le soir* qui attireront sûrement ma victime.

La cheminée, débarrassée de ses cornues, supporte la fiole au poison où trempe l'aiguille d'or qui traverse le bouchon.

La cuve aux acides attend sa proie humaine.

Quelle singularité pourtant... Je ne pus, de tout ce mois, me décider à jeter dans cette cuve les matières organiques nécessaires à l'expérience, presque comme si je lui réservais...

La cuve béante pleine de ce liquide sans couleurs précises, méandres épais noirs, verts, bleus... Elle bâille dans une sorte d'appétit bête.....

Cet Husson ; il ne se doute pas que si longtemps, je le destinai à la mort. C'était mal vraiment, car on n'eût pas manqué de dire qu'il emportait sa recette en quelque Belgique pour y vivre en liesse... Le pauvre homme ! La mort de sa femme, le transforma. Le voilà devenu paterne, économe, tout consacré à la croissance de l'enfant adoptive... Leiche lui-même l'estime.....

C'eût été mal, une très méchante action.

. . . .

Comme je voudrais être a demain soir !... Ah ! Ève... l'Inéluctable tentatrice ! Ecarte-toi...

. . . .

... « Hein, vous regardez ça, vieux polisson ? » Son sourire s'est figé dans la mort soudaine et pétrifiante... Ma main avait enfoncé l'aiguille et je restai longtemps sans oser la retirer, par peur d'une résurrection... et puis j'ai hissé la masse organique inerte jusque la cuve...

10 avril.

Je triompherai sans doute... On m'accorde, pour commencer, le prix de la fondation Baluze. Dans cinq ou six mois, quand s'apaisera le bruit fait sur la disparition du garçon de banque, je lancerai en public ma fameuse expérience. Les trois cent mille francs reposent, en bonnes espèces, dans ma caisse.

Le remords ?... Quelle bonne plaisanterie.

8.

Et puis supprimer un être comme cet Husson, quand on abat tous les jours tant de bœufs pour la consommation publique, tant de chiens par peur de la rage... — voilà qui importe moins que rien auprès des splendeurs et des bienfaits de ma découverte...

Notons qu'aucune émotion ne me troubla... pendant ni après... tout le mal moral se consuma par avance, et cela sous certaine couleur littéraire ; le dédoublement, cette Ève... Si j'étais écrivain, voilà qui donnerait matière à un fameux livre.

Ces papiers trouvés par moi dans une correspondance que me légua un ami décédé sont restitués ici dans leur vérité simple et sans modification.

AU VIEILLARD

Songes-tu parfois au passé de tes ans parcourus...
— décoré certes, le col doctrinaire, le sourire de
barbe blanche affable comme si tu n'avais pas con-
sumé ta vie à piétiner l'honneur de la race et à offrir
le sang du peuple en sacrifice au veau d'or.

Rappelle-toi un peu, bon vieillard lithographique.
Laisse un instant la prose de Francisque Sarcey que
tu dégustes avec une si fine gourmandise, enfoncé
dans le fauteuil du cercle dont le velours rouge à
crépines d'or symbolise enfin le sacre de tes idées
triomphantes.

Rappelle-toi la gloire de février 1848, où tu con-
tribuas, polytechnicien peut-être, étudiant chevelu
sans doute, armant de cocardes les bonnets des
grisettes pour conspuer le parapluie vert de Louis
Philippe Roi. Acclamas-tu avec virulence la cravate
de Lamartine et les épaulettes de Cavaignac ! Et,
pour mieux tromper le naïf prolétaire que tu en-
voyais dépaver les rues afin de te gagner une
situation dans un gouvernement neuf, comme tu

fraternisas avec les mains calleuses et t'enivras d'absinthe humble, dans les cabarets du Faubourg Saint-Jacques !

Mais lui, moins bête que l'espérait ton ambition d'alors, te brûla la politesse bien avant le 2 décembre. En vain, essayas-tu de l'exciter contre l'énergie du Bonaparte installé. L'appel au Peuple démentit la valeur de tes déclamations. Il te fallut retourner la casaque, applaudir, pour le bien de ton avenir, à l'expédition d'Italie, aux excursions de Chine et du Mexique, vilipender la verve des pamphlétaires, invoquer l'ordre, la morale, tandis qu'au fond de toi, tu applaudissais Flourens fauteur d'émeutes, renversant les voitures de vidange dans les carrefours, et cachais sous les piles de mouchoirs *la Lanterne* de Rochefort et *le Diable à quatre*. Ce qui ne t'empêchait pas d'ailleurs, aux jours de plébiscite, de voter *oui* dans la peur que ton sentiment dévoilé ne fît perdre la sinécure dont se flattait ta famille.

Entre temps tu soudoyais de bravos infâmes l'atroce immoralité de la littérature *idéaliste*, l'idéal étant, selon toi, la glorification de l'adultère, des mœurs illégitimes, l'abaissement du noble par les messieurs Poirier de rusés dramaturges, et l'exaltation de la courtisane mourant d'amour pur sur la syntaxe naïve d'un huissier de lettres. Les Feuillet, les Cherbuliez, les Augier, les Dumas besognèrent pour déifier tes plus ignobles instincts, chanter la gloire de la gouje et du noceur, et implanter la suprématie du Trafic en ruinant les belles erreurs de la Force, de la Loyauté et des Traditions. Tu t'indignais à l'apparition de *madame Bovary*, à la publication des

Fleurs du mal, à cela seul de beau et de sincère qu'enfantaient dans l'âpre douleur les génies méconnus de ton Temps. Et ta sottise s'extasiait devant une plastique aussi misérable que la littérature de tes goûts. Tu consacrais les Bouguereau, les Cabanel, les Meissonnier, et toute cette imagerie de boîtes à confitures qui charma les fabricants de conserves de l'Amérique et leur fit décorer leurs demeures comme des bâtons de sucre de pomme ou des carafons de parfumerie.

En même temps, pour acquérir tes suffrages et tes sous, la presse se transformait. Au lieu de conduire ton opinion vers l'éclat magique de la vérité, elle chanta les louanges de tes abominables préférences. Il lui plut de dire que tu n'errais point, que ta sentence préconisait sans faillir les hommes de renommée éternelle. Elle se vendit à tes appétits. Elle inaugura une esthétique de contrebande et, par elle, promulgua la supériroité de l'Imitation sur la Création.

Comme au Sabbat des sorcières il fallut penser à rebours, sanctifier le mensonge et la hideur au-dessus du Vrai et du Beau, l'Argent au-dessus de la Force, la Médiocrité au-dessus de la Vertu.

Ta tâche s'accomplit grâce à l'inconcevable mollesse de l'Empereur, dont l'entourage tremblait sottement aux diatribes de la tribune, devant ceux qui ayant perdu tout espoir de sinécure, continuaient dans leurs feuilles publiques, les propos de taverne entrepris derrière l'Odéon, après des piles de soucoupes à l'œil.

Au nom de cette entité indéfinissable, *Liberté!* ils

attaquèrent la gloire des batailles, le luxe et la prospérité du règne, refusèrent, en pressant l'opinion, qu'on levât les impôts utiles à la réfection des armées, et préparèrent avec un soin jaloux la déchéance de la patrie où ils comptaient se créer une situation, en se proclamant sauveurs.

Comprends-tu, vieillard au visage béat, comme tu trempas dans toutes ces hontes, comme tu te salis à tous ces crimes ! Frais et rose cependant, tu allumes un cigare et demandes avec inquiétude au valet quel est le menu du soir et si la petite Clara ne t'a point laissé de lettre au salon d'attente.

Ce drap fin dont tu te pares, cet or que tu caresses d'un doigt ridé dans le fond du gousset, cet énorme chronomètre que tu exhibes pour forcer l'admiration de l'interlocuteur, ne sont, vois-tu, que les sûrs stigmates de ta perversité. N'étais-tu pas de ceux qui proclamaient *Libérateur du territoire* l'odieux Adolphe Thiers, livrant deux provinces et cinq milliards pour succéder à Bonaparte et s'asseoir sur le trône de France.

Tu applaudis certainement aux massacres de Satory et déclamas contre les curés, et soutins l'article 7, effaçant des cervelles humaines la possibilité de croire à quelqu'UN qui fût, plus que toi, éternel et puissant.

Maintenant, il t'arrive encore de trembler quand le souffle du peuple passe avec le drapeau des grèves et le cri de la douleur sociale. Tu feins de t'étonner que ce peuple indignement trompé à ton profit après 48, saigné par tes ordres en 1871, affamé depuis par l'avarice du capital que tu confirmes malgré toutes les promesses de tes programmes — tu feins de t'étonner quand il gronde et grince. Lui ayant ôté tout espoir dans le présent et détruit sa croyance au Futur, tu comptais qu'il se résignerait enfin au désespoir absolu, uniquement désireux de nourrir ta quiétude, de peiner dans le bagne, d'attendre la mort dans le travail, puisqu'il lui répugne de sortir de la vie avant l'heure naturelle.

Or rien ne se passe selon que tu le voulus et le préparas. Le monde que tu ceignis de ton fort égoïsme fait craquer partout la ceinture. La critique démasque la pauvreté de ton jugement, et les écrivains documentaires harcèlent l'hypocrisie de ta pudeur, et dans les faubourgs des grandes villes la révolution lentement se prépare qui détruira ce que tu as amassé. Le mal de ton œuvre n'a même pas l'excuse du succès.

Et tu vas, satisfait pourtant dans les rues, occupant de ton catarrhe la largeur du trottoir, opposant ta goutte à la marche des passants, et spéculant sur la couleur de ton poil déteint pour imposer à la foule, avec un respect indû, ton égoïsme insatiable. Tu vas, chaudement emmailloté dans ta pelisse, calme et grognon, sans voir l'immense dégoût que soulève au passage la puanteur de ton âme qui sue le crime du siècle moribond.

DU CENTENAIRE

Voilà plus de cent ans.

Cent ans que la seule, l'unique, mais immense chose faite par la Révolution, LA FÉDÉRATION FRANÇAISE, fut consacrée au Champ de Mars, le 14 juillet 1790.

La prise de la Bastille suivit l'émeute bête, l'assassinat de quelques militaires et valets gardant des poudres, trente-deux suisses, et quatre-vingts invalides protégeant contre le péril d'une explosion formidable tout un quartier. La multitude en fureur, qui prétendait délivrer, torche en main, les quelques fils de famille incorrigibles envoyés là pour des dettes ou détournements de mineures, par lettre du roi.

Qu'on s'imagine, à quelque ignominie nouvelle des ministres, la foule allant démolir le donjon de Vincennes et assommer les gardiens de la promenade publique. Tel semble le fait en sa nudité.

L'exécution populaire de l'accapareur Foulon,

dont la tête promenée au bout d'une pique avec du foin dans la bouche symbolisa tout un jour la sainte vengeance de la douleur humaine insultée par ce financier fut un spectacle bien autrement instructif et qui démontra si la justice du Peuple savait obtenir sanction par son bras seul. L'effroi salutaire put naître alors dans l'âme audacieuse des trafiqueurs.

Aujourd'hui, le Peuple montre moins d'élan. Les panamistes n'excitent pas sa cruauté.

Ce n'a donc servi de rien l'effort de nos pères en 89 et en 90, ce n'a donc servi de rien les massacres de septembre, les sacrifices humains de la Terreur au Dieu Inconnu des aspirations libres, le rythme destructeur des guerriers de 92 partis sur une chanson sacrée à la conquête du monde romain dont ils tiraient leur origine?

A rien, en effet.

« Il n'y a plus de noblesse? plus de donjons, toutes les bastilles des campagnes disparurent et le serf s'est affranchi! »

Naïveté.

La cheminée de fabrique n'a-t-elle pas dans chaque vallée pris place sous la colline de l'ancienne tour féodale maudite pendant douze siècles? Attirés par la faim, les serfs ne sont-ils pas accourus de toutes parts afin de jeter aux machines le meilleur de leurs forces, de leur sang, la femme conquise par leur amour et les enfants issus de leur passion lamentable ; afin que, laminés par les labeurs délétères, ils rendissent aux nouveaux seigneurs dîme et corvée en impôt destiné non à alléger les maux du pauvre mais à défendre le bien du riche. Mieux que « contrat social » on dirait : exploitation sociale.

Et si l'on demande pourquoi la poussée de 89-90 n'a réussi qu'à changer les noms des maîtres, il faut qu'on sache bien une fois que la faute de tout reste imputable aux lourds et stupides fantoches qui jouèrent le mélodrame de la Convention !

Fantoches et ambitieux grotesques, les Robespierre, les Danton, les Saint-Just, les Couthon, les Marat, et autres pourvoyeurs indignes de la sainte guillotine, cet autel des vieux sacrifices druidiques où devait fumer le sang des hommes vers le Dieu de l'Équilibre social. Il ne servit à ces goujats que pour s'éliminer les uns les autres de la dictature et mener successivement à l'abattoir les sectaires en rivalité, vaincus par d'odieux tripotages et d'immondes intrigues. Honte dans l'histoire, que le couteau qui s'empourpra du sang de Louis XVI, hostie royale offerte pour la concorde des partis, se soit souillé de l'égorgement des Robespierre et des Couthon.

Car ils ne créèrent rien. Le superbe héritage de Mirabeau et du 14 juillet 1790 ne leur fut pas profitable. Ils demeurèrent sourds devant des leçons si proches. C'est miracle que le peuple les ait supportés trois longs hivers. Sous eux rien qui naisse ou s'organise. Les seules entreprises qui aboutissent, se recommandent de l'initiative individuelle. Des savants pensent dans l'ombre du cabinet et exécutent leurs plans : le système décimal, les poids et mesures, le conservatoire, le muséum d'histoire naturelle, le conseil des mines.

Voilà ce qu'occupés à leurs sottes compétitions, ils permirent de faire. D'eux rien ne sortit, de ce triste pion pleurard et minable que fut Robespierre, de cet invalide hurleur que présente Couthon, de ce triste haineux que fut Marat, de ce vaudevilliste Fabre d'Églantine ; pas une loi économique, pas une intuition de politique usuelle ou théorique.

Il faut montrer ce qu'ils détruisirent : l'élan de réorganisation sociale.

La véritable révolution française, l'honorable et grande chose dont les principes furent portés par les volontaires de 92 dans les capitales d'Europe repose sur cinq dates mémorables.

Le 20 juin. Serment du jeu de paume. Les délégués de la nation gallo-romaine affirment devant le chef de la conquête franque qu'ils ont doit au respect civique, et repoussent la forme extérieure du servage, le commandement des féodaux.

Le 23 juin. Paroles de Mirabeau à de Brézé. — L'homme des colonies phocéennes-romaines, Mirabeau affirme que la Force armée du conquérant n'est plus capable de lutter contre la revendication des anciens vaincus. C'est la haute manifestation de la levée en masse contre le Barbare ; le *Fit tumultus*.

Le 4 août. — Les Francs reconnaissent leur infériorité morale et physique. Le duc d'Aiguillon propose de rendre aux possesseurs primitifs du sol la libre disposition, le vicomte de Noaille ajoute : sans tribut. C'est le renoncement à la conquête.

Le 6 octobre. — Louis XVI chef des Francs rentre

à Paris, quitte la ville féodale, Versailles, et vient habiter parmi le peuple des anciens vaincus. Il consacre sa défaite et la paix en abandonnant sa ferme royale.

Le 3 novembre. — Les dotations accumulées par les philanthropes durant seize siècles entre les mains des évêques et des abbés afin de fonder des phalanstères communistes où se pussent réfugier les pauvres, et travailler les humbles, étant devenues par l'avidité et la prévarication de quelques gérants ecclésiastiques des sortes de biens privés, sont rendues à leur destination primitive : *les biens du clergé sont mis à la disposition de la nation.*

Après une jouissance incontestée de quatorze siècles, le Franc restitue au Gallo-Romain la propriété de son territoire colonial, et la jouissance de sa liberté individuelle.

La Révolution ou plutôt la RESTITUTION était accomplie.

Ce qui parut après n'ajouta rien, retrancha plutôt.

L'œuvre des principes établie, il fallait l'acquiescement du peuple entier, la communion effective des quirites à cet effort de ses représentants.

Cela se fit par les *fédérations*.

La noblesse et le clergé, le conquérant et l'intermédiaire régisseur, renonçant à leurs privilèges acquis par la force ou obtenus par le savoir habile,

- les provinces qui jouissaient de privilèges collectifs achetés, durant leur dépendance, aux deux castes directrices, s'en désistèrent aussi.

La bourgeoisie des trafiquants riches abandonna ses droits d'exemption de seconde main. Les municipalités quittèrent leurs bénéfices provinciaux pour participer à l'unité civique de la nation.

Cela commença par les pays d'État, cela se continua par l'initiative des villes, du 4 août 1789 au 14 juillet 1790.

Voici comment. Les hauts prélats (non le bas clergé qui, admirable en cette occasion, possédait moins qu'aujourd'hui de quoi vivre) suscitèrent parmi les paysans de Bretagne et du Midi une effervescence protestataire contre le retrait des biens d'Église, en confondant avec cette mesure de retour au fonds national les questions de dogme, et en déclarant que diminuer l'outrecuidante fortune de quelques princes liturgiques c'était nier la divinité du Christ et la morale religieuse. Des séditions éclatèrent. Du sang fut versé. Les provinciaux qui avaient renoncé volontiers à leurs importants privilèges agirent contre ces sectaires. Les municipalités, attaquées par les gens de prêtrise, se coalisèrent contre cette levée inattendue. Elles se fédérèrent.

Le Dauphiné, le Vivarais et la Bourgogne virent en fort peu de temps se former ces fédérations non plus dans les limites d'une province, mais hors ces limites féodales et sans en tenir compte. La fraternité naissante eut un élan divin. On s'allia partout, on écrivit à l'Assemblée nationale pour lui demander une organisation. Et cela acquit un caractère si puissant qu'Avignon fut emporté par la fédération des municipalités d'Orange, Bagnols, Pont-Saint-Esprit et marqué des couleurs françaises. Avignon vint à la barre de l'Assemblée se donner. Bientôt les fédérations agirent par des comités qui se constituèrent pour sauvegarder la protection mutuelle de district en district. Le pouvoir central conférait à ces comités régionaux une autorité extrême. Ils nommèrent douze cent mille magistrats municipaux, qui héritèrent de la déchéance des parlements attachés aux coutumes de l'ancien ordre. On réprima, sous cette loi nouvelle, les pillages entrepris par les brigands qui selon les lieux arboraient la cocarde de l'un ou l'autre parti afin de couvrir leurs vols d'une allure politique. Bientôt les fédérations eurent le droit de lever des troupes, d'instituer des tribunaux permanents, de s'imposer à leur gré. Comme, devant les menaces du haut clergé, les particuliers n'osaient entreprendre l'achat des biens nationaux, les municipalités assumèrent cette responsabilité sous l'égide des fédérations, puis revendirent ou louèrent.

Le clergé devait recevoir de l'Etat cent trente-trois millions d'indemnité annuelle en traitements individuels. — Il ne perdait rien en masse. Le petit clergé s'enrichissait. Seuls les prélats pâtissaient.

Les fédérations avaient sanctionné l'œuvre de l'Assemblée nationale.

Au bout de ce superbe travail d'entente et de fraternité il devait apparaître une sorte de consécration quasi religieuse. Le 14 juillet 1790, au milieu du Champs-de-Mars s'éleva l'autel de la Patrie. Les délégations de toutes les provinces fédérées vinrent danser sous la pluie en attendant l'heure de lever, avec le roi, la main au ciel pour jurer fidélité à la constitution nouvelle qui substituait, comme principe gouvernemental le droit des premiers défricheurs à la force du conquérant.

Louis XVI jura de sa tribune. Les pèlerins patriotes jurèrent au bruit du canon, à la pompe du soleil un instant apparu.

Ce jour-là tout était fait, tout. Le peuple rentra chez lui. La canaille des clubs commença son œuvre de destruction. Que demandaient les hommes des Jacobins et des Cordeliers, que demandèrent les Hébertistes, les Dantonistes ? Que demanda Robespierre ? Pourquoi ces gens tuèrent-ils pendant trois ans avec cette rage froide ? J'ai cherché en vain une raison de principe ou de politique, je n'ai découvert que des motifs de basse envie, de vanité impudente, l'espoir chez tous ces êtres de lasser le peuple par le sang et, quand il serait las, de prendre la dictature. Il ne restait alors nul motif de tuer Louis XVI, cet homme pieux à l'âme niaise qui ne fit point le mal, qui résista à sa femme lorsqu'elle l'excitait à gagner l'étranger, au temps où on le pouvait faire, et ne consentit point à se mettre à la tête des troupes autrichiennes contre la patrie gauloise qui se reprenait. En somme cela eût été conforme au principe d'après lequel il régnait ; le droit de conquête. Marie-Antoinette fut logique. Louis XVI fut un révolutionnaire, attiédi par sa famille. Ayant consenti la restitution il n'avait plus qu'à partir, et cela le lendemain du 4 août 1789.

Pourquoi, dans la suite, les hommes de sang empêchèrent-ils ce départ ? Simplement parce qu'ils méditaient la mort du roi afin de s'asseoir un jour sur son trône. Il n'y aurait eu qu'un changement d'autocrate. Mais ils craignaient qu'après un interrègne, le peuple déshabitué du souverain n'en voulût plus souffrir. Louis XVI au Temple était encore le roi.

Heureusement, Robespierre et Danton travaillèrent pour un autre. Bonaparte réalisa, à son bénéfice, l'espoir qu'il leur avait vu rêver.

La fête du 14 juillet 1790 fut l'acceptation par le roi et les provinces des actes de l'Assemblée. On y agréait la déclaration des droits de l'homme, l'impôt du quart de revenu, et surtout la restitution par le Franc du territoire jadis conquis et partagé entre ses preux.

Ce qu'on acclama ce jour c'était l'œuvre de Mirabeau, de Siéyès, de Lafayette, du duc d'Aiguillon.

Les girondins reprirent ces principes et les défendirent contre les hommes des clubs. Les hommes des clubs les tuèrent.

Vergniaud, l'orateur merveilleux dont chaque harangue est un beau morceau de littérature, Roland l'administrateur intègre, leurs amis qui portèrent au plus haut point le courage civique et l'honnêteté du cœur succombèrent devant Robespierre, le pion méticuleux et féroce.

Du jour où la Convention siégea, Robespierre travailla pour les perdre.

Eux, avaient un moyen, un seul moyen de supprimer Robespierre et le ramassis de basse canaille qui l'aidait, c'était de suivre la voie indiquée par Mirabeau à Louis XVI, de marcher carrément à la rénovation sociale, de conquérir pour le pauvre l'égalité entre son capital-travail et le capital-argent.

9.

Au contraire ils restèrent immobiles, ne virent rien, ne comprirent rien. Ils étaient des avocats honnêtes ; ils demeurèrent tels, honnêtes et incapables de progrès. Une déclaration franche des vérités sociales eût entraîné la foule, sauvé la France de l'ambition ténébreuse où rampaient le fielleux Robespierre, et le sournois Marat, qui travaillaient pour le *marchand* contre le *peuple*. Le suffrage universel remplacé par le suffrage censitaire donna à Robespierre les fournisseurs, le petit cultivateur, enrichis déjà par les biens nationaux et qui créèrent au moyen de la guillotine la toute-puissance de l'argent. Le boucher Santerre est à Paris même le gros agent de la Commune. Le bas trafic va remplacer au pouvoir la noblesse et les traitants.

Ils seront d'autant plus féroces, les parvenus de cette époque, que leurs fortunes émaneront du sang. Si dans les grandes villes ce délire de guillotinade emporta quelques-uns, il importe de remarquer que les biens des suppliciés et des émigrés revenaient en vente. Par la terreur, on forçait à l'émigration ; l'émigration valait l'achat au bas prix des domaines. Par là seul s'enrichirent les fournisseurs qui édifièrent les fortunes vulgaires, la *Banque*, dont nous dépendons aujourd'hui. Le peuple n'eut rien. Le peuple continua de jeûner comme sous Choiseul et Polignac.

Les Girondins supprimés, Robespierre perdit les Hébertistes, parce que Camille Desmoulins avait dénoncé dans son journal les désirs de pouvoir qui le minaient.

Au moment où l'ennemi envahit la France, au

moment où les gens meurent de faim dans les campagnes, à la ville, que fait la Convention? Elle ne s'intéresse qu'à une chose : la lutte des Cordeliers contre les Jacobins, des Hébertistes et Dantonistes contre Robespierre ; car il importe de savoir à qui il faudra demain faire sa cour.

Robespierre, pour s'assurer la fidélité des têtes de son club, les envoyait dans les villes principales avec la représentation du peuple.

Investis d'un pouvoir sans limite, ces cordonniers de la veille faisaient payer cher aux pratiques et aux clients les exigences de leurs pieds et aux ouvriers les salaires qu'ils leur donnaient naguère bien peu gracieusement. Mais en multipliant les biens nationaux, ils attachaient au tyran pleurard les cœurs du bas trafic. Partout les Jacobins ont des succursales. A l'aurore de 1794 il ne faudrait qu'un signe pour que ces chefs de rayons, détenteurs de la guillotine, fissent proclamer Robespierre dictateur.

Danton périt encore. Robespierre va précéder Bonaparte.

Mais la Convention qui sent cela, craint qu'il n'exige un nouveau sacrifice humain pour consacrer son avènement, et, sûre de sa fin, elle préfère mourir en attaquant.

Rien de plus burlesque, en somme, que cette affaire de Thermidor. C'est le suprême de la sottise et de la peur dans leurs très ridicules manifestations.

La Commune délivre Robespierre malgré lui et l'emmène à l'Hôtel de Ville auprès de ses amis. Lui récrimine, n'ose bouger. Que va faire la Convention dont il est le prisonnier réfractaire, insurgé contre le pouvoir au nom duquel, si longtemps, il agit, il parla ?

A la Convention, Collot d'Herbois préside avec ces mots : « Citoyens voici le moment de mourir à votre poste ». Les assistants des tribunes se sauvent. La garde nationale va se coucher indécise, ne tenant pour personne. Et les deux partis, grelottant de peur, attendent mutuellement les bourreaux.

Mais ils n'avaient plus de partisans, ni les uns, ni les autres. Tout le monde abandonnait ces rares sacripants. Pas un Parisien qui voulût se risquer en leur faveur. En sorte que chacun croyait la foule s'armant chez l'ennemi et préparant le massacre. Il fallut qu'un homme de l'Assemblée trouvât sa section en effervescence, au moment où il rentrait chez lui. Les voisins l'entraînèrent bon gré, mal gré à l'Hôtel-de-Ville, lui, convaincu de marcher au trépas. Arrivés là, un jeune gendarme de la bande, ne rencontrant aucune résistance, monte, bouscule à coups de coude les huissiers, et apercevant Robespierre en un fauteuil, lui donne du pistolet dans la mâchoire.

A cette nouvelle seulement, la Convention reprit ses sens.

L'admirable Michelet a beau s'efforcer de trouver tout cela grand, il n'y parvient pas. On le voit s'essouffler en vain de phrase en phrase, retenir malaisément son dégoût ou son rire. C'est lamentable. Mais l'ami politique des révolutionnaires de 1830 pouvait-il décemment écrire la nullité des Conventionnels?

On s'acharne à dire aujourd'hui, dans les gazettes plus ou moins officielles, que la Convention s'appuyait sur le peuple, et on rend le peuple responsable des crimes de la Convention en les exaltant. Cela est mensonge.

Sur 700,000 habitants de Paris, on n'en trouve pas 5,000 s'occupant de politique pendant la période ardente. La garde nationale contraint les gens à voter, par force.

La Commune d'alors, semblable à notre Conseil municipal actuel, s'appuyait sur un ivrogne, Henriot, qui sabrait tout indistinctement. Certains *indigents* recevaient quinze sols par jour à condition de servir la République. On leur distribuait des piques, des sabres. Ainsi travestis, ivres toujours, ils terrifiaient pour voler ou violer. Ce ramassis de souteneurs à quinze sous faisaient toutes les émeutes sur commande, tantôt pour l'un, tantôt pour l'autre. Ils symbolisaient la vertu de Robespierre.

Ce n'était pas le peuple.

Où était-il ?

Depuis 1789 on chômait généralement dans les villes. La campagne seule retenait encore ses travailleurs. Les artisans des cités, dénués de tout, répugnés de la sauvagerie des gouvernants, s'en allaient. Le peuple de ce temps courait à la frontière !

Les hommes se battaient pour la Race. Car si une chose rachète l'ignoble mélodrame, c'est l'élan splendide de la race gauloise, joyeuse de sa liberté reconquise et quittant tout, en une harmonie splendide des âmes patriotiques, afin de la défendre contre le retour des invasions germaniques et saxonnes.

Les Conventionnels qui sont aux armées se laissent purifier l'âme par ce souffle puissant. Merlin de Thionville, Saint-Just agissent en héros. On sait comment celui-ci voyant Jourdan hésiter à passer le Rhin lui laisse à choisir entre cette audace et la mort ; et il fait dresser la guillotine derrière. Jourdan remporte la victoire. A Jemmapes ce fut inouï ; l'ennemi ne pouvait croire le témoignage de ses sens. Ces jeunes hommes en sabots, sans uniformes, mouillés par la pluie, n'ayant mangé depuis des heures, s'élancent sur des hauteurs hérissées de canon, au chant de la *Marseillaise* phocéenne, rompent les lignes des vieux grenadiers hongrois accoutumés à toutes batailles, enlèvent la position, et culbutent l'armée. Hoche va de son corps à la prison, repart de la prison pour rejoindre son corps. Au 9 thermidor, il était au cachot. Il voit Saint-Just entrer dans la cellule voisine... Bon, se dit-il, me voici bientôt redevenu soldat !

Ni armes, ni argent, Hébert puisait à même le trésor sans rendre compte parce que vers un moment donné il pouvait lancer les innombrables numéros du *Père Duchesne* avec un article pour ou contre Robespierre. Qu'importaient dès lors la faim, les munitions des soldats ?

Jamais plus grande immoralité gouvernementale, sinon en ces jours-ci, où nos opportunistes copient de leur mieux les actes sinistres de la Convention.

Quand Robespierre voulut perdre Fabre d'Eglantine il l'accusa de faux ; et le faux n'existant point, on ne montra pas les pièces au jury.

Voilà ce que furent les gens qui succédèrent à ceux dont l'œuvre fut honorée le 14 juillet 1790.

La Fédération était la poignée de main des honnêtes Gallo-Romains libérés de la servitude franque.

Que fut le reste de la Révolution ?

Le gâchis du crime !

LES ORIGINES DU SOCIALISME

Les premiers croyants qui tentèrent de promulguer devant le monde, en cette fin de siècle, les théories du socialisme chrétien, sentirent poindre aussitôt le sourire aux lèvres sceptiques des hommes attachés aux formules républicaines, tandis qu'ils effrayaient les âmes catholiques respectueuses de l'autorité, et décidées à penser que sur cette planète transitoire, la douleur est don de Dieu, une manière d'expiation préalable propre à racheter l'homme des peines éternelles.

Il fallut toute une lutte d'argumentations précises pour lever les scrupules de ceux-ci, pour convaincre par l'évidence matérielle l'ignorante faconde de ceux-là.

Voici que, malgré tant d'adversaires, l'idée grandiose commence à s'imposer. On ne s'étonne plus des déclarations socialistes qu'affirmait naguère le cardinal Manning. En France et en Suisse les efforts des nouveaux apôtres obtiennent des conversions éclatantes. M. Decurtins, le catholique helvète, et l'abbé Garnier installent des œuvres pratiques. De leur côté les communistes plébéiens semblent abandonner le sot anticléricalisme de leurs programmes passés. On entendait récemment, au congrès de Halle, l'excellent agitateur Liebnecht protester contre les campagnes antireligieuses et poser en principe que l'étiquette républicaine n'était pas la condition indispensable du bien-être populaire, puisque, dans les pays de république, l'ouvrier souffrait autant que dans les gouvernements de monarchie.

Cela vaudrait peu de chose si ce n'était le commencement de tout. Depuis plus de cent ans peut-être, on n'avait entendu les révolutionnaires séparer leur cause de celle des athées.

Aujourd'hui le peuple commence à comprendre quel ignoble leurre fut l'anticléricalisme aux mains de la bourgeoisie jacobine, et comme, en attelant la politique à cette persécution misérable, certains réussirent à reculer, au gré de leur impuissance, la solution du problème social.

Il importe sans doute de rechercher les causes qui portèrent les détenteurs du capital industriel à se forger une telle arme.

Une étude superficielle de l'histoire contemporaine suffirait au plus partial des critiques pour constater que la révolution de 1789 profita exclusivement à la classe intermédiaire, au détriment du peuple, de la masse laborieuse et productrice.

Ramenée à ses éléments ethniques, l'ère de 89-95 apparaît simplement comme la revanche du Gallo-Romain sur le conquérant du Nord.

La perpétuelle lutte des Barbares à l'assaut des

derniers débris de l'empire romain s'achève seulement. Des frontières ont été reculées, des noms régionaux modifiés ou travestis, des armées anéanties, des peuples enfantés et abolis, nous n'en demeurons pas moins encore les Latins des anciens âges, résistant aux invasions germaniques dont les Francs, avant-coureurs, nous apportèrent les audacieuses visées. Seulement, à cette première rencontre, le vainqueur se laissa absorber par le vaincu ; la francisque des Mérovingiens s'abaissa devant la dialectique de Grégoire de Tours ; le Gaulois phraseur et gai, dont se moquent les historiens de Rome, amusa son maître, l'adoucit, l'endormit dans le bien-être de sa civilisation pour le reconquérir peu à peu en opposant au droit acquis par l'épée le droit écrit de Justinien. Devant ce fatras copieux, devant la merveille morale de l'ancienne Église, les Francs, mauvais logiciens, se turent, bataillèrent en faveur de leurs vassaux contre les autres hordes accourues du Nord et de l'Est, constituèrent une patrie pour, le jour où elle fut définitivement consacrée, en être brusquement dépossédés par la Révolution de 1789, revanche du Gallo-Romain rusé et patient sur le noble Franc dépourvu de prévoyance.

En vain, à la nouvelle du désastre subi par leurs frères de France, les peuples germains se coalisèrent par delà le Rhin. Un homme des colonies phocéennes, le Corse Bonaparte, sauva les descendants des colons de Rome.

Aussitôt les Gaulois phraseurs se livrèrent librement à la joie des disputes parlementaires et construisirent des temples de style grec, pour s'y chamailler bruyamment. Tout l'art de la Révolution, de l'Empire, costumes et mœurs, n'est que renaissance et réalisation de l'esthétique latine.

A partir de ce temps, le trafic régna. La classe intermédiaire, au nom de la Liberté, asservit le pauvre, remplaça le donjon du féodal par la cheminée industrielle. Au lieu de saigner sur la glèbe, le misérable saigna dans les usines. Mais ce ne fut pas sans qu'il eût des heures de révolte. Les esclaves par moment se soulevaient. L'Internationale s'établit. Les travailleurs demandèrent qu'on leur assurât l'existence. Des penseurs écrivirent. L'économie politique se créa. Des principes furent promulgués. On commença de croire que le travail est un capital au même titre que l'Argent ; que si le Travail et l'argent s'associent pour produire, ce ne peut être que sous des conditions d'égalité dans la répartition du bénéfice, puisque l'un sans l'autre ne peut rien ; que le salaire ne peut compter dans la répartition du bénéfice, puisque l'homme en travail doit au moins être nourri de pain comme la machine est nourrie de houille ; que le travailleur a droit à la vie ; que sa vieillesse doit être abritée, sa descendance élevée, sa famille sustentée, son intelligence éduquée. La Douleur humaine acquit par des définitions de justice le droit au soulagement.

La bourgeoisie républicaine, sollicitée par les travailleurs au nom même des principes selon lesquels elle dominait, s'embarrassa. Elle représentait le capital Argent. Satisfaire les revendications prolétaires c'était s'amoindrir. Elle ne voulut se rappeler par quels moyens sanglants s'était conquise cette propriété dont elle dut alors proclamer la qualité sacro-sainte. Et pour ne pas répondre à la voix du peuple, elle chercha un dérivatif : elle attaqua Dieu.

L'Eglise avait paru aux criminels de la Convention et, avant, aux jouisseurs du dix-huitième siècle, une terrible mère, prête à châtier les vices de ses enfants dévoyés. Aussi, la calomnièrent-ils forcenément.

La bourgeoisie contemporaine montra cette mère en courroux aux âmes naïves des pauvres qui pensent trouver dans le brutal assouvissement de leurs instincts quelque remède à leur douleur perpétuelle. Excitant les appétits infâmes et les sottes rancunes, elle tourna contre l'Église la colère du peuple, lui imputa ses défauts et ses penchants ; et, à chaque réclamation des travailleurs, elle répondit : « Nous n'avons, en effet, rien fait pour vous, mais nous détruisons l'ennemie de votre joie. »

Si la mauvaise foi l'avait permis, on aurait su que l'Église établit jadis le seul système communiste qui exista jamais. Après avoir protégé les laboureurs contre les conquérants, en soumettant ceux-ci au baptême, les prélats de ces temps proclamèrent ce principe que la terre appartient au défricheur, au laboureur, et fondèrent maintes abbayes où les laborieux purent vivre en paix et jouir également des bénéfices.

Plus tard, quand saint Bernard eut fondé partout les granges cisterciennes, la France connut une ère de prospérité économique remarquable. Les communautés couvrirent le sol. Les pauvres y trouvaient un asile, des vêtements, du pain. On y hébergeait les soldats invalides. Les cartulaires de ces abbayes sont d'admirables règles, admettant les principes d'égalité et de collectivisme tels que jamais les fourriéristes n'en rêvèrent.

Le socialisme chrétien n'est donc pas utopique, comme se plaisent à le dire des hommes abusés ; c'est même la seule forme de socialisme qui ait connu la réalisation entière.

Pour les âmes scrupuleuses qui redoutent d'encourager la révolte contre l'autorité en acceptant ce terme de socialisme, faut-il rappeler les récits des Évangiles, la lutte merveilleuse du Christ contre le riche et le puissant en faveur des humbles ? Faut-il évoquer cette sublime parabole du père de famille allant chercher des travailleurs sur la place publique pour les envoyer à sa vigne et payant du même prix les premiers et les derniers venus ? Ne voilà-t-il pas la fameuse formule communiste : *à chacun selon ses besoins*, promulguée par l'Évangile lui-même contre la formule restreinte du capitalisme : *à chacun selon son effort*.

Pas une page des Écritures qui n'enseigne des doctrines de socialisme absolu et n'engage à les pratiquer.

Soyons donc charitables, comme il convient, non pas en secourant d'une obole le mendiant de la rue, mais en soulageant de tout notre pouvoir la grande douleur humaine, en sauvant du joug de la féodalité bourgeoise les pauvres et les travailleurs qu'elle opprime et qu'elle abuse de vaines étiquettes et de déclamations insignifiantes. Il faut songer que ceux qui pâtiront à l'avènement du socialisme, seront les gens de la Convention, les hommes dont les pères ramassèrent dans le sang de la guillotine les premiers sous des fortunes dont ils se targuent.

Il est noble et juste d'attaquer la propriété révolutionnaire au nom de la charité sociale.

DU PARLEMENTARISME

Le plus grand obstacle au développement de l'idée socialiste, est assurément, le règne du système parlementaire.

Il paraîtrait facile et vraiment oiseux de rappeler les scandales et les hontes qui déshonorèrent les militants de ce système. Les épopées de MM. Wilson, Jacques Mayer, Mary-Raynaud, Baihaut, Arton et Cornélius Herz devraient suffire à provoquer dans le pays une émotion telle que tout sombrerait devant la colère publique. Malheureusement, le sens moral s'atrophie chaque jour. Si les journaux révèlent les escroqueries et les malversations d'un homme en place, vous entendez murmurer et vous voyez sourire les plus habiles avec le geste de juger le malfaiteur « un malin qui donnera du fil à retordre à ses adversaires. »

Rien ne déconsidère plus.

Cependant l'aventure de ces banqueroutiers ou de leurs amis élus représentants du peuple est un exemple de ce qui se passe le plus ordinairement. Là où échouera un impeccable logicien et un honnête homme ardemment dévoué aux principes qu'il expose, le premier financier venu, pour peu qu'il sache acheter quelques suffrages et éblouir d'un luxe de surface l'âme naïve des paysans, emportera la place.

Le peuple des villes sait mieux discerner parmi les candidats offerts à son suffrage ceux que pousse un véritable prosélytisme social; il compte pour peu la réputation de fortune et l'influence commerciale du brigueur de votes. Le paysan plus épais n'accorde guère confiance qu'au gros propriétaire, à l'industriel ayant réussi dans son commerce, ou aux candidats qu'ils présentent, et protègent. En sorte que la fameuse conquête du suffrage universel est restée pour les huit dixièmes de la France une légende sans application, et que le régime censitaire persiste, en réalité, à présider la manœuvre électorale.

L'argent mène seul la politique. Ce fut une grande habileté de la bourgeoisie jacobine que d'arborer en tête de ses programmes le développement de l'instruction publique. Sous couleur de favoriser la culture intellectuelle du peuple, elle obligea ce même peuple à payer, en forme d'impôt, la rétribution des agents électoraux les plus constants. L'instituteur fut créé, cet être misérable, sans liberté, fonctionnaire asservi aux caprices de la préfecture et chargé par elle de recueillir des votes pour le gouvernement qui le salarie. On sait l'influence qu'ils acquièrent dans les communes rurales, cette sorte de petite tyrannie locale exercée sur les familles par l'intermédiaire des enfants, selon les mille tracasseries que la loi sur l'instruction laïque et obligatoire les autorise à exercer. Il ne faut pas s'y méprendre. Tant de sacrifices ne furent demandés au contribuable et acceptés par les parlements que pour constituer, dans le pays, une manière d'espionnage permanent. Semblables aux soldats recruteurs de l'ancien régime, ces agents obligent l'électeur à s'enrôler sous la bannière gouvernementale. On n'épargne ni peine, ni argent pour satisfaire ces prophètes de l'évangile républicain. Ils habitent la plus belle demeure du village ; ils ont l'habit de la ville, et la décoration violette ; confort et honneur, tout ce qui en impose à la simplicité des âmes rustiques.

Le soin de répandre l'instruction réelle et de cultiver l'esprit populaire était bien peu de chose dans le plan des politiciens qui organisèrent cette propagande du laïcisme. Un fait le prouve. Monsieur Déroulède, bon homme qui ne veut soupçonner les dessous de l'effort politique, présenta un jour à la Chambre, lors d'une discussion budgétaire, un amendement destiné à établir le principe le plus merveilleusement démocratique qui soit : les élèves les plus intelligents des écoles communales doivent obtenir des bourses qui leur permettent de suivre, dans les lycées, les cours de l'enseignement secondaire.

Eh bien, cette Chambre apparemment si soucieuse du progrès intellectuel des masses, refuse de discuter l'amendement Déroulède. La féodalité de l'argent ne tient pas à ce que les enfants du pauvre puissent venir dans le temps de la génération prochaine disputer à ses fils les sinécures du gouvernement.

Appuyés par l'espionnage et la propagande des instituteurs qu'ils gagent aux frais du contribuable, et devant, pour la majorité, leur élection à l'esprit avaricieux des campagnes, les parlementaires s'installent au pouvoir sans obligation de remplir les promesses de leurs programmes. Ils savent qu'à la fin de la législature, ces mêmes serviteurs du ministère recommenceront leur pression efficace. Ils ne doutent pas du succès. Il leur reste, une fois dans le Palais-Bourbon, à traiter, pour le mieux de leurs intérêts, les affaires personnelles.

Rien de plus amusant, en effet, que de voir, les jours de la rentrée des Chambres, ces fabricants de sucre, ces gros propriétaires, ces industriels enrichis se reconnaître et se grouper dans les couloirs. Une allure joviale enlumine leurs faces rubicondes. Ils se félicitent et entament aussitôt de laborieuses négociations commerciales qui noueront, aux extrémités du pays, les engagements des spéculateurs. On maquignonne les opinions sur les douanes et les entrées, on échange un vote sur les sucres contre un vote sur les céréales, on se promet assistance, on se concède des monopoles, on arrange d'accord la marche à l'assaut du ministère ennemi. Les betteraviers fraternisent avec les bouilleurs de crû. Les œnophiles rompent avec les libre-échangistes.

Le Palais-Bourbon devient aussitôt une succursale de la Bourse et restera tel. Si, par hasard, quelque député convaincu tente de parler au nom de la Douleur Humaine et du capital-travail, il se déconcerte devant l'impudence et les rires de la majorité qui écrase sous ses brocards le trouble-fête. Les hommes du centre votent en bataillons, sans même avoir entendu ce que l'on propose, et selon l'ordre du chef de file auquel ils se sont vendus moyennant la promesse de faire concorder les voix du groupe sur l'unique projet qui intéresse leur trafic particulier.

Voilà en quelle succession saugrenue de conséquences, insoupçonnées par les fondateurs du suffrage universel, il arrive que les détenteurs principaux du capital-argent représentent le capital-travail dont la défaite leur importe, par dessus toutes choses.

Inutile de parler à ces mangeurs de prêtres, à ces athées, de charité évangélique et d'altruisme. Le seul égoïsme les guide. Ils n'accorderont quelque loi protectrice aux représentants du travail que par peur de voir le bonhomme Populus montrer les dents et dépaver les rues. Il a fallu la grève de Montceau-les-Mines pour obtenir en France un sérieux usage du principe de participation aux bénéfices. Le meurtre de l'ingénieur Watrin avait préparé les voies.

Nous en sommes à cette barbarie sociale. Les trente millions de travailleurs ne peuvent obtenir un allégement à leurs maux que s'ils menacent d'assassiner les employeurs ou s'ils accomplissent le crime.

Et pourtant nous vivons en République, et, dans notre pays, furent proclamés les Droits de l'Homme, il y a cent ans à peine.

Il serait extrêmement curieux de poursuivre, avec exemple à l'appui, une étude précise du parlementarisme actuel.

On y verrait la Bourse du Palais-Bourbon mieux organisée que l'autre avec ses agents de change, ses coulissiers et ses allumeurs qui crient dans les couloirs la cote des bureaux de tabac, celle des pensions aux légionnaires d'un 24 février quelconque, celle des monopoles à vendre, celle des courtages possibles sur les concesssions de chemins de fer, l'adjudication des fournitures d'Etat et les décorations honorifiques, et quels votes et quel nombre de votes coûtera chacun de ces lucratifs privilèges, quel ministre en tiendra commerce.

On y verrait les chefs de groupes acheter les consciences encore indécises, et, couverts aux yeux ahuris du peuple par la pompe de discours patriotiques, batailler le gouvernement afin d'enlever, par la conquête du ministère, le droit de brasser en grand les affaires publiques.

Pour paraître et affirmer ostensiblement leur prestige, il faut de l'argent à ces chefs de groupe. Les banques interviennent. Elles désirent tel monopole, tel vote, qui fera la hausse ou la baisse des titres selon les caprices de la spéculation. Le pot-de-vin acquiert la complicité de ces chefs qui mènent à l'urne leurs bataillons à solde. Ainsi s'achètent les droits d'émissions financières, les garanties d'Etat sur entreprises industrielles, même la guerre coloniale qui garantira, en ses profits, quelque riche exploiteur de la naïveté orientale rebiffée.

Souvent les leaders de parti ne se contentent pas

de ces bénéfices. Leur existence de luxe et de débauche dévore les capitaux. A la veille d'une échéance douteuse, ils vont trouver les banques qui les commanditent eux et leurs groupes. Ils obtiennent une avance. Bientôt les avances s'accumulent. Voilà nos leaders liés pour longtemps à qui les acheta. Ils ne sont plus que les employés salariés d'agences financières, dont ils aident les spéculations honnêtes ou non.

L'on obtient alors le krach de l'Union générale, acheté par certaines banques juives à Gambetta, la banqueroute du Panama, l'effondrement de la Société des Métaux manigancé afin de livrer le Comptoir d'escompte à un syndicat puissant d'Israélites.

En vérité il est grand temps qu'il vienne, le Christ de la charité sociale, qu'il vienne chasser les marchands du Temple et renverser l'étal des changeurs !

DE LA SOCIÉTÉ

La vertu est, selon La Rochefoucauld et les hommes de la Révolution, le principe de la République. Depuis cent ans, toutefois, elle ne pénètre point fort avant dans les castes. Plutôt dirait-on que la bourgoisie s'est acquise à une chose jadis fort rare en elle : Le crime sanglant.

Parmi les affaires de meurtre les plus émouvantes des dernières années, il faut noter l'histoire de cet Eyraud qui étrangla l'huissier Gouffé, l'ayant séduit par l'appât de sa maîtresse Gabrielle Bompard, somnambule. Tout ce qui se déroula devant les assises, à l'instruction, les commentaires ignobles d'une presse excitant aux plus stupides curiosités l'instinct bas des foules, les monographies des deux accusés, le retentissement de cette odieuse et banale aventure, les scandales de l'audience et la grotesque attitude des magistrats — concoururent pour livrer aux observateurs un tableau précis de la vie moderne.

Qu'un scélérat à bout de ressources attire certain

débauché au guet-apens par l'amorce de la luxure, le tue et tente de lui ravir son argent, ce n'est rien que d'ordinaire. Les garnis tassés dans les ruelles avoisinant le boulevard extérieur servent fréquemment de décor à ces sortes d'embûches. Les victimes n'y sont guère plus intéressantes que les malandrins. L'ivresse et l'instinct bestial les livrent au surin du souteneur. Le châtiment suit de près la dégradation; voilà tout. Mais les fauteurs de ces crimes appartiennent à une population spéciale, à une race définie de la foule parisienne. Sur tout le pourtour des fortifications, sauf aux coins luxueux de Courcelles et des quartiers voisins du Bois, il naît, vit et meurt une floppée de gens dont l'état civil rudimentaire indique assez l'origine due au hasard des amours illégitimes et salariées. Enfants des filles de joie les plus misérables, ils croissent dans la fange des faubourgs, au spectacle des pires déchéances morales, et leur vision du monde ne ressemble en rien à ce que nous en pouvons penser. Destinés fatalement au crime, le crime leur paraît l'état naturel de leur caste. Dépourvus de morale et d'argent, d'éducation et de scrupules, ils se considèrent comme une horde à part dans la société, évidemment en lutte contre elle et désireuse absolument de gagner sur elle le moyen de vivre. Les filles se vouent à servir d'appât aux vices du passant; le garçon, à protéger ce lucre et même à combattre du couteau les consommateurs désagréables ou simplement nantis de quelque monnaie. Ils ne songent pas à la possibilité pour eux d'une autre existence.

Comme les péripéties inévitables de la carrière,

ils envisagent le séjour des prisons, le travail des bagnes, les cérémonies judiciaires ; et, tels d'excellents fonctionnaires souhaitent la villégiature de leur retraite, ils aspirent au repos définitif de la Nouvelle-Calédonie, à la paillotte concédée par l'administration et au jardin légumier adjacent tout ombreux des branches de palétuvier étendues vers le pur cobalt de l'Océan.

Dans ce procès, les personnages sortaient d'un milieu différent. Gabrielle Bompard et Eyraud appartenaient à la caste bourgeoise. Si l'un et l'autre passèrent dans les établissements de correction une partie de l'enfance, on peut en imputer la faute au mauvais exemple offert par les familles des précoces sceptiques. Le père de Gabrielle Bompard laisse comprendre de bonne heure à sa fille le mystère des sexes et la honte de ses relations avec sa gouvernante. Voilà la fillette aussitôt dévoyée et soumise à l'influence d'un tempérament exceptionnel. Au lieu de lui appliquer une thérapeutique mentale, on l'enferme avec les filles mal repenties. Sa dépravation s'achève : elle se perd. Au retour, d'ailleurs, le père lui tolérera des amants.

M. Jean Ajalbert développa, au Théâtre-Libre, dans une remarquable étude naturaliste, le cas tout semblable de *la Fille Élisa*. Le second acte, entièrement rempli par la plaidoirie de l'avocat, commentait les causes de perversion, la genèse de phénomènes cérébraux qui conduiront au meurtre une fille démoralisée par le milieu original. Le public d'élite fit un grand succès à l'acte et à M. Antoine, excellent interprète de la défense. On eut raison.

Quoi que puissent soutenir, en effet, les jeunes gens fougueux qui revendiquent en faveur des amours libres et qui traitent mal les enseignements des moralistes, il reste indubitable que les appétits de débauche, si on ne les réfrène par une volonté ferme et droite, présentent les sûrs prodromes de la criminalité.

Eyraud fut longtemps un bourgeois comme mille autres. Au cours du procès, l'accusation releva certaines indélicatesses de transactions commerciales, certains délits même ; mais voilà de beaux scrupules survenus seulement après la découverte de l'assassinat ; et j'imagine qu'en ce siècle de trafic, d' « affaires » il doit exister cinquante pour cent des industriels au moins tout aussi coupables que le condamné en cause. Une simple remarque sur les témoins qui parurent à la barre confirme l'audace de la thèse : les Rémi Launée, les Garanger et autres furent quasi convaincus, séance tenante, d'assez gros forfaits. Les experts qui accomplirent les recherches utiles dans les papiers et la vie de la victime, un huissier représentant la Loi, déclarèrent unanimement que le défunt valait peu. Tout ce monde de commerçants, courtiers, légistes, etc., ne semblait pas bien supérieur par l'honnêteté à leur ancien ami trônant sur la sellette entre les gardes municipaux.

Le cas ne paraît pas unique. Chaque procès d'assises découvre un joli tissu d'infamies diverses grouillant autour de l'acteur principal. L'instruction de l'affaire Fouroux, ce maire de Toulon compromis avec une faiseuse d'anges et qui entretenait la femme d'un officier de marine, nous montra en même temps un nouvel exemple de la lâcheté des mœurs contemporaines. Nous avons connu à Paris M. Fouroux au temps où, démissionnaire déjà, il fréquentait le boulevard et certains salons du demi-monde. C'était un monsieur comme chacun, de cette intelligence vulgaire qui séduit tout d'abord, charme et emporte l'approbation, parce qu'elle s'adapte rapidement aux idées du monde où elle opine. Lors de sa mésaventure, il n'avait guère baissé dans l'estime de ses compagnons. On s'abordait, on se disait : « Hein ! ce pauvre Fouroux... Ça pourrait nous arriver à tous, cette misère-là. Quel dommage, un si gentil garçon ! Voilà une carrière brisée. » Le surlendemain de la publicité faite par les gazettes sur ce scandale, un très haut fonctionnaire de la police parisienne cria dans les couloirs d'un théâtre : « L'affaire Fouroux ?... Mais si nous voulions poursuivre tous les Fouroux de Paris, il me faudrait commencer par arrêter les trois quarts de ces spectateurs. » Or, c'était un soir de première représentation, et ce qu'on appelle le Tout-Paris se trouvait là.

L'infanticide devient un crime mondain. De l'office et du garni il passe au hall, au salon de notre aristocratie bourgeoise. On se sent plein d'indulgence. On commence par excuser, avec la feinte de n'y pas croire, les liaisons adultères, la conclusion souvent plus brutale qu'on ne croit des flirtages et des galanteries. La nature se préoccupe peu de cette comédie. Elle agit quand même. La faute fructifie pour le désespoir des pécheresses et le tourment des séducteurs. Comme l'on avait feint d'ignorer le péché, on aide à détruire la preuve du mal accompli. Il est des matrones réputées qui aident à la mort les mères coupables. On tue, sans aucun remords, à peine avec la crainte vague d'une police indulgente qui ne poursuivra d'habitude que l'industrielle vivant du meurtre, et non les personnes qui lui prêtent le motif de son industrie.

Une théorie pessimiste assez goûtée et guère réfutable, au point de vue du scepticisme qui domine, encourage à ce méfait. Maint écrivain propage que la vie est absolument douloureuse ; et parce qu'au lieu de considérer cette incarnation de l'Esprit en l'homme comme une phase transitoire, ils s'obstinent à limiter leur espérance au cours de la douleur terrestre, rien ne les empêche de conclure que la mort, leur néant, doit être préférée à l'épreuve de vivre.

Pour ce siècle, qui considère le luxe immédiat et la satisfaction des appétits instinctifs comme le souverain bien, il demeure évident que l'enfant pauvre et sans légitimité encourt la tristesse de durs labeurs, le mépris et le commandement de ses semblables, voire même de ses inférieurs en intelligence et en habileté ; car il est de moins en moins possible, quoi qu'en prétendent les facondes des hommes politiques, il est de moins en moins possible à un homme d'initiative de percer dans le monde et même d'y vivre. La division de la société en coteries, en comités, en églises où chacun jalouse le voisin et le frère, tente de le desservir, et ne le soutient que dans son intérêt propre, rend inabordables les situations élevées où l'intellectuel se pourrait avantageusement produire. Dans beaucoup d'entreprises financières, artistiques et politiques, le meneur s'arrange toujours pour s'entourer de collaborateurs plus médiocres que lui, afin qu'aucun talent ne rivalise avec le sien, ne l'éclipse. De là cette injustice remarquable de la société moderne, qui concède plutôt au médiocre les places ou la gloire, et condamne à la misère et à l'obscurité le génie convaincu, mais qui ne veut soumettre ses idées à l'estampille du goût courant. Si l'enfant est dénué d'instruction, il se trouve dès l'âge viril en combat terrible pour le pain du jour dans un milieu économique où l'offre du travail reste très au-dessous de la demande, où les chômages fréquents, la modicité des salaires et le méphitisme de la vie citadine le condamnent presque sûrement à périr de privations et de maladies, à moins qu'il ne tente de prendre le nécessaire que lui refuse la société, ce qui le mène incontinent à la prison et au bagne.

Le droit de vivre honnêtement et sainement n'appartient donc qu'aux rares privilégiés de la fortune, et nul ne s'étonne plus si l'on déclare que l'enfant tué dès sa naissance, au moment où il ignore toutes sensations, bénéficie de l'accident le plus heureux qui lui puisse échoir.

Or, l'opinion générale sur l'infanticide raisonne volontiers ainsi. La justice ferme son œil unique et laisse le glaive au fourreau, âpre seulement à punir les infortunées servantes que leur maladresse à tuer désigne trop évidemment à sa vigilance.

Encore le jury les épargne-t-il malgré leur vie de pauvreté.

La religion enseigne une vie future que nos vertus

ou nos vices actuels préparent à notre mesure. Cela est d'un grand frein contre l'idée du meurtre, et les hommes qui, par besoins ambitieux, attaquèrent les instructions du dogme, ignoraient à quels désespoirs ils condamnaient l'humanité et à quels forfaits. Depuis que l'incrédulité gagne les foules et y progresse, le nombre des infanticides croît dans des proportions énormes. On sait que déjà les statisticiens prophétisent la prompte déchéance de notre patrie dépeuplée devant l'étranger prolifique. Encore deux cents ans, et la France ne pourra plus, faute d'hommes, résister à ses ennemis. N'est-ce pas là une admirable et divine preuve de la parole du saint évêque : « Les royaumes qui offenseront l'Église du Christ seront marqués devant Dieu pour la destruction, et ils s'émietteront au souffle du temps. »

En favorisant, par son hypocrisie et son indulgence, le vice de luxure affublé de qualificatifs élégants, flirt et galantises, le monde en arrive à préconiser le meurtre.

Eyraud était de ce monde. Il commence par se lancer dans les affaires, trafique, brocante, maquignonne. Le voilà courtier. Il perd tout ce qu'il peut lui rester d'honnêtes appréhensions dans ces milieux où chacun s'efforce de tromper, qu'il achète ou qu'il vende. Pour peu que l'on ait tenté dans sa vie de vendre une chose à un marchand, on sait avec quelle affectation et quelle grossièreté il dénigre l'objet offert afin de vous décourager et payer un prix dérisoire. Il agit sans conscience, esclave d'un ignoble appétit de lucre, et l'on reste stupide de la somme infime pour laquelle on céda la chose acquise à un prix vingt fois plus fort, et d'une nature telle qu'elle ne put se détériorer pendant le très bref usage qu'on en fit.

A fréquenter sans cesse de pareilles gens, Eyraud apprit toutes les subtilités du vol que tolère le code. Il réussit merveilleusement. On le connut luxueux, hardi, possesseur d'équipages et de chevaux. Mais la débauche lui mangeait son gain. Il ne se passait pas de luxure ; et quand cette situation brillante périclita, il ne tenait pas d'économies, de mise de fonds qui lui permissent de nouvelles entreprises.

Il fut se cacher dans la banlieue de Paris avec sa femme, qui lui avait apporté une dot minime, quelque cinquante mille francs. On le prenait pour un bookmaker à cause de sa charrette anglaise, son poney, ses costumes britanniques. Voilà un homme ruiné qui emploie les reliques de sa fortune passagère à paraître. L'idée ne lui vient pas un instant d'établir un commerce modeste qui assure l'avenir. Il rencontre même un soir Gabrielle Bompard dans la rue. Il la loge, il l'entretient ; 600 francs par mois, assure-t-il ; et le président, qui, par sa réplique impromptue, affirme s'y connaître, déclare que c'est « bien peu ».

Curieuse et instructive histoire que cette phase de la vie d'Eyraud, type complet de ce temps où l'homme veut jouir brillamment, s'habille avec soin, entretient chevaux et filles et se passe dans son intérieur du nécessaire strict, de ce temps où les faillis se retirent à la campagne après de grosses catastrophes et où on les voit vivre grassement sous l'œil paternel d'un syndic à qui demain peut-être écherront la même infortune et la même tolérance. Mary-Raynaud est, au crime près, un Eyraud plus heureux, et l'on a lu avec stupeur, dans les gazettes du high-life, les lamentations du reporter sur sa compagne, petite cabotine cueillie jadis dans les coulisses d'un théâtre, et qui n'a plus, la pauvre ! que trois mille francs de rente pour se sustenter ! On écrit cela dans le journal que parcourt le plus la bourgeoisie à l'aise. Pas un des cent mille lecteurs ne proteste. Peut-être même s'apitoient-ils tous avec le reporter à la digestion reconnaissante.

En vérité, il y a dans la société contemporaine des milliers d'Eyrauds virtuels à qui ne manque que la perversité tentatrice d'une Gabrielle et un moment de délire d'orgueil pour tuer afin de conquérir l'argent nécessaire au luxe indispensable.

L'assassin choisit sa victime : l'huissier Gouffé. Il connaît son homme, le juge très mal et se dit en soi-même que débarrasser la société d'un être de cette catégorie n'est sûrement point méfaire. En effet, beaucoup d'huissiers à Paris ne gagnent leur fortune qu'en exploitant les prostituées.

Ils emploient des agents spécialement chargés de découvrir les tapissiers, couturières, modistes, fleuristes et traiteurs qui ont des créances sur les plus huppées de ces dames. Le commerçant, qui sait comme sa créance devient illusoire et recule devant les frais de poursuites, se satisfait de céder à très bas prix les billets de ses débitrices. Lorsque l'huissier possède un certain nombre de protêts au nom de la même dame, il forme un dossier, lui donne un numéro, et désormais, tous les mois ou tous les trimestres, il se présentera avec deux acolytes au domicile de la femme avec menace de saisie et de vente immédiate. La malheureuse, pour qui un certain apparat est l'enseigne qui achalande son triste commerce, s'affole à la venue du sinistre officier ministériel. C'est la déchéance et la misère subites pour elle, si elle ne parvient pas à le contenter. Il gronde, il réclame, il est terrible. La pauvre demande un court délai. On n'en saisit pas moins. Elle court, trouve enfin le rut sauveur et va porter au farouche homme d'affaires le prix de sa chair en acompte, afin de retarder la vente de ses hardes et de ses meubles. Dans un, deux ou trois mois, même comédie et même profit pour l'huissier. Quand une étude possède une quarantaine de dossiers pareils, bien garnis, le titulaire se fait vingt mille livres de rente. De là naît la légende, admise dans les petits théâtres, du « galant huissier ».

Eyraud n'ignorait pas la corporation. Il savait ne pas abolir une âme noble. Et dans un temps où l'infanticide est noté comme peccadille, le meurtre d'un huissier tel que Gouffé semblait bien au raisonneur un acte d'épuration sociale. Puis il dut se créer un roman, se dire que ce serait une grande beauté dramatique de lutter de ruse et d'astuce, de hardiesse et d'audace contre toutes les forces de la vindicte publique coalisées. Il se fit artiste, composa et joua le drame ni plus ni moins que feu Shakespeare.

Quel scrupule l'eût contraint, d'ailleurs ? Il supprimait un homme méchant, débauché, enrichi par la misère et le vice des gens, étalant grossièrement ses billets de banque dans les cafés, par ostentation de richard stupide. Et puis n'est-ce pas la lutte pour la vie, le *struggle for life* des philosophes évolutionnistes anglais? Qui eût pu le retenir? Une seule chose: la crainte de Dieu ou du diable. Mais les ministres ont décrété la déchéance de Dieu et relégué le diable dans les caisses de l'Assistance publique.

Ce crime dont il aurait fallu peu parler par pudeur envers soi est un violent réquisitoire contre l'état social actuel. On sent bien que le condamné maintenant célèbre ne fit que franchir une plate-bande qu'effleurent cent mille individus par nous connus affablement. Tout être asservi à la passion de la chair, soumis au vice de la femme, se voue au crime, et si ce crime ne s'accomplit pas, c'est que les circonstances refusent de s'y prêter.

Il n'est pas un de ces procès si tristement révélateurs de la conscience humaine qui ne proclame par là l'immuable sagesse de la religion et des enseignements divins. L'horreur de la femme, « enfant malade et douze fois impure », la chasteté, le célibat religieux même, conseillés par le dogme à quiconque veut s'élever l'âme et l'esprit, conquérir la vision de Dieu, sont des axiomes irréfutables. Seule, la folie d'avocats licencieux et avides qui flattèrent les appétits des âmes simples pour acquérir le droit de brasser en grand les affaires publiques put écarter et renier l'Église. Mais prévirent-ils à quelle démoralisation mènerait leur délire de triompher !

Voilà ce que sont les criminels ; voyons ce que valent ceux qui les jugent.

Au jour même où le jury destinait Eyraud à la

mort, on découvrait, en analysant les opérations de Mary-Raynaud que, M. Onfroy de Bréville, président du tribunal, avait, la veille du départ du banqueroutier, apporté trente mille francs à son comptoir, afin de participer aux opérations véreuses de l'élu de Saint-Flour.

Cela indiquerait seulement de la naïveté, si M. Onfroy de Bréville n'avait jadis condamné, comme magistrat, Mary-Raynaud pour escroquerie. Il savait donc que cet homme était un larron et, parce qu'il le savait tel, il confiait ses fonds pour l'aider au larcin et en recueillir lui-même une part.

Un écrivain boulevardier publia dans un volume de nouvelles une curieuse étude sur un cas très analogue. Un banquier a volé une masse de gogos au su de tous ; et l'on se répète en le voyant passer dans ses équipages : « C'est un voleur. » Aussitôt cet homme, jusqu'alors tenu à l'écart, voit s'ouvrir devant lui les portes du monde. L'armorial le fête. On l'entoure et on le flatte avec l'espoir qu'il vous associera à ses entreprises. Et cette parole : « C'est un voleur », devient le sésame qui lui donne l'entrée du faubourg fermé à la roture honnête.

Eh bien! cela n'est même pas un paradoxe. M. Onfroy de Bréville, magistrat de la Cour de Paris, a confirmé le dire de notre confrère.

L'Argent, qui remplaça la Force dans la domination du monde, a sur elle l'avantage de susciter l'esclavage volontaire, le délire de la soumission. La Force allait chercher le faible pour le vaincre ; le pauvre court se donner à l'Argent et à ceux qui le représentent. La Force conquérait. L'Argent attire.

11.

La Force avait mis pour limite à son abus la chevalerie et l'honneur, l'Argent se borne à interpréter le Code en faveur de ses exactions. Notre fin de siècle assiste au triomphe unique et miraculeux de ce principe développé en moins de deux cents ans.

M. Constans est un admirable politicien. Avant sa chute, il travailla effrénément à consacrer cet état de l'évolution sociale, désirant présider à son apogée. Pour cela, il lui suffit d'unir dans un effort pareil les capitalistes de toutes opinions républicaines et réactionnaires afin de créer une seule et unique majorité *conservatrice* des privilèges de la fortune contre les dépossédés du sort. Sa diplomatie impeccable a créé le parti Piou et Dugué de la Fauconnerie. Bien plus, il a su obtenir la ratification pontificale par l'intermédiaire du cardinal Lavigerie, et l'on peut, dès aujourd'hui, considérer la création de la droite opportuniste comme chose faite. Aux prochaines élections, les instituteurs aidant, le Panama ayant déconsidéré les radicaux, ce parti nouveau gagnera presque tous les sièges. Et ce sera la défaite inéluctable du socialisme et du légitimisme, des défenseurs de l'Eglise et de la douleur humaine définitivement matées par le triomphe de l'Or que respecte le Vatican lui-même.

« L'esprit est prompt et la chair est faible », disent les Ecritures dont le sens reste si mal interprété par les docteurs qu'ils ne se gardent pas au nom des préceptes enseignés par leur présomption.

En ces simples paroles subsiste aussi tout le dogme de ce qui peut s'accepter dans la théorie de l'irresponsabilité mise en avant au cours du procès d'Eyraud-Bompard.

Que des causes de tempérament influencent en perversité le destin d'une enfant mûre dès l'âge de huit ans, qu'une mauvaise éducation, le contact des filles repenties, et la fréquentation d'hommes pareils à Eyraud déterminent en un caractère mou, soumis à toutes volontés, la méconnaissance des principes d'hygiène morale, rien dans la logique des hommes, ni dans l'enseignement religieux, n'y saurait contredire. La chair et l'esprit de Gabrielle Bompard subissaient particulièrement les défaillances pour lesquelles la parole ecclésiastique réclame l'indulgence ; et quand M. Quesnay de Beaurepaire se leva pour combattre les théories de M. Liégeois et de l'école de Nancy, en les traitant de paradoxes, il débuta simplement par une sottise, puisque les conclusions de son réquisitoire furent telles, que cette théorie les commandait.

Il serait puéril de nier que tous les coupables se puissent plus ou moins qualifier d'irresponsables. Les circonstances, le tempérament, les habitudes et l'éducation entrent pour des coefficients majeurs dans l'accomplissement du crime. Evidemment, le monsieur millionnaire aura moins de raisons qu'un pauvre diable pour voler une vieille rentière. Sa part de responsabilité sera donc infiniment plus grande que celle du pauvre diable, s'il commet le vol. Cependant, quand un ou plusieurs millionnaires lancent une émission fantastique, recueillent, après les mensonges des prospectus, l'argent des vieilles dames et l'engloutissent dans une banqueroute, la justice, si elle intervient, ne les condamne au plus qu'à cinq ans de prison pour escroquerie ; alors que le pauvre diable, voleur par faim, encourre dix ou quinze ans de bagne afin d'expier un méfait d'ailleurs identique. Le moins responsable subit une peine plus sévère que le plus responsable.

La notion de responsabilité semble donc assez confuse dans la législation française.

Le plus simple serait bien d'accepter immédiatement comme article de foi les axiomes de l'école de Nancy qui deviendront tout à fait péremptoires d'ici vingt ans, de déclarer le criminel irresponsable en principe, et de ne le punir que par besoin de préservation ; puis d'établir une théorie de la responsabilité progressive grâce à laquelle l'homme éduqué et à l'aise subirait, selon la justice, une peine vingt fois plus forte que le misérable sans éducation et sans fortune, pour le même délit commis. Car celui qui pèche sans besoin et dans un milieu préservateur du vice montre une perversité bien plus grande que la brute à peine dégrossie qui reste asservie aux instincts d'animaux excités sans cesse par la mauvaise compagnie et les mœurs déplorables de son entourage.

. Le jugement rendu dans l'affaire Gouffé satisfait pleinement à ce point de vue. Le plus responsable a subi la mort ; la moins responsable vingt ans de travaux forcés. Tous deux, également coupables au principal, n'encoururent qu'une peine proportionnelle à leur part de responsabilité consciente.

En effet, quand l'examen médical constate qu'un

individu est d'une volonté assez faible pour se laisser hypnotiser facilement par le premier docteur venu, il faut en déduire que, même dans la vie courante, les caractères énergiques qui l'approchent exercent sur lui une influence immédiate et efficace.

Il y a prédisposition naturelle à servir les suggestions d'autrui, même quand elles apparaissent sous la forme de conseils, d'avis, et d'insinuations ordinaires.

Les mages modernes, qui semblent avoir repris une vogue considérable, constatent l'infériorité en puissance volontaire des hypnotisables et des médiums.

Pour ridicules qu'aient été les débats de ce procès, la verve du président, la composition de l'assistance privilégiée, courtisanes amies des magistrats, le verdict et le jugement marquent un bon sens trop souvent omis dans les opérations juridiques.

L'ignominie de la peine capitale a gâté seule cette sagesse.

Jadis un dogme était en honneur qui justifiait les exécutions capitales. On les considérait comme le moyen d'expier les crimes, afin que l'âme du condamné comparût devant Dieu, déchargée du péché par la douleur du supplice, et capable d'accomplir quand même son salut. Les théologiens avaient là quelque peu failli ; car l'expiation ne saurait sauver l'homme que si elle est consentie par lui, réclamée sincèrement, s'il a soif de pénitence. Il est à peu près certain que les condamnés d'alors ne consentaient à cette pénitence suprême que parce qu'ils la savaient inéluctable. Aujourd'hui, les scélérats qui vont à l'échafaud ne simulent même plus ce consentement extérieur; et il ne subsiste pas de raison divine ou humaine qui autorise la société à supprimer un des siens, sinon celle-ci que c'est une économie sérieuse de se débarrasser d'un bandit par la guillotine plutôt que de le nourrir dans les bagnes.

Pour notre époque de trafic, voilà une considération. Par logique, on pourrait même l'étendre aux aliénés, aveugles, sourds-muets et aux incurables que la charité publique nourrit dans des refuges spéciaux : puis, comme, à partir d'un certain âge, les vieillards ne sont plus qu'une charge pour l'Etat, leur supplice se trouverait tout indiqué dans le programme d'un gouvernement enfin « pratique ».

LE PÈRE

L'adolescent s'arrêta.

Il venait d'apercevoir, à travers la poudre soulevée par les jeux des enfants, M. Jules en compagnie de l'autre, l'attendu.

L'homme lui sembla plus grand encore qu'on ne l'avait dit. Ses épaules en voûte soutenaient évidemment un poids formidable de gloire; et il s'avança entre les arbres grêles du boulevard extérieur, tel qu'un être de force, parmi le respect des gens. Les casquettes se levaient au passage du héros. Les flics eux-mêmes, croisant les bras, prenaient une mine de vénération, malgré leur audace d'ordonnance.

D'un bout à l'autre de La Villette, une rumeur se propageait. Les mômes accoururent en relevant leurs mèches folles et boutonnant leurs corsages, à la hâte. L'adolescent sentit la main timide de sa gigolette se crisper sur sa manche. Elle s'attachait à lui, prise d'une terreur sacrée devant la face de l'attendu.

M. Jules fit un signe pour les désigner à celui qui fixait l'attention de tous :

— Voilà le gosse ! Hein ! La Taupe, tu ne l'aurais pas reconnu... le gosse à Armance ?

La Taupe s'approcha ; il s'accroupit dans sa longue blouse ornée de minuscules boutons en porcelaine, puis saisit l'adolescent aux biceps et le regarda dans les yeux avec une émotion.

— Arthur... t'as seize ans, donc, mon p'tit Arthur...

— Et puis je suis frotteur...

Cela fut précisé non sans orgueil. Le géant se releva ; il avait rejeté son feutre en arrière sur sa courte chevelure crépue. La barbe lui renaissait aux joues grasses et vertes, et il s'était planté carrément vers le milieu du boulevard, les poings aux hanches. les jambes pareilles à des pilastres dans l'ample pantalon de forme mexicaine. Alors, il eut deux larmes soudaines qui luirent contre sa figure bouffie...

— Il ne me reconnaît pas... le p'tit !... Non, Jules... faut le laisser... Il avait six ans à l'époque... Comment se rappellerait-il ?... Laisse-le, je te dis...

Arthur restait sans voix, serrant contre soi le bras fluet de la môme. Il eût souhaité que la Taupe conçût immédiatement une excellente opinion de sa jeunesse. Ce le navra de voir que sa présence donnait au héros de la tristesse. Pourquoi pleurait-il, le paladin de tant de légendes, lui qui, dans sa guerre contre le monde entier, pendant plus de vingt ans, pas une fois n'avait négligé de venger un frère dévoré par la gueule ronde de la Veuve ?

A chaque déclic du couperet, son surin avait

répondu, ouvrant au soleil le ventre d'un bourgeois
voué aux mânes du mec vaincu.

*
* *

Et voici qu'il était là, retour de Clairvaux, après
dix ans d'ombre, là, pleurant de sa face écrasée,
sans lèvres, qui ressemblait, avec le menton large et
les imperceptibles yeux, aux images de Duguesclin
gravées sur les bons points de l'école.

On avait repris la marche. Constamment des
hommes se détachaient des groupes et venaient
tendre la main à la Taupe. Dans l'atmosphère de
gloire, à distance, les couples suivaient ; et, par la
chaussée médiane du boulevard, il s'organisa une
sorte de procession lente, un cortège discret et silencieux que seuls les gens de la pègre et les flics
savaient reconnaître.

Il se versait des absinthes chez les marchands de
vins, reposoirs de la procession. On défila dans Rochechouart, le camp des filles joyeuses. On reconnut Clichy, quartier des artistes, et Batignolles, patrie des fonctionnaires. On longea Courcelles, ghetto
des juifs opulents, et Wagram, aux somptueux
boudoirs. Enfin, l'Arc de Triomphe apparut sur
l'étendue bleue du ciel. La Taupe y marcha, résolument, avec M. Jules.

Passé les chaînes qui environnent le monument,
il y eut un arrêt. L'adolescent se retourna. Le cortège sillonnait l'avenue montante. Les foulards multicolores des hommes battaient au vent, ainsi que
des flammes de lances ; et les cheveux retroussés
des mômes luisaient plus fort que des casques.

Bientôt les groupes s'assemblèrent. Sous l'immense voûte de l'Arc, une troupe aux fiers uniformes se massa, femmes sanglées de jerseys noirs, gaillards aux vestes ouvertes sur les rayures blanches et bleues des maillots, aux tempes garnies de rouflaquettes égales.

L'adolescent se tenait en avant des groupes, sa blonde gigolette à la main ; il sentait la douce palpitation de la gorge contre son bras ; le crépuscule commençait à étendre des gazes vertes et roses sur les flammes folles des premiers lampadaires allumés.

A ce moment, Arthur reconnut sa mère qui accourait du fond de Wagram, portant un paquet plat dans les mains... Elle avait sa jupe pourpre des beaux soirs et ses cheveux rougis de henné comme pour les grandes expéditions. Elle s'avança entre la Taupe et Arthur. Mais M. Jules commanda d'un geste le silence, le recueillement.

*
* *

Les courses venaient évidemment de finir. Du plus loin les équipages affluaient vers l'Arc-de-Triomphe, tout rose maintenant du soleil incliné. Et ce fut comme un fleuve scintillant qui eût charrié les dieux et les ondines de ses eaux. Arthur s'émerveilla. « Oh ! disait la gigolette, regarde celui-là avec son manteau de fourrures ; on dirait un gros ours ; et cet autre avec sa canne d'ivoire ; et la dame qui porte une coiffure d'or et de turquoises ; et celle-là habillée en serpent, si petite dans la grande barque de sa voiture, derrière ses cochers si gras... ; et ce char, très haut, où un valet sonne dans une trompe d'argent. Comme ils ont l'air tous morts et rois!!... Et ceux-là encore, qui est-ce, dis?... »

— Ça ; tout ça, mugit la Taupe en brandissant son poing velu, tout ça, c'est les pantes !!

Si formidablement, il avait lancé ce cri, que toute vie s'arrêta dans le cortège. On se pressait pour entendre, car on sentait que ce héros allait donner de sa parole. Sa silhouette de géant s'amplifiait contre l'arc écarlate de ciel, qu'encadraient les pierres de triomphe.

En effet, il parla. L'innombrable troupeau des pantes qui galopait là sous leurs yeux, avec la beauté de ses toisons riches, c'était leur bétail, à eux, l'éternel bétail à tondre. Ils s'en trouvaient les pasteurs et les maîtres ; les seuls dominateurs, demeurant les seuls libres, étant les seuls aimés. Et la Taupe dénomma tels et tels qui passaient dans la splendeur de leurs costumes, au trot des steppers magnifiques, et qui étaient les mêmes qu'eux. Ceux-là savaient aussi attirer l'or par l'appât de la femme, briller parmi les plus hautes têtes du troupeau, tenir la politique et la finance, piétiner les orgueils, diriger les peuples, se gorger de leurs ressources, parce qu'ils connaissaient le mystère de l'amour, parce qu'ils s'en servaient comme d'un talisman de magie, propre à créer l'or et à conduire les hommes.

Ils affirmaient ainsi la seule royauté réelle de l'être : le privilège de la paresse, parmi les bêtes qui peinent à la recherche de la nourriture, et vont poussées par l'instinct. Et ils se levaient eux, les mecs, devant le monde, portant contre lui l'amour et le couteau ; tel le chirurgien, qui saigne et qui ampute afin de conserver l'organe essentiel du corps. Ils sauvegardaient ainsi pour l'avenir de l'humanité le privilège divin de la paresse.

Longtemps il dit. Les yeux du vieux paladin luisaient dans l'orage de ses paroles sourdes. La chevauchée brillante des pantes se fondait doucement aux brumes du soir... Arthur tremblait d'admiration et d'effroi et la gigolette, émue, versait de chaudes larmes.

* * *

Maintenant la nuit allait s'accroupir sur la ville. Les lampadaires étaient un double collier de flammes étincelant à travers l'avenue, et la troupe aux foulards multicolores restait muette autour du géant...

Armance revint alors à son fils. Elle serra l'adolescent contre sa poitrine avec un sanglot et des baisers. M. Jules parlait d'une expédition fructueuse à tenter le soir même dans une villa...

— Voici l'heure, annonça-t-il.

— Il le faut donc ? dit la mère...

Et elle développa de son linge le long couteau qu'elle portait... Dans l'ombre, elle chercha la main de son fils. Elle l'arma.

La Taupe s'était retourné comme pour attendre.

Armance, alors, poussa l'adolescent loin de sa gigolette et elle lui montra l'ombre énorme du héros qui s'éloignait vers la trace rouge du soleil...

— Suis ton père, dit-elle.

L'adolescent se mit en route pour la vie.

LES CŒURS DURS

La Russie que révélait au *Figaro* M. Huret, dans son enquête sur le socialisme, donne une grande tristesse. Ce peuple troupeau dépourvu d'espoir, à l'âme vide, au corps bestial, nous avait bien apparu déjà dans les récits des romanciers slaves ; mais les types exposés ainsi pouvaient n'être, au réel, que des sujets rares, choisis pour la tâche de l'écrivain. Le contrôle plus précis du voyageur confirme la tristesse des romans.

L'œuvre de M. Huret est considérable. Le souci de découvrir au monde la douleur humaine et d'étaler les hideurs de la pauvreté, pourrait presque aboutir à de la révolte contre l'ordre, émouvoir même des âmes pacifiquement jouisseuses et jusqu'alors indemnes de pitié. Le tableau du paupérisme russe, pour épouvantable qu'il soit, ne diffère point beaucoup, à y fermement penser, de ceux tracés sur la misère de France ; et l'on se demande si l'abrutissement, la passivité du moujik ne lui prêtent pas une vie plus heureuse, et si les idées révolutionnaires qui germent aux cerveaux des socialistes d'Occident ne sont pas, pour ces travailleurs, un surcroît de peine morale adjointe à la torture du labeur et des privations.

La détresse du paysan russe frappe davantage parce qu'il possède des moyens inférieurs de défense. A le savoir incapable de révolte, de grève, son abjection nous touche infiniment. Au contraire, les facultés militantes de l'ouvrier occidental, allemand ou français, si elles nous intéressent à lui, nous le montrent plus fort, presque égal à ses adversaires, moins pitoyable. L'auteur de l'enquête a eu, par bonheur, l'art de généraliser son travail, de ne le pas limiter aux socialistes seuls, mais de l'étendre à ceux-là mêmes qui ignorent les réformes souhaitables alors que, pour eux surtout, elles paraissent urgentes. Il a interrogé des paysans et des marins. S'il nous enseigna d'abord la peine du métallurgiste dégoûté de l'appétit par la chaleur des fournaises et rationnant sa famille afin de payer la rente mensuelle de la maisonnette construite, à son intention, par le maître de forges désireux de rentrer dans une partie des salaires, il n'omit pas ensuite de décrire la simple résignation du laboureur boulonnais acceptant son sort en riant comme d'une folie si on lui annonce la possibilité d'un meilleur état.

Les paysans et les marins, incapables de rébellion. considèrent leur vote comme un travail dû au maître avec les autres efforts de leurs bras, de leur tête. Ils laissent leur suffrage à la disposition des employeurs et abandonnent, par inertie, leur liberté politique aux armateurs et aux fermiers ; en sorte que cela seul qui les distingue du moujik ne leur procure nulle aide. Ils demeurent tels que si aucun droit ne leur était dévolu ; et leur passivité semble ainsi bien plus grande que celle de leurs frères orientaux, puisque, pouvant s'affranchir, ils ne savent le vouloir.

Hormis la petite minorité des travailleurs industriels, les peuples du monde restent esclaves de ceux qui surent les conquérir par la force et par l'astuce. Pénétrés d'une manière de terreur religieuse, ils acceptent la fatalité de leur sort sans concevoir la possibilité des améliorations. Il y a dans les pays des troupeaux d'hommes qui labourent et qui paissent, et quelques-uns qui récoltent. Les premiers semblent soumis pour longtemps encore à la volonté de leurs maîtres. L'enquête sur le socialisme ne peut que donner à ceux-ci beaucoup de confiance dans leur avenir. La révolution n'est point proche, ainsi que l'annoncent des prophètes hardis. La résignation des pauvres durera longtemps encore.

Le plus extraordinaire de tout, c'est que cette grande résignation des humbles, la confiance qu'ils professent et leur dévouement excessif à la fortune des puissants ne touchent pas davantage ceux qui s'en accroissent et prospèrent.

Les princes de la richesse apparaissent, dans les écrits de M. Huret, comme des potentats affaissés et jouflus, ou magnifiques d'allures martiales, avec leurs moustaches blanches, leurs teints brillants, d'une couperose opulente. Ils ont de la bonhomie et de la cordialité dans leurs opinions inexorables. Ils parlent, avec indignation, de l'idée que peuvent avoir quelques-uns de diminuer l'amas de leurs biens. C'est eux, à les entendre, les souffrants et les pauvres, eux sur qui la pitié du monde devrait pleuvoir comme une manne nécessaire, urgente. Dans la splendeur des palais qu'ils bâtissent, devant l'air bleuâtre et gai des villégiatures, ils s'indignent, les bras au large, les épaules haussées : « On veut nous voler ! » Et ils ricanent ou affichent de la malice, des finesses cauteleuses : « Des rêves à dormir debout ! Mais il y a toujours eu des pauvres et des riches..... Monsieur... Qu'y faire ?... Ah ! voilà ! il y a les mauvais ouvriers qui ne nous trouvent point à leur goût, mais les bons, Monsieur, les pères de famille : ils votent tous pour moi ! »

Leur sûreté de soi émerveille. Ils ne prennent même point l'ennui de discuter. D'ailleurs, s'ils le tentent, ils étalent une sottise historiquement impérissable ; car ces mots d'indifférence et de mépris, envolés de leurs lèvres, serviront plus tard aux descripteurs des temps politiques pour justifier peut-être les horreurs d'une révolution sanglante : ils joueront encore à cette heure au jeu déjà centenaire où les bergères de Trianon recommandaient au peuple de préférer la brioche puisqu'il manquait de pain.

Avec des impudences majestueuses, ils affirment que s'ils n'étaient au monde, la machine sociale cesserait de battre et de vivre. A les entendre, on ne les soupçonnerait point. Leurs bouches, qu'ils prétendent sages, émettent les plus grossières déductions. L'erreur les mène. Ils sautent de contradiction en contradiction avec une fièvre puérile et une simplicité béate de crétins confiants en leur nullité. Le *Temps*, pour prudent qu'il se dise, a bien reconnu cette pénurie de leurs jugements. Afin d'excuser tant de sottise, il s'en est pris à la méthode de l'enquête et à l'enquêteur.

M. Huret, il faut le confesser, excelle à mettre en valeur, par l'arrangement de son questionnaire, la naïveté des personnages. Il leur tire peu à peu tout leur égoïsme et toute leur suffisance, les produit à une lumière cruelle où ils apparaissent monstrueusement grotesques et difformes. Parmi les plus merveilleux de ses tours, il importe de citer la manière dont il fait brusquement jaillir la terrible niaiserie du président de la chambre de commerce. Que l'on me permette d'offrir cette lecture. Le riche parle :

« Oui, eh bien ! pour me résumer, je vous dirai que je préfère la liberté absolue que nous avons maintenant à n'importe quelle réglementation. Les ouvriers ont la liberté de la grève, et c'est une excellente chose ; ils ont des syndicats, les Sociétés coopératives ; qu'ils luttent !

» — Mais cette lutte à outrance entre des intérêts si opposés pourrait avoir des conséquences terribles ?

» — Qu'importe ! c'est la vie, ça ! et ce ne sera jamais comme le socialisme d'État, qui est la mort, entendez-vous, la mort !

» — Pourtant, représentez-vous une grève générale, tous les mineurs et les métallurgistes refusant en même temps de travailler dans toute l'Europe et s'arrangeant pour résister huit jours, quinze jours ! Que de ruines !

» Il se mit à rire.

» — Oh ! oh ! alors, c'est une autre affaire !

» — Ce serait la révolution, insistai-je.

» Alors, redevenant subitement grave :

» — Mais c'est impossible, une entente pareille ! Et puis, on mettrait des soldats dans les usines, dans les ateliers, et l'on pourrait bien forcer les ouvriers à travailler !

» — Forcer? Mais, alors... la liberté dont vous parlez?...

» — Il y a liberté et liberté ! »

N'est-il pas charmant cet aphorisme : « Il y a liberté et liberté. » Sans doute, le monsieur sincère entend-il distinguer ainsi la liberté du maître et celle de l'esclave ; deux choses diverses, en effet. Mais il sied mal de prononcer de pareilles paroles en pays de république où une triple légende pare les frontons des monuments d'un espoir d'égalité.

Les inspirateurs du *Temps* ont bien senti que les premiers d'entre les bourgeois condamnaient par de tels discours leur œuvre entière. Ils comprirent que la présentation d'avis aussi simples nuirait plus à la cause du capital et de la République Troisième, que toutes les furies des démagogues et la fréquence des grèves. Avec une admirable mauvaise foi, un machiavélisme normalien, ils construisirent un entrefilet de première page et y affirmèrent que le pire moyen d'investigation était de prendre les gens à l'heure du cigare ou de l'eau médicinale, afin de connaître leur pensée. Seuls, les détails pitto-

resques subsistaient, selon eux, de cette enquête ;
et ils appuyèrent finement sur le cigare de M. de
Rothschild, les maux d'estomac de M. Cousté, les
cravates du duc de la Rochefoucauld et la redingote
luisante du prince Aloïs de Liechtenstein.

Hélas ! il sort de ce travail entrepris au *Figaro* un
tout autre enseignement. Nous aimons dire, avec
l'indulgence propre à notre époque, qu'on ne rencontre point d'hommes réellement mauvais, mais
qu'il existe des sots. La méchanceté se présente à
l'esprit du penseur contemporain comme un mode
de la bêtise. Soyons tous intelligents, et tous nous
serons pleins de bonté. Cette manière de précepte a
reçu, au cours de l'enquête sur le socialisme, une
évidente confirmation.

Ces princes de la bourgeoisie, si durs au monde,
et qui réfutent les sollicitations du pauvre avec des
gestes vagues, des aphorismes indifférents, sûrs de
l'armée prête à refouler les prières trop ardentes des
misérables, ces princes nous ont offert les plus
beaux exemples de stupidité. Car, désireux de ne
point paraître semblables aux tyrans anciens qu'ils
renversèrent, ils produisent tout juste les raisons sur lesquelles s'appuyaient jadis les pasteurs
d'hommes. L'argument dernier de chacun : « Il
en a toujours été ainsi ; l'inégalité des conditions
demeure inéluctable », n'est-il pas une version du
droit divin, à cela près qu'il évoque une fatalité
plus vague et d'un symbole moins riche ? Le duc de
La Rochefoucauld conseille d'en revenir à l'Évangile,
de promettre au peuple les délices de l'autre vie,

afin qu'il se contente ici-bas de sa douleur. Ce duc en vérité, a raison.

Pour détrôner ceux dont il enviait, il y a cent ans, le luxe et les privilèges, le Tiers-État a combattu l'idée de Dieu et du paradis ; il a retiré aux misérables l'unique consolation qu'ils avaient de vivre. Il leur a promis du bonheur sur terre. Il a signé en 1789 une lettre de change à échéance brève. Le peuple va se présenter pour ce paiement ; et le Tiers songe qu'il va faire banqueroute, que l'huissier sera dur, et la saisie totale au jour de la revendication.

Comme il ne donne pour raison de son pouvoir que la fatalité et la force, il attirera sur lui la force et la fatalité.

Sa faillite semble certaine. Peut-être, après tout, Dieu payait-il, par-delà.

DE LA GRÈVE

Bien qu'on l'estime une grave erreur d'économie générale, la grève reste encore le seul moyen d'obtenir des améliorations passagères pour le sort des laborieux. Vainement les gazettes du Pouvoir prêchent que ce genre de manifestation ne rapporte rien aux ouvriers. Il faudrait méconnaître la sincérité du télégraphe lui-même pour ne pas saisir que chaque tentative des grévistes induit le patronat en une plus sage circonspection. Les exemples de Rive-de-Gier et de Lens infirment les déclarations gouvernementales. L'augmentation de salaire récompensa l'effort des verriers; et les quarante mille houilleurs du Pas-de-Calais ne parurent pas sortir sans un notable bénéfice du conflit.

N'eût-elle que ce double résultat de tenir une menace constamment levée contre l'égoïsme du capital et d'habituer à la lutte, d'aguerrir à la faim les foules sacrées du prolétariat, la grève n'en devrait pas moins être défendue. Certes, chaque fois qu'on en déclare, la production étrangère envahissant nos marchés remporte une victoire au détriment de la production nationale. Si ces victoires se multipliaient, notre industrie diminuant d'importance, par suite de ressources, irait lentement mais sûrement à la ruine. Des faillites énormes se succéderaient. Des banques sombreraient. Des krachs provinciaux, puis des krachs généraux amoindriraient la richesse du pays. Les industries périclitant, le chômage obligatoire réduirait les travailleurs à la misère...

Ce tableau que les avocats du capital aiment pousser au plus noir lorsqu'ils combattent la force socialiste, implique un fonds de réalité. Mais les grèves menées jusqu'à ce jour n'acquirent point mieux que d'être régionales et successives. Aussi importe-t-il de comprendre que les ruines dont on menace le pays demanderaient, à ce compte, plusieurs siècles pour se généraliser au point de causer la catastrophe définitive. En outre, la ruine d'une industrie particulière amène le développement d'une industrie sœur qui en profite. Des capitalistes se trouveront toujours pour accourir sur le cadavre d'un concurrent, le dépecer et utiliser au mieux ses débris. Sur les ruines des uns, des fortunes nouvelles s'édifieront, il y aura seulement eu déplacement des capitaux...

Hypothèse d'ailleurs que tout cela dont l'évolution consommerait des siècles. Avant cinquante années, une grève internationale éclatera qui, obligeant le capital à battre dans le vide, lui dérobant tout travail, le contraindra à la reddition finale. L'énergie entière du socialisme doit donc viser le but de la concorde ouvrière internationale. En combattant l'idée de patrie, les anarchistes, répudiés bien à tort par l'opportunisme calculateur et personnel des Guesde et des Lafargue, accomplissent à l'heure actuelle la meilleure besogne théorique.

Qu'importe, en définitive, et dans le sens humanitaire le plus large, que l'industrie d'un pays décroisse au profit des nations voisines? Les ouvriers du pays malheureux passeront les frontières, s'amasseront autour du foyer industriel le plus actif, ils contribueront à son développement, à sa valeur, à sa suprématie; puis, le même phénomène économique, qui s'était accompli avant l'immigration, se reproduira. Le travail imposera des conditions nouvelles au capital centuplé par les efforts des laborieux. Les conflits renaîtront. De cette perte les peuples voisins profiteront, et l'exosmose du prolétariat recommencera en sens inverse.

Des époques de prospérité et des époques de stérilité alternatives se succéderont dans chaque patrie. Mais, durant les années où la production ancienne aura passé dans des mains étrangères, de nouvelles industries se seront créées sur le sol en souffrance. Par l'avidité commune aux hommes d'argent, les capitaux déchus ne tarderont pas à s'agglomérer à nouveau afin d'aboutir à des utilisations fructueuses. Les nouvelles industries découvertes auront quand même augmenté le bien-être humain; en sorte que la détresse momentanée d'une patrie aura contribué au progrès général des êtres vers le bonheur social.

Des exemples historiques appuient ce dire. Au temps de la Renaissance il y eut émigration vers l'Italie, l'Espagne, la Grande Grèce. Les peuples envoyèrent aux pays de richesses l'élément fort et actif de leurs générations. Il nous en revint, au Nord, de précieux éducateurs qui, ayant puisé parmi les races méridionales le génie d'invention, vinrent appliquer en pratique les vérités découvertes. Ces éducateurs constituèrent par trois siècles de labeur la suprématie économique, par suite intellectuelle, des races plus septentrionales. Aujourd'hui l'exosmose s'accomplit du Midi au Nord. Les Italiens envahissent nos chantiers; et comme la production la plus active s'est concentrée en France et en Angleterre, il y a afflux de forces laborieuses dans ces deux centres. Le phénomène de pléthore apparaît. La surproduction encombre les réserves des magasins; les besoins se sont accrus à mesure que les appétits primitifs s'assouvissaient. Le peuple capable de savoir que le travail accumulé par lui, équivaut, pour la somme de l'effort individuel en un an, à la valeur numéraire de 2,300 francs, réclame le versement de ce numéraire au lieu des 1,000 francs que lui accorde la moyenne statistique des salaires. Il conçoit qu'on lui vole environ les trois cinquièmes de ce qu'il gagne réellement; et il juge que c'est là beaucoup trop.

Les grèves surviennent pour donner quelque sanction à son mécontentement. On lui explique alors qu'étant, comme pauvre, l'immense majorité du peuple, il est aussi l'immense majorité contribuable. Payant le plus il a droit, selon la morale capitaliste elle-même, au plus de bien-être. Au contraire les lois furent, semble-t-il, instituées pour défendre contre lui le bonheur d'une minorité propriétaire. Alors que le code devrait sanctionner les devoirs du capital envers le Travail, force précieuse, essentielle de la nation, il se borne à protéger les privilèges énormes de la richesse. Rien n'est-il plus odieux que l'obstination du Sénat, de la Chambre même à écarter, par exemple, le principe des retraites ouvrières, alors que ce principe existe en application depuis les temps administratifs les plus reculés pour assurer la vieillesse des fonctionnaires ou soldats gradés, sortis presque tous de la partie aisée du peuple ?

L'injustice est évidente ; elle dénote un égoïsme immonde.

Que les bourgeois s'étonnent ensuite des idées de violence qui germent dans la plupart des cerveaux ! Cette violence, si sanglante qu'on la puisse prévoir, vaudra-t-elle jamais, pour le nombre des victimes, celui des malheureux épuisés par les travaux délétères, rongés par la maladie du plomb, de la céruse, par la phtisie des cotons, par celle qu'amène le passage subit de la chaleur des fours métallurgiques à la fraîcheur de l'air ?

Quel 93 serait la punition de la force dévoratrice du capital moderne ?

Mais la violence que préconisent les plus avancés des socialistes, — l'extrême gauche de ce parti, les théoriciens et les savants de la grande idée altruiste, les docteurs de l'anarchie, puisqu'il convient de les nommer, — la violence qu'ils préconisent n'est point aussi basse que la rêvèrent les atroces bourgeois en honneur il y a cent ans. Les anarchistes ne préten-

.dent pas, à l'exemple des tueurs de septembre, supprimer par le fer les femmes et les hommes attachés à des croyances différentes des leurs. Le raisonnement est tout autre.

En définitive tout le système social actuel repose sur la priorité de la Force brutale. La propriété est un effet lointain, héréditaire des conquêtes barbares. Le salariat est un nom nouveau donné à l'esclavage ; et le droit écrit pour défendre la propriété n'est que la consécration de la Force victorieuse, foulant aux pieds l'ennemi trop faible. Que depuis des siècles, des marchands fourbes, des entremetteurs adroits, aient récupéré sur le conquérant primitif une partie des richesses foncières en échangeant les produits de la ruse, ou en battant le plus faible au nom du plus fort, en exploitant le misérable sous la protection du seigneur ; qu'en 1789, la ruse du bourgeois ait définitivement remplacé dans ses apanages la brutalité du noble, — il n'en reste pas moins véritable que la force seule prédomine encore. Lorsqu'on invoque le suffrage universel, cela revient à faire le recensement de deux armées en présence dont la plus faible numériquement se soumet aux caprices de la plus forte. La minorité dit à la majorité : « Si nous en venions aux mains vous m'écraseriez ; je cède donc et j'accepte momentanément votre triomphe probable. »

Donc la force, rien que la force. Le droit n'est qu'un mot ; la liberté un autre que les prolétaires anciens eurent la sottise d'accepter en échange de l'esclavage. Cette institution historique rendait la vie infiniment plus heureuse, plus assurée, et partant plus libre que ne le fait le salariat moderne.

Ce que l'anarchie veut prouver par la violence, c'est que la minorité intelligente et audacieuse devient une Force contre le nombre stupide et féroce ; c'est que les grévistes de Fourmies, s'ils avaient lancé une quinzaine de bombes « Bons-Enfants » dans le bataillon du commandant Chapus, auraient donné fort à réfléchir aux penseurs de la place Beauvau.

Cette opinion des anarchistes ne me paraît pas la plus mauvaise.

Aujourd'hui les bourgeois, suffisamment éclairés sur la justice des revendications ouvrières, n'osent plus guère y contredire. Ils se retranchent derrière le *non possumus* de l'ancienne théologie et semblent croire que le dogme du capital doit être respecté *quia absurdum*, aussi bien que le dogme de l'Incarnation. « Vous ne manquez pas de raisonnement, affirment-ils aux prolétaires. Vos idées se tiennent. Leur logique ne nous offusque pas. Mais accomplir vos desiderata ! Y pensez-vous ? Nous ruinerions le capital. Les actionnaires des compagnies les plus sûres verraient décroître leurs dividendes !!! Vous voyez bien que vos prétentions sont pratiquement folles. Ne faites donc pas de bruit dans la rue ou nous essaierons nos fusils, modèle 86... »

Et la bande des voleurs, ou si vous voulez les héritiers des nobles conquérants antiques, continue ses trafics abominables sans plus s'inquiéter. Elle a d'ailleurs de trop justes motifs de repos. En Allemagne, comme en France, s'il se trouve un Ali-

Baba socialiste pour découvrir le Sésame, et descendre dans les cavernes du parlementarisme, il s'empresse de s'enrôler parmi les brigands, loin de tendre à les détruire. Les Guesde, les Brousse, les Lavy, les Lafargue et toute la tourbe possibiliste, ne prononcent le mot sacramentel que pour s'installer commodément au milieu du trésor, attendre là que l'oubli se fasse sur les théories incendiaires de leur jeunesse, et qu'ils puissent, tout comme M. Grévy, s'assurer des immeubles de rapport. Qui penserait aujourd'hui que M. Ranc fît partie (ô si jadis!) de la Commune ?

C'est pourquoi, bon prolétaire, tu t'imagines en vain avoir gagné la partie quand un gaillard plus ou moins énergumène t'a débité en tranches *le capital* de Karl Marx, et s'est fait élire député, par ta confiance naïve. N'aie pas d'affaire avec ces gens-là qui te parlent de légalité parce que la légalité c'est le manche, et qu'ils espèrent bientôt passer de ce côté de la poêle où tu fris, et où tu continueras longtemps à frire.

Ils savent bien ne tenir jamais la majorité et par conséquent n'avoir jamais à accomplir les programmes de leurs discours.

En suivant l'avis qu'ils proposent : atermoyer, tu laisseras tout bonnement au Pouvoir le temps de préparer une efficace croisade contre toi. Ne crains-tu pas que, méditant sa petite vengeance, il ne cherche à t'écraser une fois pour toutes? Mais, bon prolétaire, tu l'embêtes énormément, le Pouvoir, avec tes grèves. Le patron, c'est lui. La Chambre et le Sénat ne renferment que des patrons, de riches industriels élus par l'ignoble servilisme des paysans. Et tu t'imagines que ces gens-là vont t'accorder des réformes qui diminueraient certainement la pension qu'ils servent à leurs cabotines et les loyers de leurs chasses ! Que tu es simple, bon prolétaire !

Suis toujours les conseils de tes gaillards possibilistes ou « parti ouvrier » et avant peu tu assisteras à la bonne fusillade générale propre à taire les criailleries importunes. Il suffira de quelques escadrons composés avec des rustres solides, et une ou deux salves de fusil à répétition pour en finir avec les grèves et le socialisme.

Tu ignores donc, excellent prolétaire des industries, la haine du paysan pour toi? Ne songes-tu pas que tu es le vivant reproche à sa servilité, l'outrage perpétuel à sa lâcheté? Tu l'exaspères comme sa conscience, la conscience du Peuple qui crie contre son humilité bestiale ! Et le jour où le gouvernement, c'est-à-dire le patronat, lancera sur toi la plèbe des campagnes pour commencer le grand massacre, il ne sera pas un laboureur qui ne se lève pour tirer sa balle dans la masse.

Voilà ce qu'on te prépare, bien sourdement, en secret. Oh! tu verras les professions de foi officielles aux élections prochaines ! et la loi pour la liberté du travail qui suivra la rentrée des nouvelles Chambres. Le dernier massacre se prépare. A toi de prendre les devants.

DE L'AVENTURE PANAMIQUE

Que le relent de M. Constans ou l'haleine du comte de Paris aient animé le clairon qui annonce la honte panamique au monde, importe-t-il de le savoir ? Apparemment l'un et l'autre de ces hommes célèbres poussèrent, monnaie en main, les teneurs de propos à rédiger leurs informations dans les gazettes. Et, chose risible, ce qui ne déconsidérait pas les gens alors qu'on se bornait à le dire, les jette incontinent à terre dès que la parole se fixe dans les colonnes du journal.

Depuis quatre ans nul n'ignore rue Drouot à la Madeleine, aux Champs-Elysées dans la pleine Monceau, les misères humaines dénoncées bruyamment, en ce dernier décembre ; il y était devenu banal de déclarer que les neuf mille francs de l'indemnité parlementaire et le prix des mauvais articles publiés ici où là expliquent mal comment tel opportuniste poupin entretient des hétaïres réjouissantes dans de confortables boudoirs, ou comment tel tombeur de ministères s'offre des fêtes décorsetées en compagnie héraldique. Après l'émission de Lesseps, la fille d'un radical important fut beaucoup demandée en mariage, tant l'on comptait sur une formidable dot. Aux dernières extrémités, par malheur, il demeurait acquis que le pot-de-vin avait été bu hors de la famille, et les prétendants s'excusaient. Cette accorte comédie donna de la joie au boulevard pendant de longues semaines. Mais Joseph Prud'homme, citoyen et franc-maçon, ne connaît pas les égayantes aventures. Voici qu'on le renseigne.

Le fatras d'accusations et de démentis accumulés dans les quotidiens, ces semaines-ci, laisse la vérité dans une bouillie noire. Impartialement, nettement, ne siérait-il pas de reconstituer, selon le laconisme d'un fait divers, cette épopée d'escroquerie, et de la produire en épreuve claire ? L'opinion s'en réjouirait peut-être. Nous l'essaierons donc avec la sérénité du spectateur un peu fin qui se garde de juger la pièce sur les tirades et goûte plutôt la pensée des auteurs que son expression dramatique fatalement mensongère.

Il y a quelque temps déjà, la justice découvrait qu'un juif nommé Arton, fort connu dans les clubs et les boudoirs chers, allait vers la banqueroute frauduleuse. Sur la plainte des dupes, le parquet opéra. La banqueroute se compliquait de vols si audacieux qu'on décida immédiatement de mettre à Mazas le brasseur d'affaires. A l'heure même où les agents arrêtaient un fiacre pour accomplir cette formalité, des émissaires du gouvernement accoururent chez la Dame aux balances, et la supplièrent de ne point perpétrer la gaffe. Arton tenait en main d'innombrables preuves de la participation parlementaire à ses tentatives de fortune. Les plus grands noms de la République pareraient, avec le sien, le rôle des assises ; car le spéculateur malheureux gardait soigneusement ses paperasses en garantie. Il estimait raisonnable que ceux-là dont il avait fraternellement gonflé les portefeuilles lui assurassent du moins la libre circulation de son individu.

La Dame aux balances rengaîna son glaive demi-tiré et se servit de son emblème pour jouer à l'escarpolette en sifflotant des airs patriotiques. Arton partit en voyage ou du moins il cessa de parader parmi les luxes et les joies de la capitale. Les filles publiques à cinquante louis le consolèrent et le cachèrent dans leurs vases de toilette qu'il avait d'ailleurs payés de la poche des humbles pontes.

Certains magistrats mécontents du ministre parlèrent-ils à l'oreille de l'opposition, ou M. Constans, qui sait tout, jugea-t-il propice le moment de déconsidérer ses anciens complices lâcheurs. Les feuilles publiques crièrent soudain : « Au voleur ! » et, fort habilement, abandonnèrent Arton pour envelopper dans l'attaque la bande du Panama qu'il avait beaucoup aidée de son industrieux génie.

Les revisionnistes reprirent leur œuvre de 1889, M. Delahaye escalada la tribune. On parla d'un registre à souches déposé chez M. de Reinach. Aussitôt ce baron fut ravi à la douceur de vivre.

Cela causa de la stupeur. En vain voulut-on propager les bruits de congestion cérébrale, d'empoisonnement par l'atropine. Cornélius Herz, sachant qu'il avait vendu à l'Allemagne le secret de la poudre de guerre, avait prétendu, à ce que dirent quelques-uns, le faire chanter pour neuf millions.

M. de Reinach n'eût point trouvé la somme, et, navré de pouvoir déplaire à l'opinion, se fût alors courageusement intoxiqué.

L'invraisemblance de l'hypothèse choqua. Le baron de Reinach se moquait un peu de l'estime publique. Quant au fait de paraître en justice, il était sûr d'envelopper dans ses dépositions des complices si notables, si commandeurs ou grand-croix de Légion d'honneur, si grands Français et si ministres, que les magistrats les ménageraient à l'extrême. Le suicide ne s'imposait pas.

Dès lors il demeurait en belle évidence que certaines personnes avides de récupérer le registre aux souches compromettantes avaient facilité la sortie définitive de l'argentier.

Le vol se panachait de meurtre. Brusquement la victime fut enfouie en province. On espéra que le corps y pourrirait plus vite. Les alcaloïdes s'assimilent promptement à l'organisme. Le constat de leurs traces devient impossible dans les tissus de l'animal mort. Les médecins légistes consacrés par le Pouvoir n'appelleraient évidemment pas le miracle scientifique capable de nuire à la version officielle.

Cependant on reconstitua le thème du drame. M. de Lesseps et ses amis s'étaient, lors des émissions, entendus avec le baron, pour acheter le parlement à forfait. Contre telle somme une fois remise en ses mains, M. de Reinach se chargeait de fournir, à date fixe, une majorité en excellent état, apte à penser selon les besoins de l'entreprise. La Compagnie paya d'avance.

Le malheur fut que l'intermédiaire se jugea digne d'une commission considérable. Il lésina sur les prix, négligea d'acquérir les consciences trop chères, et grossit outre mesure sa part de courtage. La chose se facilitait par l'apparence de décorum qu'il convenait de servir au public. Les marchés se devaient conclure mystérieusement du bailleur au preneur, avec, parfois, l'indispensable intrusion d'un discret homme de paille. Par suite, nul contrôle de la compagnie. Le baron abusa vraiment de ses avantages.

Ainsi M. Floquet se plaint de n'avoir jamais reçu la moitié des sommes que la prévoyance du Panama attribuait à sa haute influence et à sa grande réputation de probité. M. Andrieux se porte garant de ce vol inqualifiable.

Certes l'accaparement total des parlementaires était une opération autrement facile à conduire que l'accaparement des cuivres. L'un et l'autre ont raté cependant. Dans le cas des métaux on ne pensa point à prévoir que les fabricants de machines s'approvisionneraient chez les industriels qui refondent les cuivres hors d'usage; dans le cas des parlementaires on ne voulut pas croire que les personnages oubliés par la munificence panamique s'en outrageraient jusqu'à se constituer en commission d'enquête, pour flétrir les collègues plus heureux et leur reprocher le manque de vertu.

Les plates-bandes de la Chambre furent arrosées sans prudence. On eût montré plus d'adresse en répandant la rosée bienfaisante en petite quantité sur chaque oignon sans en omettre le moindre. La faute fut d'inonder certains potirons et d'oublier les modestes tomates, les humbles artichauts. Ce sont ces oubliés qui empêchèrent la main paternelle du Pouvoir d'étouffer le scandale à son premier vagissement.

La parcimonie du baron de Reinach a perdu notre réputation devant l'étranger.

Afin de se prémunir contre les *oubliés*, les parlementaires d'importance avaient eu soin pourtant de créer la loi sur la diffamation. Ce préservatif rendait jusqu'à ce jour des services efficaces. En effet, de même que le voleur obscur se garde de graver son nom, son adresse et la relation du méfait sur la table du lieu qu'il dévalisa, ainsi le larron parlementaire ne dépose point d'habitude sa signature au long des registres où il émarge pour fonctions occultes. La loi préservatrice exige une preuve matérielle. Or, le révélateur toujours moins puissant que celui qu'il démasque ne trouve aucune aide au cours de ses recherches ; et le filou politique obtient des magistrats la condamnation qui l'innocente. On le vit bien dans le cas Burdeau-Drumont. Ce ministre ne fut certainement pas sans profit auprès de la Banque. Mais les témoins redoutèrent de mécontenter les hauts personnages dont ils dépendent… et bien que M. Burdeau demeure, de par la loi, un homme sans goût pour l'argent, cette conviction des juges ne se partage point parmi les gens un peu avertis des choses du monde. De même les déclarations de

MM. Numa Gilly, Chirac et Savine furent certes, malgré le jugement de la Cour, des vérités.

Cette fois M. Constans et M. Herz prirent soin de photographier les chèques. Il se trouve aussi que les administrateurs de Panama, incarcérés par malice gouvernementale en lieu et place des députés corrompus par leur or, se vengent de la plaisanterie en faisant agir leur clientèle. Et voici que la loi préservatrice ne sert plus de rien. La prudence des parlementaires est dénudée. Ceux-là mêmes font la preuve exigée qui l'ont en mains et sur le silence de qui l'on pouvait, à tout prendre, compter. Le Pouvoir, en serrant MM. de Lesseps, Marius Fontane et Sans-Leroy dans les coffres de Mazas, a déconsidéré ses amis. Peut-être s'en frotte-t-il d'ailleurs les mains.

Car ce n'est pas pour l'apparence que le juge d'instruction interroge si longuement chaque jour les administrateurs, et avec tant de secret. Ce M. Franqueville reçut certainement des confessions admirables; et grand eût été le nombre des hommes en place pour connaître l'amertume de l'impopularité si, au dernier jour, la peur de voir MM. Rouvier et Arène vendre la mèche en pleine audience n'avait obligé le juge à l'indulgence.

Au reste, quoi qu'en veuillent écrire les gazettes étrangères avides de mettre la France en discrédit, le courage chirurgical du gouvernement est sans doute la seule chose belle que ces vingt ans de République aient donnée. Au lieu de déblatérer sur la corruption de nos hautes têtes, les races voisines, pour peu qu'elles fussent sages, devraient applaudir

13.

à l'exemple d'élimination, car si le blâme nous pouvait échoir, il ne se justifierait qu'en invoquant le reproche d'avoir tant tardé à produire la vérité.

Bien avant le boulangisme, les Parisiens informés se disaient partout ce qui se révèle officiellement aujourd'hui. Et ce fut là ce qui poussa beaucoup d'entre nous, parmi la jeunesse, à suivre le général favori. Nous pensions que les hommes de corruption une fois renversés, par le moyen du fétiche populaire, il deviendrait loisible de construire un nouvel État moins occupé de soucis individuels et plus fervent pour les réformes d'économie publique.

Après le départ inopportun du général, les gaillards pris maintenant la main sur le chèque exposèrent à maintes reprises leur mépris pour nos tentatives de 1889. Ils manifestèrent des indignations merveilleuses. Les agents par eux entretenus dans les provinces arboraient très haut l'intégrité opportuniste et nous répétaient obstinément : « D'où vient l'argent ! » Nous leur demandions alors d'où venait le leur. Ils semblaient ne pas avoir connaissance de son origine. Certes les électeurs entraînés par la faconde officielle ne s'imaginaient point la payer de leurs économies, même de celles versées entre des mains célèbres afin qu'un isthme fût glorieusement percé.

Les revisionnistes n'ont pas cependant abandonné la tâche. Ils se rapprochent du triomphe, MM. Delahaye et Déroulède parlèrent définitivement et voici que nos adversaires de quatre ans se jugent en forme pour exécuter eux-mêmes le programme du balai.

Il est extrêmement généreux de reconnaître ainsi le bon droit des vaincus et l'on imagine facilement que dans tout autre État de nos voisins le Pouvoir se fût, en pareille circonstance, voué à la besogne exclusive d'étouffer le scandale, eût-il même dû pour cela corrompre les dénonciateurs en leur versant le double des sommes à révéler.

L'esprit de France qui, le premier du monde, abolit, il y a cent ans, les privilèges de la conquête franque, de la Force, s'occupe victorieusement d'anéantir le prestige de l'argent. A cent années de distance, et par une nation seule, entre toutes les autres magnifique, les deux grands mobiles historiques des actes sociaux sont reniés. Un nouvel idéal se lève dans l'âme du peuple. Après la brutalité de la Force, et la roublardise de l'Argent, une ère nouvelle tente d'éclore, l'ère de l'Altruisme, de la Bonté, de l'Amour universel, préparés par le socialisme et les théoriciens de l'anarchie.

L'étranger ne jouit pas de plus de vertu. Il a moins de franchise et de courage. En Angleterre un canon coûte à l'État plus cher que ne le paye notre gouvernement. Là-bas, la matière première, le transport, la main-d'œuvre et l'outillage reviennent à meilleur marché qu'ici. On vole donc plus en Angleterre qu'en France.

On imputerait à tort ces misères morales à la malice originelle des individus ou des peuples. La corruption tient à l'importance prise depuis deux siècles par l'ignoble Argent. Cette force donne à qui la possède le prestige de toutes les qualités : le pouvoir, l'honneur, les femmes. Les tristes gens qui comparaissent devant la commission d'enquête, accomplirent leurs ignominies afin de se vautrer sur certaines filles dont l'on vante la peau, l'esprit, les toilettes ou même la bêtise et la laideur. Cet Arton les comblait. Ainsi des concierges économisèrent trente ans, sur le bois et le vin des locataires, pour que la bande des panamistes gratifiassent telles péronnelles roublardes de leur bave amoureuse.

Elles sont, dans Paris, une vingtaine à cheveux teints qui affolèrent tous ces pauvres mâles esclaves de leur sexe, qui inspirèrent le vol et le meurtre du baron, qui vivent de cette ordure et de ce drame.

N'est-ce pas pour les satisfaire, elles, leurs aînées, ou leurs amants, que tant d'hommes sollicitèrent la puissance par tous moyens, que tel ministre fit empoisonner Richaud sur le navire qui le ramenait nanti du dossier accusateur, que Reinach tenta le meurtre de Cornélius Herz par l'entremise d'un malheureux savant manieur de fioles périlleuses? N'est-ce pas afin de voler encore et par là de gorger mieux les courtisanes, que les hommes compromis sur le registre de Reinach le firent piquer par la seringue de Pravaz au préalable remplie d'un alcaloïde sûr? Une femme tua Gambetta qui se refusait à son caprice. Et pour les posséder les hommes de Versailles ordonnèrent le massacre du peuple, lors de la semaine sanglante, devant le poteau de Satory. Pour les embrasser ils se fortifièrent dans le sang des pauvres.

On les trouvera encore, les femelles avides, dans les histoires du Crédit Foncier, et du Crédit Lyonnais que l'on va découvrir, histoires plus riches en révélations bizarres que celle du Panama.

Il faudra cependant l'admettre. Nous ne sommes encore que de sinistres barbares pleins de rut et de cruauté. Le ventre nous mène, et nous ne savons nous affranchir d'aucun instinct.

La femme porte au crime, l'amour à la mort.

Le ministre Ribot, au lendemain de l'incarcération des administrateurs, allait, dit-on, par les couloirs de la Chambre, criant : « Nous n'en sortirons que par la saignée, la saignée! Il faut la saignée pour réhabiliter la République! Mais, hélas! nous ne pouvons pas déclarer la guerre... »

Ainsi, dans l'âme de ce vieux bourgeois, le duel de deux nations suffirait simplement à laver l'honneur de M. Sans-Leroy qui a touché trois cent mille francs pour les besoins de son corps. La tuée en masse reste encore le suprême argument de la politique moderne, le moyen de distraire l'attention du peuple, s'il s'étonne de ses gouvernants.

Et nous nous croyons très loin du roi Cambyse.

En vérité, monsieur Ribot, la tuée n'est pas nécessaire. Aux élections prochaines vos amis auront reconquis leurs sièges, et de ceux qui émargèrent bien peu demeureront sur le carreau. Vous méconnaissez le peuple. L'exemple de Mary-Renaud et de Wilson mandataires de la Touraine, vous devrait valoir plus de confiance. Le paysan aime l'homme d'argent plus que lui-même. Il l'admire et il le craint. Les moyens d'acquêt lui importent peu; et la pauvreté est à ses yeux le premier vice, comme la richesse est la plus grande vertu...

Dites simplement qu'on veut perdre la République, et l'on votera pour vous comme en 1889. La justice ne viendra pas du troupeau électoral; si le châtiment s'épanouit sur vos têtes, des mains plus nobles l'auront préparé. Au lendemain le troupeau suivra ceux qui se seront affirmés les maîtres.

Car vous pensez mal si vous songez que rien ne s'apprête dans les âmes outragées des hommes forts. Nous vous en voulons d'avoir anéanti les croyances au bien, à la loyauté, à l'honnêteté parmi lesquelles nous éduqua la simple vertu des mères.

J'ai connu pendant la période du boulangisme un jeune homme qui, au sortir des écoles, s'en fut à Panama comme vérificateur de travaux. Il me contait qu'au premier jour où il voulut commencer sa besogne, une singulière chose lui advint. L'entrepreneur dont il devait métrer et vérifier les déblais résultant de l'extraction de la terre lui montra une petite colline qui s'élevait là : « Eh bien! Voilà mon déblai, métrez-le. — Vous riez, je ne vois qu'une colline naturelle. — Mais non. — Allons donc ! — Métrez toujours, farceur, nous nous arrangerons... » Mon jeune homme ne s'arrangea point et refusa sa complicité. Peu de temps après on l'envoyait dans un lieu où la fièvre jaune fauchait les vies, et un vérificateur plus accommodant le remplaçait.

Il y avait ainsi des villages mortels où on exilait les gens convaincus de ne pas comprendre les affaires. Ils disparaissaient vite, laissant la place à des consciences plus vastes.

Mon jeune homme me contait encore que deux navires arrivèrent un jour à la côte, apportant des machines construites spécialement pour les travaux de l'isthme. On disait qu'elles avaient coûté des prix considérables. Les diverses pièces de ces machines furent déposées sur la plage ; et elles restèrent là longtemps, exposées à la pluie, s'abîmant de plus en plus chaque semaine. Et puis un matin des chariots pleins de terre survinrent en longue file sur cette même plage. L'homme qui les conduisait réclama l'enlèvement des machines, ce terrain lui étant dévolu pour déverser ses déblais. Mais personne ne fit droit à sa requête ; parce que cela ne regardait personne des fonctionnaires présents. Alors l'homme, dans un entêtement brutal, ordonna que la terre des chariots fût jetée quand même sur cette place ; et son déblai recouvrit les machines ; il y eut un beau tumulus qui marqua leur enfouissement.

Le spectacle de ces canailleries avait fait de mon jeune homme un boulangiste ardent! Il gardait la conviction que la lutte contre l'opportunisme c'était la lutte contre les voleurs et les meurtriers.

Aujourd'hui je le crois devenu un de nos meilleurs compagnons anarchistes, un de ceux dont le bras et le courage sont sûrs. Et sans remords, sans compassion au jour dit, il renversera la marmite, content de couvrir d'un tragique manteau de décombres l'ivresse de la bourgeoisie, notre mère.

DE LA GUERRE

Elle est inéluctable, préparée depuis vingt ans par l'entretien des troupes et la surcharge des impôts. Les gens de compétence s'accordent pour affirmer la valeur de nos armements, et l'Allemagne ne cache pas qu'elle redoute l'action parallèle de la Russie, action d'autant plus sûre que des intérêts généraux d'équilibre la commandent, non des traités équivoques signés pour l'urgence d'un moment et selon la lubie passagère des diplomates.

Il faut la guerre parce qu'il importe de sortir de la situation sinistre et stupide où étouffe l'Europe. Le souci d'équiper et d'abrutir la jeunesse dans les chiourmes régimentaires exige des millions indispensables à l'œuvre de rénovation sociale ; et il est idiot de dépenser cet argent pour apprendre, d'ailleurs fort mal, le métier de bourreau aux citoyens, alors qu'à chaque heure des hommes crèvent de misère ou se suicident pour hâter du moins une fin irrémédiable.

Si la guerre est faite, une nation l'emportera,

peut-être, une fois pour toutes ; et le désarmement général sera par elle imposé aux alliances hostiles. Les milliards budgétaires, au lieu de payer des shakos et des brandebourgs, serviront à empêcher les gens de mourir aux fossés des grandes routes, lorsque l'âge les rend impropres à un travail de douze ou quinze heures par jour dans des ateliers méphitiques. En outre, et c'est la plus grande espérance, le peuple vainqueur qui se trouvera en armes avec munitions et bagages, le peuple qui possédera la Force aura sans doute alors l'énergie de l'utiliser pour s'affranchir de l'oligarchie bourgeoise et secouer le joug tyrannique de l'Argent.

Car, lorsqu'un homme de volonté propose aux prolétaires d'agir, on énumère aussitôt les impossibilités matérielles, le manque de moyens et d'organisation. Au cas où les marchands qui nous gouvernent se jugeraient contraints, malgré leur énorme couardise, de mobiliser pour défendre la propriété et les avantages des échanges commerciaux, l'objection qui arrête l'élan révolutionnaire tomberait immédiatement. Le peuple en armes n'aurait plus qu'à dicter la Loi. La meilleure chance de réussir une révolution, c'est donc la guerre.

Certes, le monde ne pourra se croire hors de l'état de barbarie avant qu'ait disparu le dernier soldat. Tant que la force demeurera une manière admissible de régler les conflits civiques ou internationaux, l'ère de la civilisation ne sera pas ouverte. Si certains naïfs aiment dire que la morale et les sentiments d'humanité progressent, il leur suffira de lire les comptes rendus des expériences coloniales pour se défaire de cette opinion simple mais vaniteuse. Nos procédés de conquête ne le cèdent en rien aux cruautés traditionnelles des monarchies antiques.

Mais tant que les défenseurs des Pouvoirs seront les trafiquants et les soldats, nous ne saurions espérer sortir de la barbarie.

Les premiers lutteront toujours pour la concurrence ; ils s'efforceront de se ruiner par des tarifs de douane, de s'appauvrir les uns les autres, et cet état de conflit pécuniaire finira toujours par devenir un conflit armé. Quant aux soldats, la guerre est pour eux un sport et un motif de fortune. Le désarmement se réalisera dès que le Peuple lui-même tiendra la Force. Le peuple cosmopolite et socialiste aspire à la paix parce qu'il n'estime pas que la saignée des guerres soit un remède moral pour supprimer l'affluence des bras laborieux, et la surproduction d'un pays ! Mais il n'obtiendra la force qu'avec les armes ; et pour qu'on l'arme, il faut la guerre.

Ce vœu n'est évidemment ici que momentané, ce souhait du docteur qui espère voir crever l'abcès afin que le virus se répande définitivement hors du corps.

La France, avant toutes les nations, promulgue les idées contraires au militarisme. Elles y prennent rapidement et franchement une haute importance sociale. Nous voilà le premier peuple capable de propager ou d'imposer le désarmement universel. Même d'ici à quelques années, la théorie humanitaire aura fait un progrès si grand qu'elle aura absorbé en soi presque toutes les émotions politiques ordinaires. La France se divisera en adversaires et partisans du militarisme. Qu'il advienne brusquement un conflit armé contre la triple alliance; si jamais la victoire nous était donnée, le désarmement général serait la conséquence immédiate de notre triomphe, parce qu'avant toute autre condition de paix future, l'opinion publique exigerait cette garantie. Le désarmement et l'union douanière européenne se formuleront vite comme les deux grandes idées à soutenir dans l'ordre pratique. Sans soldats et sans douanes, sans militarisme et sans système de protection, l'argent sera près de perdre tout prestige et toute efficacité. L'ère de l'économie collective s'inaugurera.

Ceci seul nous peut inquiéter que des vieillards cacochymes et valétudinaires dirigent encore les marches des armées. L'esprit du temps veut que le vieillard règne et domine. On ne parvient aux postes d'initiative et de vigueur qu'au moment où le sang commence à se figer dans les veines et les idées à vaciller dans le cerveau sénile. Des sexagénaires chamarrés guideront les troupes. Dieu veuille qu'une influenza propice nous débarrasse, à la veille de la guerre, de tous les grognards qui ont dépassé la cinquantaine. On n'accomplit de grandes choses, il y a un siècle, qu'avec des capitaines âgés de vingt à trente ans. Mais la valeur du peuple-soldat ne saurait-elle suppléer à l'abrutissement des chefs?

Il ne s'agit pas ici seulement de l'Alsace-Lorraine et de la Revanche; la nécessité s'impose de réduire à l'impuissance la race germanique, dont les allures hostiles contraignent à l'esclavage régimentaire les

Européens, et enrayent ainsi les aspirations altruistes. Le socialisme recommandé par les Bebel et les Liebnecht n'est pas extrêmement supérieur aux idées de M. Clémenceau et de M. Floquet ; et ils erreraient fort, ceux qui, toute idée de patrie à part, voudraient voir dans ces prophètes d'outre-Rhin les promoteurs de l'avenir rêvé.

Cependant si la guerre ne donnait aucun avantage aux deux nations également invaincues par des forces pareilles en force, l'inutilité des meurtres commis ôterait aux défenseurs de l'idée patriotique le dernier prétexte de leur délire.

Il convient de croire encore un siècle ou deux à la patrie. Ensuite, nos fils supprimeront cette entité temporaire, qui caractérise une période barbare de l'évolution des sociétés. Quand l'idée d'altruisme sera plus puissante que l'idée d'égoïsme, les frontières s'effaceront d'elles-mêmes.

En attendant, et afin que la révolution naisse qui nous délivrera, faisons tous nos efforts pour préparer la guerre, pour combattre, pour vaincre.

Libre au peuple, le lendemain, de remarquer qu'il n'est qu'un officier sur cinquante hommes et de profiter de la Force en armes pour établir son Droit.

Car l'idée de patrie n'est plus à défendre en son principe. Le souci de s'égorger en masse sous le prétexte d'une armoirie insultée déserte nos consciences. Je crois que, pour les générations nouvelles, parmi ceux qui pensent, il semblerait tout à fait indifférent de voir des couleurs autres flotter sur les mairies à la place de l'étoffe tricolore. Ainsi les gens du Poitou ne songent-ils plus à s'insurger pour reconquérir les antiques privilèges de leur province et les quartiers de leurs nobles étendards.

Il exista jadis un grand nombre de patries, dont les citoyens se faisaient constamment la guerre. Peu à peu, les mariages et les conquêtes les agglomérraient. Au temps de Frédégonde, l'Austrasien détestait le Neustrien avec une haine au moins égale à celle qui anime les jeunes gens des sociétés de gymnastique contre les Allemands. Aujourd'hui rien ne subsiste de ces querelles. Le duc de Bourgogne tenta longtemps de nuire au roi de France. Sommes-nous pas les frères du Bourguignon ?

Une loi ethnique veut que les petits Etats disparaissent pour se fondre en de plus grands. Les forces s'allient, à mesure que la barbarie décroît. Un Provençal, un Basque et un Picard sont trois hommes fort divers, aussi divers pour le moins que le paraissent un Berlinois et un Parisien. Cependant, ils vivent sous le même drapeau depuis des siècles, et, se plaisantant, ils se chérissent.

Ce rythme de pacification qui unifie peu à peu vers de mêmes buts les efforts des hommes, doit évidemment tout embrasser. Et les peuples de l'Europe finiront bien par renoncer à se détruire, pour former de nouveaux Etats-Unis, une fédération de gens ayant à peu près les mêmes goûts, les mêmes arts, les mêmes religions, les mêmes intérêts économiques. Un habitant de Nancy ne diffère point beaucoup d'un habitant de Strasbourg, ni celui-ci d'un homme de Munich.

Au lendemain de ce concordat, nous ne serons pas plus malheureux ni plus avilis que ne le fut l'Aquitain rendu à la France après la guerre de Cent-Ans. Le Niçois et le Savoyard pâtissent-ils ? L'Alsacien fut-il perdu quand le roi de France l'eût annexé ?

L'idée de patrie semble une marotte périmée, et les causes de haine ne sont plus nationales. Armé, je tuerais avec tristesse le plus prussien des Allemands ; mais j'avoue que je tirerais avec moins de remords contre le fauteur de la Société des Métaux, l'homme qui envoya périr à Panama tant de pauvres gens voués à la fièvre jaune, ou encore ce général qui commanda durant la semaine sanglante de Mai 1871. Le mieux serait de ne pas tuer, parce que le meurtre répugne.

On pourrait y venir après la guerre prochaine. Si le résultat n'est pas de suite la victoire définitive pour un parti, les belligérants, aussi bien munis les uns que les autres, s'abîmeront beaucoup sans parvenir à se vaincre totalement. Après quelques centaines d'hécatombes, on s'arrêtera par lassitude ; on se trouvera ruinés ; on concluera une paix nouvelle ; et il apparaîtra en pleine évidence que les batailles n'auront servi à rien changer. Au peuple alors de se tourner contre les bourreaux en chef pour les mettre hors d'état de nuire à nouveau.

Mais les Etats-Unis d'Europe institués, la fraternité reconnue dans leurs frontières, comment saurons-nous si les Asiatiques ne profiteront pas de notre désarmement pour nous envahir, supprimer nos institutions à moitié libérales et nous imposer le joug de leur cruauté ?

Cette seule pensée ne nous obligera-t-elle pas à rester en armes, ou même à envahir leurs contrées par avance, afin de protéger nos petits essais de civilisation intérieure contre leur barbarie ?

La patrie se sera magnifiée ; les guerres intestines entre Européens auront été abrogées, mais l'Asie nous laissera-t-elle maîtres de la paix ?

Une telle question a déjà captivé l'esprit des hommes d'État russes. Il en est qui prétendent prochaine la grande invasion orientale ; et leurs tentatives d'alliance avec nous leur semblent une nécessité pour l'Europe menacée occultement. Ils se tournent vers nous comme vers la nation la mieux prête à organiser la résistance.

Ces temps derniers, à l'heure des hésitations, les nouvellistes prétendirent que l'on doutait fort, sur les bords de la Néva, de l'enthousiasme de la France à soutenir par les armes les aigles des tsars si elles se trouvaient engagées dans quelque guerre. De fait, le Parlement nommé lors de la dernière consultation du suffrage universel ne semble pas nourri d'intentions belliqueuses. Le chauvinisme était représenté aux élections par le parti boulangiste, qui a été écrasé. La formation d'une droite républicaine abdiquant ses espoirs de réaction légitimiste pour former avec la gauche des fabricants de sucre et des courtiers en grains un parti d'arrêt, une sorte de frein parlementaire aux aspirations progressistes des masses ouvrières et aux tentatives de socialisme, pouvait bien laisser croire à une politique de gens d'argent occupés à garantir leurs caisses de toute aventure troublante.

Aujourd'hui la débâcle panamique laisse gros à penser.

Un homme politique qui n'est pas très mal avec le gouvernement publia une brochure sur la nécessité de la guerre, où il exposait en termes judicieux qu'il la fallait faire au plus tôt.

« Nous avons, disait-il, la supériorité de l'armement ; les officiers l'affirment unanimement. Voilà vingt ans que nous préparons cet énorme effort ; nous n'atteindrons pas mieux que les résultats présents. Dans deux ans notre supériorité actuelle va être dépassée par l'ennemi ; et puis pourrons-nous éternellement demander au peuple de si grands sacrifices d'argent ? La situation est intenable. Demain la question sociale se posera avec brutalité ; il y faudra répondre par quelque allégement aux misères du peuple ; on songera donc à réduire l'impôt consacré aux choses militaires, en se fiant à cette paix où l'ennemi nous laisse dormir jusqu'à l'heure propice du réveil à coups de canon. Prévenons les malveillances inéluctables et risquons la partie, puisque nous sommes excellemment préparés. »

Le corps des officiers examine avec beaucoup de confiance l'éventualité d'une grande guerre. La triple alliance représente un épouvantail plein de fictions. L'Italie ne peut mobiliser sa ligne principale passant au long de la mer sous maints tunnels que notre flotte aurait mis en miettes en quelques heures de bombardement. La frontière n'est pas franchissable aux Alpes. Au moins très peu de monde suffirait à en fermer l'accès. Dès les premiers jours, le gouvernement italien se trouvera sans argent et immobilisé. L'Autriche, si la Russie manifestait, aurait fort affaire sur sa frontière avec ses mauvaises troupes mal organisées, non mobiles et peu nombreuses pour la superficie du territoire. Sa population, partant son armée, n'est pas homogène. Tout lui serait à craindre.

L'Allemagne seule lançant ses forces sur notre frontière devient redoutable. En 1870, avec son immense supériorité, l'état-major allemand a employé sept mois de batailles et de marches difficiles pour investir Paris. Devant notre organisation militaire actuelle, il lui faudrait, avec les mêmes succès, un temps bien plus considérable où s'épuiseraient ses ressources. Il n'y a pas lieu de trembler d'avance sur l'issue d'une guerre; et, s'il faut l'entreprendre, mieux vaut aujourd'hui.

A part certains groupes d'officiers avides d'avancement qui, en chaque pays, supputent comment la mort des camarades leur rapporterait une solde plus élevée et des galons plus imposants, les populations redoutent l'éventualité, cela en Allemagne comme en France. Depuis vingt ans, nous avons eu mille motifs de tenter la revanche et nous avons toujours eu peur d'essayer. Depuis vingt ans, l'Allemagne a eu mille motifs de risquer notre écrasement définitif, et ne l'a pas osé.

Nous ressemblons à ces matamores de la comédie italienne qui tapissent leur chambre de panoplies, se ruinent en poignards et en rapières, roulent de gros yeux terribles aux passants et, s'ils se rencontrent dans la rue, traînent au ruisseau les plumes de leurs feutres, par courtoisie et suprême galanterie d'adversaires qui se vont mesurer, puis passent graves et imperturbables.

Allemands et Français nous avons horriblement peur les uns des autres. Nous ferions mieux de le dire et de tenter de nous arranger sans nous abîmer, car nous devenons d'extraordinaires grotesques.

Il y a l'Alsace et la Lorraine ! Eh bien, si l'on y tient vraiment, qu'on tente tout de suite et officiellement de reprendre ces provinces par un traité, soit en cédant à l'appétit colonial de l'Allemagne l'une de nos possessions exotiques, soit en les rachetant en argent. Si l'Allemagne refuse, la situation s'éclaircit : ou nous tenons assez à ces provinces pour les reconquérir par les armes, et alors il n'est plus motif de retard ; ou elles ne paraissent pas valoir cet effort, et alors un plébiscite intervenant qui dirigera la conscience gouvernementale, renonçons-y pour toujours, confirmons le traité de Francfort et entrons dans la triple alliance qui deviendra dès lors l'alliance européenne, une étiquette féconde en résultats sociaux.

Si le plébiscite fut jamais capable de résoudre une question, c'est bien celle-là.

Il faut une solution. Jouer plus longtemps aux bull-dogs hargneux, sans conviction, pour nous leurrer les uns les autres sur notre courage ; ruiner la nation, épuiser ses forces vives par des dépenses inutiles, puisqu'on ne se bat pas, c'est purement imbécile. Nous jouons d'ailleurs dans cette parade le rôle le plus piteux. Ayant été vaincus, il nous appartient de jeter à nouveau le gant, ou de désarmer sur la foi du traité en nous déclarant puissance neutre. Cette attitude de rancune qui n'ose pas finira par nous ôter tout crédit dans le concert des puissances et nous reléguer au dernier rang politique, comme au dernier rang économique.

Si la race abâtardie par le trafic et l'ignominie de ses gouvernants ne possède plus l'audace de se venger, arborons franchement nos convictions de marchands, demandons aux puissances leur garantie pour la neutralité de notre territoire, réduisons nos effectifs au strict nécessaire d'une armée coloniale et d'une marine protectrice de nos pavillons commerciaux et portons l'argent des impôts militaires au bénéfice de notre économie intérieure. L'enrichissement du pays nous récompensera bientôt de cette loyauté; et les puissances étrangères, qui redoutent autant la France que la France les redoute, seront enchantées de n'avoir plus à trembler.

Même, pour peu qu'on le veuille, rien n'empêchera un gouvernement sage de proclamer que cette renonciation est un vœu humanitaire qu'il appartenait à la France de formuler. Piétinant son amour-propre de barbare, le Gallo-Romain jette son épée au moment même où l'ennemi la craint le plus pour agiter l'olivier pacifique et convier les peuples au banquet fraternel, déclarant close l'ère des batailles brutales et des différends ensanglantés, et ouverte celle du trafic admirable qui donne au plus rusé le droit d'insulter le pauvre, sans appel.

Puis comme, au lendemain, la querelle sociale renaîtrait, il serait beau de voir l'*alliance européenne* unissant ses bataillons, partir à la conquête de l'Asie, par exemple, afin d'assurer aux déshérités du vieux monde une patrie nouvelle, internationale, une terre fertile capable de subvenir aux appétits humains, et afin d'y installer d'immenses exploitations agricoles, minières, forestières qui, dans deux ou trois générations, auraient servi à réaliser le rêve de l'extinction du paupérisme. Ce serait sans doute plus grand que dix batailles entre l'Oder et la Seine pour aboutir à compter cent mille cadavres et un déficit de trente milliards aux plus prochains budgets des Etats en litige.

L'Asie est tout indiquée pour le champ prochain du sport militaire.

Les savants, en effet, prédisent depuis bien des années déjà le grand mouvement ethnique qui portera quelque jour les peuples de ce continent fabuleux à se ruer encore sur l'Occident par une série d'invasions pareilles à celles qui ruinèrent l'empire romain. Or, dans l'état actuel de la société orientale, ce cataclysme n'amènerait pas que l'asservissement des races germaniques, slaves et latines; il marquerait aussi la fin de toute science, de toute intellectualité, de tout progrès industriel ou social. Les autocraties intransigeantes soumettraient à un joug funeste nos cœurs libertaires, dévoués à l'essor de la pensée. Ceux qui se révolteraient contre la brutalité ignorante des vainqueurs succomberaient, étouffés aussitôt par la sauvagerie des répressions.

La liberté de dire et d'écrire une fois supprimée, la civilisation reculerait de quelques siècles. Le bonheur relatif des peuples soumis au progrès social s'éloignerait pour des temps. L'Europe se trouverait ramenée au vasselage féodal que les Barbares du Nord imposèrent jadis aux colonies romaines, avec une aggravation de malheur, car les Asiatiques modernes, de beaucoup supérieurs en finesse et en savoir aux conquérants des premiers siècles chrétiens, se refuseraient vaniteusement à reconnaître la suprématie intelligente des vaincus. Même en cette époque ancienne, l'assimilation fut lente à s'opérer. Sauf quelques-uns, et de très rares, qui s'adonnèrent aux arts conquis, la multitude demeura longtemps attachée au seul respect de la force. L'obscurantisme du Moyen Age succéda aux lumières de la civilisation alexandrine et romaine, lumières récupérées seulement mille années plus tard, au temps de la Renaissance.

Voilà l'exemple de l'histoire. On serait mal avisé de dire que la crainte de nouvelles invasions restera une chimère d'académie. Il suffit de remarquer comme les Chinois s'inquiètent d'adopter les moyens de tuerie que nous inventons. L'expérience du Tonkin nous révéla l'excellence de leurs armements et l'habileté de leur stratégie. S'ils méprisent nos sciences pratiques et industrielles, s'ils ferment aux missionnaires et aux ingénieurs les territoires susceptibles d'une exploitation ingénieuse, ils attirent volontiers les professeurs de balistique et les instructeurs de soldats. Avant un siècle ils ne posséderont pas moins que nous l'art de la guerre. Devant leur nombre considérable, nos fils auront toutes chances de succomber.

On ne saurait trop songer dès maintenant à prévenir cette conquête néfaste pour l'évolution de l'humanité entière, en s'immisçant dans la politique de l'empire céleste. Il importe de conserver à l'avenir de nos races les institutions nécessaires et bienfaitrices acquises par la science. C'est le devoir strict de nos hommes d'Etat, de prémunir la société future.

En outre la mission des pouvoirs ne doit-elle pas être, aujourd'hui plus que jamais, d'activer le développement de l'industrie afin de multiplier les occasions de travail? La question sociale est née de la surabondance des forces sans emploi. On le comprend si bien que les chefs de l'agitation révolutionnaire ont préconisé la journée de huit heures moins pour soulager les laborieux que pour répartir le travail sur un plus grand nombre de bras. Mais les ouvriers détenteurs d'emplois accueillirent assez mal cette intention. La province y fut particulièrement réfractaire. Même les chefs vantèrent avec moins d'énergie une mesure qui leur retirait des partisans. Ainsi se créa l'opportunisme socialiste qui tend simplement à substituer le monopole du travail au monopole du capital. Encore un peu de temps et le capital accueillera le travail en participation aux bénéfices. Les ouvriers actuels recevront un salaire faiblement augmenté. Mais la quantité des misérables ne diminuera point et la question sociale n'aura pas trouvé sa solution dans la réforme socialiste.

La multitude des hommes sans emploi est effrayante. Une grève éclate-t-elle? On voit surgir aussitôt une foule de misérables prêts à travailler pour des salaires encore inférieurs à ceux qui mécontentent le gréviste par leur modicité. De là ces conflits dans la rue pour et contre la liberté du travail ; de là l'organisation de syndicats analogues aux vieilles corporations et destinés à restaurer leur monopole au détriment de cette liberté. En sorte que les plus malheureux ne sont pas les ouvriers, mais bien ceux qui rêvent d'acquérir leur situation et de satisfaire à ses exigences avec un salaire moindre.

Ce qui manque donc par-dessus tout, c'est l'occasion du travail. Il faut susciter cette occasion et, pour cela, activer l'industrie. En notre temps on n'a pas encore trouvé mieux que le commerce ou l'échange pour y parvenir. Afin d'étendre le commerce européen il semble nécessaire d'ouvrir des débouchés nouveaux, de pénétrer dans les continents où l'on obtiendra la matière première à bas prix, et où des populations suffisamment denses, dépourvues de notre nécessaire, échangeront cette matière première contre nos produits façonnés. La Chine présente un admirable champ d'exploitation.

Elle remplit les conditions indispensables : densité de la population en certains centres, richesses minières et agraires du sol. En organisant les douanes et tout le système administratif, en créant des moyens de transport rapides, en assurant la sécurité des trafiquants, des ingénieurs et des ouvriers qui porteraient en Asie l'œuvre industrielle et humanitaire de l'Europe, les puissances occidentales arriveraient à restreindre la misère générale de leurs peuples et à offrir du travail aux pauvres. Instruites par le passé, elles pourraient réglementer l'exploitation du pays nouvellement ouvert, de façon à limiter l'action trop égoïste du capital et à encourager les travailleurs, en imposant le principe de participation. En un mot, il deviendrait possible de tenter là une expérience pratique de communisme international.

Une pareille œuvre demanderait tout l'effort des nations. On ne se trouverait certes pas en présence d'une expédition coloniale ordinaire pour laquelle les Parlements octroient en rechignant des crédits mesquins qui la condamnent d'avance à l'insuccès. Ce serait une gigantesque appropriation du quart du monde aux besoins du prolétariat européen.

Il ne manquerait pas de gens pour crier à l'injustice et plaindre ces malheureux Asiatiques qu'on ne laissera pas libres chez eux. Cependant, si l'on ramène les choses à un juste point de vue, la question se réduit à ceci : Les diplomates européens ont-ils le droit de demander au Céleste-Empire de les aider à faire vivre en même temps nos laborieux et les siens en utilisant, dans une vue de bien-être général, des productions et des forces en grande partie perdues par une industrie trop rudimentaire?

Le gouvernement chinois a-t-il le droit de refuser satisfaction à cette requête d'intérêt humain ou général en lui opposant un intérêt particulier de propriété ou de patrie? Nul n'ignore que l'empire asiatique se garde de la propagande européenne uniquement pour ménager l'orgueil et l'influence de certaines castes favorables à la tyrannie de palais.

Comptons, d'ailleurs, que les Asiatiques trouveront leurs défenseurs les plus indignés parmi les socialistes qui attaquent la propriété et demandent la *liquidation capitaliste* au bénéfice du collectivisme d'Etat ou de Fédération. Ainsi, les détracteurs acharnés de la propriété européenne apparaîtront subitement comme les avocats convaincus de la propriété orientale.

Cette contradiction est plaisante. Tel socialiste qui écrit des réquisitoires tellement justes contre l'égoïsme avide des compagnies minières, par exemple, s'apitoie avec tous les trémolos en usage sur le sort des Chinois, qui n'hésitent guère, eux, à pousser le sentiment de la propriété jusqu'à assassiner quiconque franchit sans permission préalable les frontières de certaines provinces, fût-il un honnête explorateur encombré d'appareils scientifiques où un prêtre dont le soin principal consiste à soigner des malades et à éduquer des enfants recueillis.

Réellement, et malgré qu'on ait l'habitude d'en plaisanter, les Européens importent dans ces pays autant de bienfaisance que de cupidité. Au moins la réalisation de leurs désirs entraîne-t-elle un meilleur état pour les indigènes. La Chine avec ses pirates, ses famines périodiques, la sévérité ridicule de son code pénal, et l'organisation primitive de sa justice ne laisse aucune garantie sérieuse pour la vie humaine. Ce serait donc une pitrerie de soutenir que les races asiatiques vivent heureuses chez elles et qu'il est criminel aux Européens d'essayer d'y introduire, par la force, des éléments de transformation.

Le temps ne viendrait-il pas enfin de voir les peuples civilisés se liguer pour mettre fin aux misères injustes du prolétariat en multipliant la richesse du monde. Une action internationale dans ce but humanitaire offrirait la meilleure promesse de paix européenne ; et si le sang de quelques-uns devait couler pour l'accomplissement de cette œuvre, il coulerait au moins pour apaiser la douleur humaine et préparer en quelque mesure la félicité de l'avenir.

L'occasion semble propice. L'armement de l'Europe, devenu immense, reste sans emploi derrière les frontières qu'une crainte mutuelle et justifiée empêche de franchir. Le paupérisme croît, et il n'est plus humble, il n'accepte plus le sort : il veut avoir droit au pain et à la vie. Profondément inquiétés par les efforts des pauvres avides de satisfaire leurs appétits très légitimes, les Etats s'émeuvent. La politique cherche, le couteau sur la gorge, un moyen de concilier les revendications du Travail et les exigences de l'Argent. L'Etat sait qu'il n'existe que par le travail de la race prolétaire, mais il connaît aussi, par expérience, que l'argent seul permet au travail de produire efficacement, de multiplier le rendement de la matière, d'accroître le commerce, le transit, c'est-à-dire le bénéfice de l'impôt par quoi vit l'Etat. Contenter le travail, c'est s'aliéner l'argent dont on ne peut se dispenser. Opprimer le travail, c'est encourir le risque de terribles révolutions et de guerres civiles où pourraient bien crouler toute la richesse et la puissance de la vieille Europe. Si perspicaces que soient les économistes, ils n'inventent pas de moyen rapide qui transforme la nature des rapports entre le travail et l'argent sans léser l'un ou l'autre. On réclame cette transformation comme immédiate, lorsqu'elle ne peut s'accomplir que très lentement, et le peuple se plaint, le peuple étale sa misère, sa résignation séculaire ; il objecte que si la prospérité des Etats existe, ils la doivent à ses bras infatigables, au dévouement des générations ouvrières, qui viennent enfin réclamer leur part du bénéfice social.

Une cause notable de l'effervescence générale tient à l'inéquilibre de l'offre et de la demande dans la répartition des emplois. Le nombre des demandes surpasse de beaucoup les places vacantes. Il y a profusion de bras, pour peu de travail à entreprendre ; de là le chômage de beaucoup d'ouvriers et la facilité pour le patron de se montrer très exigeant, sûr de trouver des remplaçants immédiats pour les employés qu'il renvoie.

Cette profusion de travailleurs inemployés, souvent chargés de famille, alimente dans les centres industriels ou agricoles l'esprit de revendication sociale et accroît les justes plaintes du monde laborieux. C'est pour ceux-là qu'il s'agit de découvrir une patrie nouvelle, propice à la culture, au défrichement, et qui permette aux malheureux de vivre.

Même, à l'occasion de cette solennelle croisade du peuple chrétien, rien n'empêcherait que l'Eglise proclamât une nouvelle trêve de Dieu dont la durée serait provisoirement égale à celle de l'expédition chrétienne. L'espoir pourrait naître ensuite que la trêve se prolongerait indéfiniment. Les armées préparées avec tant de soin depuis vingt ans par la prudence des politiques pourraient se mettre en marche, toutes nations confondues dans la même pensée de charité sociale, de la terre à conquérir pour les pauvres, de la liberté et de la civilisation à offrir aux déshérités du continent asiatique.

Les philosophes ne manqueraient pas de voir, dans la fondation de cette *Colonie internationale*, le commencement de la paix universelle, qui doit régner sur le monde. Rien n'empêcherait, en somme, qu'un congrès européen élaborât le régime d'organisation politique qui régirait les destins du nouveau peuple. Les Fourier, les Proudhon, les Karl Marx, fourniraient sans doute, par leurs livres, les principes de cet état social, et les cartulaires des anciennes abbayes communistes de saint Bernard serviraient beaucoup à organiser la pratique de l'existence quotidienne.

Le principe d'internationalité prêté à cette colonie, pourrait, à la suite d'une entente, et très à la longue, s'appliquer à toutes les colonies européennes.

Ainsi commencerait, excentriquement, la réalisation d'ailleurs inévitable du désidératum social. Le Pauvre, devenu propriétaire lui aussi, ayant aux mains la possibilité du Travail et de la Vie, s'enrichirait. Ses enfants multiplieraient dans le bien-être. Il y a assez de place sur la planète pour toutes ses races et tous les éléments des races.

La mise en pratique de cette conquête internationale ne serait pas, aujourd'hui même, utopique. Les détenteurs du Capital Argent, en appuyant cette expédition, se libéreraient de la perpétuelle plainte des chômeurs, de la crainte de l'émeute et de la révolution. Au bout de quelques lustres, le commerce établi entre les terres nouvelles et les mères-patries, payerait largement l'intérêt des sommes dépensées à cette tentative. Enfin l'on aurait voulu, essayé, installé un état communiste et, de cette expérience, l'avenir de cent ans pourrait conclure, en Europe, à l'efficacité ou à l'impraticabilité du résultat.

L'ouvrier, lui, gagnerait à cette émigration le pouvoir de se dérober aux exigences de l'argent en se retirant dans sa propriété du Midi, le jour où il ne conviendrait plus d'accepter les traités offerts. Le capital serait dès lors contraint de rémunérer équitablement le travail.

LE NOUVEL ANARCHISTE

Le nouvel anarchiste s'habille à l'anglaise. Il habite, sous plafonds élevés, un second étage à vitraux dans un quartier neuf. En sa claire somptuosité, l'aspect des moquettes et des céramiques séduit d'abord.

Généralement le nouvel anarchiste s'affirme wagnérien, — à moins que, par esprit de distinction, il n'affiche une préférence en faveur de Beethoven. Sa bibliothèque contient les chefs-d'œuvre de la littérature décadente, les travaux de Karl Marx, la collection des économistes, les Pères de l'Église et une édition rarissime de l'*Apocalypse* de saint Jean.

Les marines des impressionnistes pointillistes brillent aux murs vêtus de tentures crevette et jonquille. Quelques moulages des meilleurs reliefs assyriens occupent le haut de la cheminée, les consoles, les cimes des armoires tonkinoises aux personnages de nacre incrustée.

Le laboratoire où s'apprêtent les mixtures explosives est situé dans un faubourg mi-élégant, entre

Neuilly et Courcelles. De vieux tilleuls ombragent son toit de verre. Il y a, pour dépister les curiosités voisines, des blocs de glaise, des selles de sculpteurs, tout l'outillage de l'artiste.

L'abstentionnisme étant de rigueur dans la doctrine, le nouvel anarchiste ne vote jamais.

Dédaigneux de l'amour, par lui qualifié « orgue de Barbarie », il se marie de très bonne heure.

La nourrice est originaire des prairies de Jersey. L'institutrice grandit à Newgate.. Les babys portent longues robes et capotes énormes, selon les dessins de Kate Greenaway; — ce qui crée un petit monde d'élégantes et d'élégants lilliputiens à la mode de 1835. Comme on baptisa chacun de noms propres à certains personnages de Balzac, ce devient tout un drame littéraire si Maxime de Trailles a griffé madame de Nucingen, ou si le dogue gris perle a léché la tartine de Gobsek.

Le nouvel anarchiste se prive d'équipages pour entretenir une gazette terroriste imprimée dans les quatre langues. Il y promulgue les bienfaits de la culture intensive et préconise le labourage en serre chaude, qui rassasieraient, avec un minimum fabuleux de travail, l'appétit du peuple. On lit de lui une démonstration excessivement logique et solide sur des procédés d'améliorations maraîchères, grâce à quoi la population entière de Paris mangerait du raisin exquis dès janvier. Il enseigne le moyen de recouvrir de verre la plaine de Gennevilliers pour y élever les primeurs au feu du choubersky.

« Ce travail, écrit-il, donnerait, au bas mot, tout le nécessaire et tout le luxe possible en fait de fruits et légumes pour au moins 75,000 ou 100,000 habitants. Admettez qu'il y ait dans ce nombre 36,000 adultes désireux de travailler au potager. Chacun d'eux n'aurait donc à donner que cent heures par an réparties sur toute l'année. Ces heures de travail deviendraient des heures de loisir passées entre amis, avec les enfants, dans des jardins superbes, plus beaux probablement que ceux de la légendaire Sémiramis. »

Bien qu'il édifie tout son système politique sur une meilleure réglementation de la culture, ses modes d'action ne sont pas exclusivement pacifiques.

Sa femme colporte les ingrédients à panclastite dans ses boîtes à mouches et ses sachets de vétyver. Les nitres et les poudres dorment au fond des étuis ornés d'étiquettes des parfumeurs, et quand les agents les plus grossiers du parti ouvrent ces envois terribles, c'est une fine odeur de trousseau nuptial qui émane des essences meurtrières.

Paisiblement elle murmure au milieu des propos badins d'un five o' clok : « Oui, en 1894, l'année où nous ferons sauter la Bourse... » Si l'on s'étonne : « Avouez, reprend-elle, que notre flambée de l'Opéra-Comique a joliment réussi... » Et d'éventer nonchalamment, avec des mines triomphatrices, les frisures de son jeune front.

L'anarchisme est un genre, une mode, un ton. On se montre anarchiste brutal et décidé, à la manière de Bonaparte, diplomatique à la façon de Talleyrand, indifférent selon les préceptes de Chatam. Mais le difficile, l'extraordinaire, le suprême, c'est de paraître simple.

Le nouvel anarchiste s'appuie sur une logique irréfutable, éclatante, naïve comme la vérité même. L'autre soir, se dégantant au salon de la plus influente égérie de nos ministères, il a déclaré : « On vient de donner trente mille soupes aux pauvres, cet hiver. Faut-il qu'il y ait des mendiants pour manger tant de soupes ! mais faut-il qu'il y ait des voleurs pour pouvoir les *donner !* »

Sa religion dépend de son tempérament imaginatif et somptueux ; il sera mage, accomplira des retraites végétariennes de quarante jours, portera dans la poche du cœur un pentacle de plomb contre l'influence maligne de Saturne et évoquera des salamandres dans le vermeil des cuillers à sorbets.

Méditatif et voluptueux, il sera bouddhiste, compulsera dans la poussière des bibliothèques les poèmes célestes de l'Orient et brûlera des bâtons de santal devant des dragons dorés.

Intuitif et valeureux, il se proclamera catholique, expliquera les symboles du dogme, leur signification ésotérique et sociale oubliée par l'ignorance des orthodoxes contemporains. Il jugera le cardinal Lavigerie, de cette phrase soupirée : « A ce compte, le premier devoir du catholique, c'est la révolte. » Il avouera encore qu'il prépare la révolution dans l'espoir unique de faire gravir à MM. Camondo, Rothschild, Ephrussi chargés de croix véritables, le Montmartre, nouveau Calvaire de la Jérusalem nouvelle, et de les y crucifier tous trois devant le Sacré-Cœur, couronnés d'épines et abreuvés de fiel.

Le nouvel anarchiste ne fait pas l'aumône. Il répudie la charité comme un encouragement au servilisme des âmes prolétaires et besogneuses. Si quelque loqueteux le poursuit de plainte, il s'arrête, lève la main et déclame : « Ne sais-tu pas la valeur puissante du meurtre ? Quand tu tues seul, cela se nomme un assassinat. Quand vous tuez en bande, cela s'appelle émeute. Si tu parviens à grouper cent mille de tes frères, cela signifie Révolution et Liberté; et tu peux alors tenter en grand l'exploitation de l'art que tu exerces seul, obtenir immanquablement de la peur publique de précieuses concessions capables d'assurer ton existence, au lieu de risquer le violon en mendiant tout seul. » Et le nouvel anarchiste s'éloigne du pauvre interloqué.

Encore que, pour son socialisme chrétien, le corps des pauvres représente celui de Jésus, il se borne à communiquer avec la masse des *compagnons* par l'intermédiaire d'amis d'ailleurs assez farouches, peintres, littérateurs, musiciens barbus qui colonisent intellectuellement les faubourgs en attendant le petit hôtel de la gloire.

Bien que les *compagnons* le qualifient de « religiosâtre », la virulence de ses diatribes les enchante, et le nouvel anarchiste, à son tour, les aime tous *en bloc*, pour le principe qu'ils expriment, comme M. Clémenceau aime la Révolution. Mais il les déteste individuellement et ne consentirait pas à voyager une heure en troisième classe avec les plus fervents adeptes.

Car il faut s'en souvenir, l'anarchisme est un genre, comme l'anglomanie. Il s'acclimate au salon, au boudoir, au cercle. Il fleurit parmi les cosmopolites des villes d'eaux. On le rencontre autour de la roulette, à Monte-Carlo, et dans les villas de Cannes. Le Yachting lui prête le couvert de ses pavillons et les salves de ses caronades. Il est aussi bon alpiniste. Certains clans d'exilés politiques le propagent dans les monts helvétiques et l'élèvent jusque sur les altitudes des glaciers.

Bientôt il aura conquis tout le snobisme, et Calino l'illustrera de ses nouvelles à la main.

Sérieusement on ne pouvait plus se dire conservateur. Ce qui fut jadis la paire de gants de l'esprit gentleman ne distingue plus, maintenant que les fils de boutique s'éduquent chez les Pères et que les marchands d'huile de pied de bœuf placent dans leur clientèle des hottées de la rose de France.

L'anarchisme seul pouvait séduire un esprit délicat, puisqu'il garde le suprême mérite d'épouvanter les gens vulgaires. La boutique le réprouve, et le fonctionnarisme le qualifie mal. Quant au rustre, il le hait comme le *partage* lui-même.

En vérité, le temps de l'anarchisme approche, la féconde anarchie, *select* et féconde, qui conviera au luxe et au confort l'humanité entière gorgée de raisin et de primeurs et s'ébattant, la bêche à la main, dans d'immenses champs vitrés, aux sons de l'orchestre Lamoureux.

AVIS A L'ENFANT

Tu pleures niaisement au coin du trottoir parce que ce fiacre lancé au galop vers quelque vaine affaire de négoce ou quelque sinistre rendez-vous charnel frôla ta main ballante qui laissa choir le litre de vinasse maintenant brisé contre terre où rampent des méandres violets... pauvre enfant!
Tu pleures, et la manche du tablier noir dont tu t'essuies la face délaye sa crasse dans tes larmes. Quelle horreur que ta tête ovoïde scrupuleusement tondue de tout poil sous prétexte d'hygiène, mais réellement pour économiser les séances de coiffeur!... Ton nez aplati à la racine, évasé et troussé aux narines, tes gros yeux bêtes et clairs, tes mains en deuil, noires et rouges comme les gants du diable, te donnent une ignoble allure dans le sarrau verdi, taché des encres pédagogiques sous ce sale col dont un ingénieux camarade illustra la toile de dessins imputables à l'homme lacustre. Pleure, graine d'esclave stupide, qui t'habitues dès cette heure à craindre et à trembler afin que s'accomplisse ton

apprentissage de lâcheté et de soumission aux Autorités pleines de faconde.

Comme les soufflets propices vont s'aplatir sur ta face glabre quand tu remonteras là-haut au quatrième étage de cette caserne à employés où te procréèrent, dans leur bestialité féroce et insouciante de l'avenir, ton père imbécile et ta mère vicieuse.

Car enfin, pour pétrifiée que soit ton intelligence par l'atavisme de tout une race de laboureurs cupides, d'ouvriers rigoleurs et d'employés tour à tour phtisiques et scrofuleux, un jour luira sans doute où tu te demanderas de quoi te sert la vie ?

La vie ! cela même qui t'oblige à respirer l'émanation méphitique du ruisseau où pourrit ce rat mort parmi des trognons de salade et des linges à ulcères ! La vie ! c'est-à-dire le devoir d'escalader vingt fois le jour sur l'effort de tes tibias décharnés ces étages où puent les soupes et les graillons des soixante-dix-neuf locataires pauvres, de manger d'infâmes charcuteries nageant dans des pommes de terre à l'eau ou dans des haricots amollis par la potasse, de t'en aller ensuite, après la gifle paternelle, user tes loques sur le banc d'école tandis qu'un pion hargneux insultera ton ignorance propice, et t'accablera de blâme si tu oses sourire à quelque rêve de prairie verte et de soleil rustique !

La vie, pour laquelle tu reçois les coups des gaillards plus robustes et tu affliges de taloches et d'injures méchantes les avortons plus faibles — par cela seul que la souffrance d'autrui réjouit l'instinct de conservation qui enchaîne l'humanité à la terrible planète de géhenne !

Ils t'attendent là-haut, les justiciers assis devant leurs faïences dépareillées où se fige, en refroidissant, la graisse d'un cadavre d'abattoir. Ils t'attendent avec le fol espoir que tu apporteras de cet alcool rougi aux plus sûrs poisons mais qui leur mettrait du sang sous les yeux pour cinq minutes malgré l'anémie agriffée à leurs carcasses, mais qui ferait dire à l'homme quelque obscène plaisanterie dont se pâmerait la mère prête aussitôt à se laisser ensemencer d'une nouvelle graine d'esclave et à renforcer ainsi plus tard le laborieux troupeau des spéculateurs juifs.

Pense de quel juste châtiment va se marbrer ta peau ! Tu as peut-être soustrait au bétail humain qu'exploite l'industrie financière une tête tout entière, souche elle-même d'autres individualités souffrantes qui, dans la perpétuation des siècles, fourniraient assez de labeur pour permettre aux vieillards riches d'entretenir somptueusement de très jeunes ballerines !

Aussi les hommes de cette caste, ou du moins leurs prédécesseurs, qui dictèrent les lois et la morale, ordonnèrent-ils que tu dois respect et obéissance à qui te procréèrent, afin que favorisant leur vie, c'est-à-dire leurs vices, tu contribues dès le bas âge à la multiplication du troupeau...

Sais-tu maintenant...

Bien que tu te mouches sans précaution...

Saisis-tu le pourquoi des gifles qui vont pleuvoir sur ton crâne tondu et la raison que tu as d'exister ?

Apprends donc que ton père, las, un jour, de honteuses fredaines à très bas prix, et aspirant, en ses rêves alcooliques, à la possession sienne, incontestable, et définitive d'un mobilier de goût vulgaire, courtisa la fille du vieux collègue que la légende bureaucratique disait accumuler des économies sur les maigres appointements touchés depuis d'innombrables trimestres. Et ce lui était doux de croire qu'après deux ou trois hivers un catarrhe propice ravirait à la vie le vieil esclave administratif, que, par suite, l'affreuse fille et lui-même, hériteraient du défunt. Enfin, détenteurs des premiers billets de mille, ils pourraient nourrir par des vols adroits un capital probable et espérer régir à leur tour l'exploitation de la misère publique, comblés d'honneurs par les ministères.

Cela, c'était le rêve. La réalité eut moins de clémence.

Le vieillard continua de vivre après avoir fourni, une fois pour toutes, le jour de la noce, un trousseau de madapolam, douze couverts de ruolz, ce lit de palissandre pour des ébats ignobles et légitimes, cette armoire hideuse dont la glace refléterait les scènes conjugales, et la salle à manger de faux vieux chêne dont le bois vert craque horriblement la nuit pour l'effroi de tes cauchemars.

La longévité du donateur sournois était impardonnable. Bien des fois ton père se réveillant après des songes de fortune avertit amèrement l'épouse de ses regrets. Quelles querelles troublèrent l'humble ciel de lit et les tristes rideaux de cretonne, agités par la double colère, — elle, reprochant au mâle son incapacité de paraître et de produire le nécessaire aux luxes les plus minimes; et les tristes labeurs de ménage dont aucune mercenaire ne la relèverait...

Alors l'idée pratique vint à l'épouse de tirer de sa chair même le serviteur ou la servante qui manquait... et une nuit de réconciliation, tu fus conçu dans la fraude, ta mère ayant négligé ces précautions obligatoires qu'enseigne tout mari à sa compagne, au lever d'une lune de miel économique.

Tu naquis.

Le vieil esclave administratif entama légèrement encore son pécule aux fêtes du baptême.

Les premiers temps tu fus, pour la jeune mère, la poupée vivante dont elle se flattait. Malgré tes cris et tes larmes, elle te lava, nettoya, épingla, emmaillota, inexorablement. Même tu n'eus point cette satisfaction que prend tout animal naissant à croupir en paix dans sa fiente. Il te fallut subir une hydrothérapie journalière qui te martyrisa. Terrible et féroce elle te frotta, te fit reluire comme les cuivres de sa cuisine, telle une gamine qui cire avec la brosse à parquet le vernis facial de sa poupée, pour écraser par le luxe de cette lueur les pantins de ses compagnes. Quand cessa la première phase de ton matyrologe, on te travestit en marin. Tu arboras un col de toile bleue, des pantalons de futaine, et un béret portant écrit en or *le Formidable*. A peine vêtu de ces oripeaux significatifs, ta mère t'employa pour entremetteur de ses sottes amours. Aux après-midi de jardin public, c'est ta joue que vint tapoter d'abord ce militaire galonné pour qui, maintenant, elle vole sur les rations du ménage.

Aujourd'hui ton malheur se magnifie. Dès que

l'aurore crache le sang contre les vitres de la caserne civile, la voix grasse du père ensommeillé te réveille en promettant la calotte excitatrice. A peine vêtu, le sanglot du dernier ronflement dans la gorge, tu descends la boîte à ordures vers le tombereau municipal. Non sans que la portière t'ait qualifié en argot immonde pour les épluchures que ta main tremblante sema de marche en marche.

On te voit ensuite, violet de froid et les mains gourdes, courir sur la glace des ruisseaux avec la boîte au lait qu'une mégère folâtre remplit de plâtre liquide capable de crépir à jamais ton estomac, tombeau des nourritures innomables. Puis les bras chargés de pain et de braise, tu remontes activer le feu de ton souffle phtisique, comme si les bacilles de la tuberculose qui colonisent tes poumons avaient besoin de cela pour croître et multiplier à l'aise. Entre temps tu as appris par cœur la théorie des verbes grecs contractés, le rapport de la circonférence au diamètre, et le discours d'Alexandre à Porus afin que ton père, éducateur rigide, te fasse réciter ces erreurs ataviques, — prompt à te souffleter au premier manque de mémoire...

Coiffé d'un képi crasseux, premier signe des servitudes militaires, tu cours vers le bagne universitaire où commence l'autre supplice. La chiourme des cuistres ingénieuse à inventer des tortures t'inculque là tous les dogmes idoines à abaisser l'âme, à t'inspirer la vénération du riche et du puissant, le mépris du faible.

Elle exalte devant toi la sauvagerie des conquérants, la vanité de la réthorique, l'immoralité des dogmes philosophiques et l'amour de l'odieuse république bourgeoise. Toutes les âmes généreuses qui parurent dans l'histoire sont ouvertement traitées par ces pions de conspirateurs ou de tyrans. L'admirable Néron qui, ayant compris la stupidité et la lâcheté immuable des foules, les employa seulement comme motifs d'expériences sensitives, (ce à quoi elles peuvent uniquement servir) — l'admirable Néron est méprisé par leurs doctrines. On t'apitoie sur le sort de Brutus candidat des oligarchies trafiquantes et on te parle de la cruauté de Sémiramis, la reine qui tenta la divinité. On insulte la Sainte Inquisition qui brûlait les Camondo et les Euphrussi du moyen âge, excellente mesure pour empêcher les krachs comme ceux de l'Union générale, de la Société des cuivres et du Panama, où sombrent les économies des esclaves sociaux. La Sainte Inquisition qui nous protégeait au moins des voleurs de la banque et savait vêtir d'un San-benito soufré les plus audacieux exploiteurs du travail humain!!...

Ainsi par une vieille scolastique, en invoquant des entités indéfinies, des mots comme Liberté, Egalité, et autres calembredaines misérables, on te prépare à subir lâchement le joug du Trafic et de l'Or, à peiner dans le sillon économique, sous l'aiguillon du dernier des Hirsch ou des Klotz. On te tue l'espoir en Dieu pour implanter en ton âme la crainte salutaire de Rothschild ; et après dix ans de ce bagne préparatoire, tu comparaîtras devant des juges de faculté, domestiques de la synagogue, qui ne te délivreront le diplôme nécessaire pour émarger aux guichets du gouvernement juif, que si publiquement devant un auditoire témoin tu professes l'admiration et le respect pour ces dogmes de servitude et d'abaissement!... Sinon tu pourras crever de faim au coin des bornes, t'entendre appeler poète et déclassé par les messieurs honorables qui courront porter aux boudoirs publics l'argent qu'ils volent à ta pensée et à ton labeur...

Ecoute, enfant... voilà que je viens de dénuder la vie devant toi, la vie que tu connaîtras et où tu peineras à moins que la miséricorde du Christ t'appelle à lui tout d'abord. Voilà ce que tu dois à tes parents qui, là-haut au quatrième étage de cette caserne à employés, attendent ton retour afin de te gifler et de t'insulter compendieusement. N'auras-tu pas le cœur maintenant de renier cette famille honteuse, et tournant ta face vers les paroles de l'Homme Dieu d'écouter la voix sacrée te dire :

« ... Laissez venir à moi les petits enfants ! »

Entre dans l'église, couche ton front contre les marches de l'autel, termine une prière brève... et va, pour l'amour du Christ, apprendre dans la mort le dogme de la résurrection et de l'immortalité !

CHEVALERIE

La gigolette va-t-elle mourir?

Aussi pâle que la craie, les cils blonds collés par les pleurs, la mousse des cheveux mouillée de male sueur, elle n'est plus qu'une petite chose roide et sèche sous la couverture.

Malgré les larmes silencieuses illuminant ses joues, la mère ne néglige pas le pot-au-feu qui bourdonne sur la fonte rougie du poêle.

« Malheur! malheur! » répète Arthur et il enfonce davantage sa casquette de ses deux mains agriffées à la ganse.

Il quitta la môme, hier, sur les minuit. Elle partait avec un triste vieillard aux longs cheveux d'artiste. Le pressentiment? Il l'eut. D'abord, ça l'étreint toujours au cœur lorsqu'elle accepte ainsi de suivre des tentateurs inconnus pour la nuit entière.

Mais les pauvres diables peuvent-ils aimer sans partage comme les flics, les bourgeois, les princes!

Personne n'avait voulu le prendre comme frotteur à cause de son allure chétive. Les maçons préfèrent les gars de la campagne pour les servir, et, dans les ateliers aux travaux simples, on embauche plutôt les fils des anciens ouvriers vieillissant à la tâche.

La gigolette courait donc au dehors le hasard des rencontres favorables.

Le sort ne marque-t-il pas d'avance les hommes ?

Au reste ils ne se chérissent que plus. La tendresse d'Arthur se double d'une fervente reconnaissance pour la douceur de vivre qu'elle lui assure ; et elle s'attache à lui par le sentiment même qui lie le sauveteur au sauvé, ce sentiment de gratitude envers qui nous offre le motif d'une belle action, d'un sacrifice.

Va-t-elle mourir, à présent, la gigolette ?

Si durement elle respire de ses petits seins essoufflés ; sa bouche mignonne se crispe d'angoisse.

« Sûr : c'est les bronches ! » murmure la mère écumant le pot, tandis que, pour dissimuler sa convoitise, le chat malicieux feint de se laver l'aisselle.

« Les bronches ! » Arthur hausse les épaules. Les bronches s'abîment-elles à ce point, en quelques heures ? Il l'a trouvée, demi-morte, ce matin, au fond du fiacre qui la ramenait. « Les bronches !! » Evidemment, le pante a martyrisé la gigolette ; et il attend qu'elle récupère la vie pour savoir l'adresse du triste vieillard. Avec le père, il ira l'attendre. A eux deux, ils se chargeront du compte.

« Cinquante francs ! s'il croit s'en tirer avec ses cinquante francs... On n'achète pas tout... Et, vous savez, la mère, je les lui rapporterai ses cinquante francs ; je les lui ferai manger, ses cinquante francs!... Qu'on n'y touche pas, qu'on n'y touche pas, surtout... ou malheur ! »

Et il menace la vieille, dont l'œil avide couve le papier rose et bleu de la Banque, le papier précieux déposé sur la table, et encore plié en quatre, tel qu'on le découvrit dans le corset de l'enfant, au moment où ils la délacèrent.

Elle ne répond rien, l'écumeuse de pot ; mais elle envie le chat qui, assis près du billet, de sa queue insidieuse, le balaye et le flatte, sans apparente intention, bien que ravi, jurerait-elle, de la faire ainsi bisquer...

La queue touffue de l'animal, en effet, dans son balancement, suscite un souffle qui, peu à peu, pousse la banknote vers le bord de la table. Sans doute elle tombera. La vieille pourra se précipiter, la ramasser, la tenir !...

Et voilà qu'elle guette, l'âme tendue... le cœur battant à toutes volées, seule chose par elle entendue, avec le crissement bref du billet qui glisse, dans la pièce où geint la respiration douloureuse de sa fille :

« Tout de même:.. avec cinquante francs, soupire-t-elle... on fait bien des choses ! »

Arthur la fixe d'un regard si atrocement verdâtre qu'elle se tait aussitôt.

La passion, certes, exalte le garçon outre mesure. « Jeunesse !... Jeunesse ! »

Elle radote entre ses mèches grises et pendantes. Le chat l'examine de ses pupilles ovales. Une patte en garde, il tente d'attraper au passage le geste de l'écumeuse qui apporte le pot à la lumière de la fenêtre et, dans la vapeur, pique les légumes, la viande.

Le chat se dresse. Il s'arque. Sa fourrure se hérisse. Sa queue se hausse en panache riche. Il ouvre une gueule vorace, ronronne, puis, contre le front penché de la vieille, il se caresse l'échine.

« Hé ! va-t'en donc !... » Sous le saut qu'il tente, la banknote glisse tout à fait. Elle tombe dans le frissonnement gras du bouillon... « Ah !... » D'une fourchette preste, la vieille l'a cueillie. Mais ses doigts échaudés lâchent le butin.

Le papier fume à terre. Soudain le chat bondit, le happe, l'emporte sous l'armoire et d'un ronron considérable sonne l'hallali.

On l'entend mâcher.

Au tumulte de la vieille, de son balai, d'Arthur qui la claque, du chat qui crache, la gigolette sort de sa torpeur. « Arthur !... A boire ! »

Vers elle, aussitôt, l'amoureux se penche. Il n'en peut rien apprendre sinon que la soif l'étouffe et que du champagne seul la calmera.

Furieuse et pleurante, la mère écrase du sucre au fond d'un verre d'eau. La gigolette l'écarte. Du champagne lui rendra la vie, mais nulle autre chose ; et dans sa torpeur, elle retombe. Les questions ne l'invitent qu'à gémir.

« Malheur !... malheur !... gronde Arthur... Elle va passer... Où chercher du champagne à présent... vieille bourrique ? »

De sa main vite levée devant le visage, la vieille pare la gifle simulée.

Arthur essaye encore de ranimer la gigolette. Sa

tentative échoue. Alors il enfonce brusquement sur son crâne l'inséparable casquette et descend, dans la nuit qui commence, à la conquête de la bouteille...

Au dehors, les papillons de gaz tremblent déjà dans les lanternes. Comme il l'aime! Arthur sent son âme frémir et son cœur grelotter par crainte de ne pas obtenir du sort le vin sauveur...

La difficulté de la victoire est, d'ailleurs, énorme. Les fioles de Moët et d'Ay ne paraissent que derrière les vitres des épiciers et sous la garde prudente des garçons vendeurs.

En vain il se rappelle les coups d'estampage adroit que l'on conte. Aucun des exemples célèbres ne le saurait servir à l'occasion. Obtenir du champagne sans argent !

Et toute sa haine contre le riche lui remonte au cœur. Quand donc se lèvera le matin de la bataille suprême contre la grasse armée des pantes ?... Avec quelle fougue il frappera, défonçant les poitrines et les crânes, pour l'amour de sa gigolette !

Le souvenir des combats illustres appris à l'école lui peuple la mémoire ; il évoque les Goths et les Germains descendus dans les plaines d'Italie pour gagner les bijoux et les vaisselles romaines afin d'en parer les demeures de leurs femmes, et Ménélas qui fit égorger tant de peuples pour ramener à sa couche l'admirable Hélène ; et Napoléon qui souleva les armées d'Europe contre le tsar parce qu'on lui avait refusé en mariage une princesse de sang impérial.

Quelle chance ils avaient, ces monarques, de dispenser la vie des peuples selon les besoins de leurs cœurs, et comme Arthur comprend qu'ils l'aient fait. Lui aussi, pour sauver la gigolette si près de la mort, pour l'abreuver du seul élixir capable de lui rendre vie, il accomplirait les exploits de la chevalerie, les vaillantes chevauchées des légendes, les belles tueries des Roland et des Charlemagne.

Il va, par le sombre boulevard extérieur, s'exaltant. Ses doigts, dans sa poche, étreignent le manche du surin comme ceux des paladins serraient la hampe de la lance ; et pareil à ceux-ci, il pense à la dame, non pour lui rapporter, prises dans le sang des vaincus, de futiles écharpes à devises, mais l'or, l'or qui procure l'élixir magique du champagne et qui prolonge l'existence des bien-aimées.

Tant il va, que les boulevards finissent et que les rues deviennent désertes, obscures. Tant il songe, que le surin maintenant luit à son poing et que tout à coup il l'abaisse dans le dos d'un gros homme aussitôt effondré, tandis que le haut de forme roule sur le sol en résonnant comme un casque.

... Ce n'est pas une, mais quatre bouteilles qu'il a conquises, le vaillant !... Et il court, muni de la dépouille opime, vers sa dame qui l'attend en haut du Mont-Martre.

... Il monte l'escalier, il ouvre. Haletant, il regarde la chambre. La mère et la fille dégustent le bouillon dans des bols. Le chat les aide.

« Du champagne !! dit la vieille !... Ah ! bien, oui. Elle en avait trop bu, la môme ! C'est pour ça qu'elle était malade !... Mais maintenant, elle va bien : elle l'a rendu ! »

LE RÊVE DU FUTUR

Etant prince par naissance, le rêve lui vint, — chose saugrenue, — de nourrir les peuples.

Ses collègues le renièrent sans qu'il se départît de son illusion, Or voici ce qu'il contemplait.

Les machines couvraient le quart du terrain, si bien huilées et ajustées que nul bruit n'émanait du mouvement.

La campagne, protégée d'une cloche de verre, se hérissait d'épis de terre promise, élevait des grappes étagées par des poutres écarlates, des fruits ventripotents, des légumes considérables... et des ruisseaux d'eau chaude couraient entre les plants, portant la chaleur aux germes.

Vêtus de soyeuses simarres aux broderies mates, des hommes et des femmes appuyaient leurs doigts blancs sur les touches des claviers de force. Ils faisaient cela selon la cadence d'un rythme mélodieux. Et une joie ineffable illuminait leurs faces, si merveilleuse leur semblait la musique enfuie des orgues dont les tuyaux rejetaient les lames du soleil.

Le bâtiment s'élançait sur des colonnes frêles en métal poli vers uue coupole où l'on voyait l'histoire des anciens peuples retracée en une mosaïque mariant les reflets de l'argent, du beryl, des turquoises et des agathes. De distance en distance, les parfums fumaient dans des vasques de cuivre ourlé. Un vent doux effleurait par effluves régulières les joues et les chevelures.

Les orgues enlevaient en extase ces âmes de travailleurs ainsi occupés à distribuer la force entre cent mille machines agricoles et industrielles.

Dehors la fête sonnait. Des bataillons de ballerines évoluaient dans des feux d'artifice; et chaque pas marquait un hiéroglyphe signifiant de lui seul la beauté d'une idée pure.

Les spectateurs, fraternellement embrassés, regardèrent danser ce poème écrit par la 84e fédération du Sud (elle compte 11,094 compagnons groupés). On parlait déjà dans l'assistance de supprimer la mention du groupe auteur, afin qu'il n'existât plus de cause pour la vanité ou pour l'envie.

Après leurs trois heures de travail hebdomadaire les Cosmopolites se dirigèrent vers le repos des bibliothèques.

Un instant, ils s'arrêtèrent devant les piscines pour voir se baigner les vierges, Et nul érotisme bestial ne subsistait dans leur cœur, car, les entraves sociales de l'amour ayant été supprimées, les libres appétits ne manquaient plus d'assouvissement. Avec une poitrine pacifique ils considérèrent cette beauté des lignes ondoyantes, des formes infléchies, des peaux irisées.

On entendit alors les voix des éphèbes jouant sur les pelouses universitaires et les encouragements mutuels de ceux qui maniaient la rame sur le courant du fleuve. L'amour des Cosmopolites était un pour ces enfants. Dès la naissance, la communauté les enlevait à leurs mères ; elles ne les connaissaient plus ; en sorte que l'on chérissait en eux, non l'héritier d'avantages ou de vices particuliers, mais la perpétuation même de la race, son évolution progressive vers le bonheur, toutes les promesses confuses d'un avenir nouveau. On aimait en eux la prolongation et le développement de l'âme humaine.

Et c'était, par tous lieux, la liesse. On se sentait enfin dégagé des vieux crimes barbares, engendrés par la propriété, l'héritage, l'or, l'hypocrisie des ancêtres.

Quand un homme manquait à son devoir de fraternité, on le lui faisait sentir doucement, et alors il s'attachait lui-même au cou une pièce d'or et un anneau nuptial, de ceux que l'on conservait dans les bibliothèques. Par là, il marquait son infamie et qu'il était digne de souffrir encore la misère des anciens âges.

Le cas d'ailleurs se présentait rarement. Les fédérations se rendaient en pèlerinage annuel, et avec une grande solennité aux pyramides commémoratives des Temps Périmés. Le veau d'or accroupi sur des corps de courtisanes, sur des ossements et des débris de machines, l'idole de la Patrie, toute grasse du sang des victimes massacrées pour l'ambition des conquérants ou l'intérêt des économistes, ce double aspect hideux suffisait à maintenir en sagesse et en amour les populations épouvantées du douloureux enfantement de la Paix Humaine.

Ainsi rêvait le Prince; et cette harmonie sociale était son œuvre... Mais, à mesure qu'il se reprenait du songe, il voyait, avec tristesse, l'étendue des siècles à parcourir pour y atteindre; et ce chemin des siècles était rouge.

DE LA RÉVOLTE

En tous les lieux du monde où peine l'esclave moderne lié au labeur industriel sous l'hypocrite épithète de travailleur libre, une forte résolution naguère a été prise. Elle peut devenir efficace si, dans un concert unanime et un calme religieux, les foules prolétaires la veulent accomplir. Au premier mai, le peuple doit, dans les villes, manifester pacifiquement que, las du désavantage encouru par les détenteurs du Capital-Travail qu'oppriment les accapareurs du Capital-Argent, il croit le temps venu d'abolir cette énormité économique.

Alléguant comme sera vaine, en fait, une telle démonstration aussitôt restreinte par la force armée, certains orateurs et journalistes déconseillent la tentative. Ils se trompent.

Le peuple des pays divers arrivant enfin à une entente, à un effort commun universel et sachant s'allier quelques heures dans la même idée sur tout un hémisphère, — en l'hypothèse même que la brutalité des gouvernements spéculateurs empêchât la manifestation d'aboutir, — cet accord premier de toutes les souffrances humaines gémissant à l'unisson serait le commencement de la Révolution qui doit conclure à l'Ère de la Justice.

Songe-t-on la terreur formidable et salutaire imposée dès le lendemain aux agioteurs par la nouvelle que répandraient les gazettes de cette grande levée d'âmes douloureuses ? Songe-t-on l'extraordinaire, l'inouïe confiance que donneraient aux castes laborieuses la certitude d'être soutenues par tous les frères de Misère sur l'étendue du globe à un mot d'ordre échangé ! Ne serait-ce pas alors le prélude de l'immense grève universelle qui ne manquera point de paraître avant la fin du siècle prochain et devant laquelle devront nécessairement capituler les Égoïsmes des castes Aurifères ?

Il faut, Peuple de Paris, donner le signal du tumulte social, il faut que, le premier, tu pousses ta clameur de Justice et que tu montres au soleil de mai ta face de Douleur !

Les hommes timorés qui détournent l'impatience populaire de l'éclat légitime, argumentent d'une manière fort superficielle et sans raison valable, d'ailleurs.

Ils prêchent le respect de l'ordre et de la légalité, avec ce motif qu'ayant élu des représentants par son suffrage libre, la masse prolétaire doit se contenter de leurs pacifiques démonstrations. Ne savent-ils point comme les voix des rares mandataires socialistes deviennent inefficaces et vaines devant la horde nombreuse des députés agioteurs qui achetèrent les votes à la vénalité et à la niaiserie des campagnes ?

Respecter l'ordre, la légalité ! Qu'est-ce donc l'ordre sinon la sécurité des spéculateurs qui tremblent au moindre tressaillement populaire et ne désirent rien autre que de savoir la plèbe-martyr pâtir sans bruit, sans ostentation afin que le remords de son supplice ne les étouffe dans la jouissance et dans la digestion ? Que le peuple sorte ce premier mai. S'il y a moins d'équipages par les rues pour pavaner les trafiquants de notre emporocratie, du moins on rencontrera la saine image de la Passion Humaine hurlant sa peine sur les voies publiques, criant sa faim et sa fatigue par toutes les fosses de son visage, par toutes les loques de son vêtement. Ce sera plus beau que la pléthore des riches et l'on pourra mieux s'instruire.

La Légalité ? Mais la légalité c'est l'expression du pouvoir. Les ordonnances de Charles X étaient la légalité, comme la loi sur le sacrilège, comme l'empire au lendemain du Deux Décembre, comme l'ordre moral au 16 mai, comme la faction Rouvier-Rothschild aujourd'hui. Depuis le premier an du siècle il y a eu la légalité du Consulat, celle du Premier Empire, celle de la Restauration, celle de 1830, de Louis-Philippe, de 1848, de Lamartine, de Cavaignac, de Louis Bonaparte, de M. Thiers, de Jules Ferry, de M. Constans.

Si le peuple n'avait jamais touché à la légalité, il vivrait encore sous le régime des Ordonnances et du ministère Polignac.

Quelle plaisanterie : ne pas violer la légalité !

Chaque parti, arrivant aux affaires, ne se compose-t-il pas une légalité particulière, simple sanction de son succès et qui ne s'inspire de la Justice que pour en contredire les principes ?

Si quelques progrès dans la voie d'affranchissement s'accomplirent depuis soixante années, le peuple ne les doit qu'aux hommes énergiques qui ne redoutèrent pas d'attaquer la Force constituée et de se dresser devant son *veto*.

Il ne subsiste que l'argument plus réel de la brutalité gouvernementale. Sans doute, profitant de la moindre infraction aux arrêts de la police, la cavalerie corse qui a défendu toutes les tyrannies chargera la foule des protestataires et répandra le sang. On espérera intimider ainsi les moins audacieux et obtenir la dispersion des manifestants.

Mais n'est-il pas un moyen d'éviter la collision première en gardant au cours de la procession civique, une allure de dignité formidable qui ne laisserait prise aux prétextes des argousins ?

Il faudrait connaître suffisamment la puissance morale du SILENCE. Comme le dit Carlyle, « le silence est l'élément dans lequel les grandes choses se combinent pour pouvoir ensuite émerger parfaites et majestueuses au grand jour de la Vie que désormais elles devront régir ».

Contempler devant soi une multitude entièrement silencieuse, obstinément fixée de pensées et de pas vers un but inéluctable ; nulle troupe si aguerrie qu'elle puisse être par des années de guerre ou de massacres, nul chef si inhumain et si brave au mal qu'il se pense, ne saurait soutenir l'effroi d'un pareil spectacle.

C'est mon plus saisissant souvenir d'enfant d'avoir vu le 4 septembre 1870 passer sur les boulevards le Peuple Bleu descendu du faubourg Saint-Antoine et marchant en absolu silence, grandiose, éternel, avec l'apparence symbolique de la Race. Instinctivement les hommes les plus hostiles au mouvement révolutionnaire se découvraient devant la majesté du miracle apparu.

Rien n'eût résisté.

Je ne crois pas que les hommes du peuple revêtus de la livrée militaire envoyés par le gouvernement contre une telle masse, oseraient tirer sur elle. Je parierais bien qu'au fond des cœurs ils ne souhaiteraient que s'y joindre. Un peu de détermination, beaucoup de cohésion et d'entente, un immuable, un effroyable silence évoquant sur la foule la souveraineté divine de la Race qui enfante une phase de son rythme social; et le succès suivra.

Que les cavaliers tentent une charge; il suffit d'ouvrir les rangs, les laisser pénétrer assez avant, sans fuir; puis que dix hommes robustes s'attachent en grappe sans frapper, au mors de la bête, aux jambes et aux bras du militaire; il ne faudra point trois secousses pour maîtriser ce joli sujet de pendule qu'est un garde de Paris. Surtout ne pas fuir; ne jamais fuir. On sabre la déroute.

La stabilité, le silence !

Le silence qui dira: « Nous sommes les citoyens d'une Patrie libre, sortis ensemble par ce jour de mai, parmi ces édifices que nos bras construisirent, ces boutiques que notre industrie sut enrichir, sur ces boulevards entretenus par l'argent de notre labeur versé au fisc. Nous vivons dans notre droit, chez nous. Nous frapper, c'est commettre un crime, une lâcheté. Nous n'avons d'autres armes que notre loyauté, que notre souffrance, que notre résignation de martyrs. Soldats, serez-vous les bourreaux des cirques anciens ? »

Le silence et l'obstination de la marche en avant!

Ah! si le clergé moderne, comprenant enfin sa faute dix fois séculaire et la sottise de sa courtisanerie envers les riches qui le méprisent et le dépossèdent, savait, ce jour dès lors mémorable, ressaisir son rôle historique : l'apostolat chrétien. S'il savait, le clergé gallican, reprendre les maximes de charité sociale écrites aux Evangiles, et, dans la splendeur liturgique de ses chasubles, de ses hardes saintes, prendre la tête du nouveau cortège de martyrs, guidant avec les bannières et les croix et les crosses pastorales, protégeant du pantacle infaillible des reliques et du soleil de l'ostensoir !

Quelle victoire du Peuple, quelle victoire de Dieu !

Le prêtre chrétien devait être le prophète de toutes les tentatives de charité. « Ne faites pas à autrui ce que vous ne voudriez pas qui fût fait à vous-même. Aimez-vous les uns les autres, a dit le Christ ! » N'est-ce point ici tout le dogme et tout le précepte? En vérité le temps vient que les successeurs des apôtres délaissent la méchanceté des Puissants et des Riches pour reprendre la mission consolatrice, l'amour des pauvres de corps et des pauvres de cœur ; des misérables et des pécheurs !

Est-ce la mission à eux recommandée par l'exemple des premiers disciples que cette perpétuelle alliance où ils se prélassent avec les heureux du monde ? Quelle dérogation aux enseignements du Maître !

Il ne se souvient donc plus, le prêtre des jours présents, que les protagonistes du christianisme mouraient dans les supplices ou se vendaient eux-mêmes pour racheter les esclaves ? Le rachat des esclaves, la consolation des misérables, l'amour du pauvre, tels furent, tels demeurent les caractères inéluctables du dogme.

Quand le pauvre eut-il plus besoin de fraternité qu'à l'heure actuelle ? Ne possédant plus l'espoir d'outre-vie que lui enlevèrent, par un raffinement de cruauté, les trafiqueurs qui l'exploitent, rien n'allège sa croix.

L'esclave antique malade, fourbu par le travail, recevait les soins du maître ; il ne connaissait pas l'horreur de la main à tendre vers le passant, lorsque la vieillesse ou les accidents l'avaient rendu impropre aux durs travaux. Maintenant l'ouvrier épuise ses forces, son intelligence pour la prospérité des usines, et lorsque le feu des fours ou les miasmes des matières lui ont rongé les os, les muscles, le patron le jette à la rue, à la grand'route, comme la vieille ferraille, les rouages hors service.

De la charité, de la charité pour les humbles, ô prêtres du Christ. Soyez fraternels à la douleur humaine, aidez-la au soulagement, c'est le plus strict de vos devoirs !

Pourquoi, dès lors, ne pas descendre avec elle des faubourgs en agitant vos bannières de charité, en avançant les reliques de vos saints légendairement fraternels, en imposant, dans les feux de l'ostensoir, le corps du Christ, la victime offerte d'elle-même pour le rachat des misères du monde ?

On le peut certifier : devant un pareil cortège, la jactance des Spéculateurs s'ébahirait. Pour sceptiques qu'ils se veuillent affirmer, ces hommes qui n'hésiteraient pas au massacre du peuple, n'oseraient donner l'ordre de tirer sur Dieu. Les atavismes et les coutumes où une nation se développa, mille années durant, ne s'abolissent pas d'un coup. Les pires rhéteurs de notre république sentiront frémir en eux l'âme pieuse des ancêtres qui fondèrent la patrie. Leurs âmes de trafic éperdues déserteraient peut-être la lutte.

La force du peuple est là dans l'alliance avec Dieu.

Dieu qui représente l'ensemble des lois élémentaires, l'inconnu des rythmes où roule notre planète parmi tant de soleils et d'astres, et dont nous sommes les produits les plus parfaits, les plus approchants de l'image première des Causes...

Mais quelle que soit ta conviction, Peuple de Paris, il te faut marcher, ou fort de tes alliances, ou seul et sûr de toi-même. Souviens-toi que tu n'as obtenu de tes maîtres jusqu'à ce jour qu'en montrant la trique et les dents. Depuis ces ans passés dans le repos et dans l'attente des garanties promises, rien n'a récompensé ta sagesse ; et ta patience ne sert qu'à te couvrir de dérision et de moqueries infâmes.

Ne regardez point derrière vous, si la multitude

vous suit. Les grands révolutionnaires Barbès et Blanqui ébranlèrent les gouvernements les plus solides avec cinquante hommes déterminés, regardés par cent mille badauds.

LA CHARITÉ SUPRÊME

Elle a tant marché, tout le soir, devant les terrasses des tavernes, la petite Salutiste, qu'elle se sent très lasse... Oh! lasse des choses, de la pluie qui charge la paille de son chapeau, et qui glace ses pieds à travers les bottines crevées, lasse des invectives des buveurs, de l'endurcissement des hommes; oh! lasse, bien lasse, lasse même de sa foi neuve, qui ne remédie point à cette hideur du monde.

Le découragement l'engourdit toute. Et elle reste là, au bord du grand trottoir, parmi les faces peintes des prostituées, si tristes aussi dans les auréoles noires des parapluies, — ses sœurs en auréoles noires comme les auréoles des mauvais anges.

Et la petite Salutiste se croit presque dans l'enfer... au milieu de la grande ville flamboyante, pleine de tonnerres, sous la foudre blême qui luit, au faîte des lampadaires, emprisonnée dans des boules.

Autour d'elle, les fiacres galopent en troupeaux, comme les béhémots des Écritures, aux yeux mobiles, verts, rouges, bleus...

L'enfer serait-il pire, en effet ? Aurait-il plus ce contraste d'ombre et de feu, ces lettres terrifiantes qui brûlent au haut des candélabres en bronze pour indiquer les lieux de luxure ? Aurait-il des démons plus singuliers que ces messieurs noirs et blancs, raides, ainsi que des quilles d'ébène et qui rient atrocement à son offre tenace...

— Demandez le journal *En avant !* cinq centimes, un sou... Un numéro très intéressant...

— J'achète la vendeuse...

— Apporte-nous tes journaux, nous te prenons avec eux pour trois louis...

— Ses yeux valent mieux que ça, mon cher... Petit ange, cinq louis si tu veux tomber...

— Entends-tu, petit ange, cinq louis pour tomber...

— Cinq louis qui tombent si tu tombes... Va, ne fais pas ta poire, mon enfant...

— Dix louis, moi je donne dix louis, parce que je n'ai plus de cheveux... Dix louis !

—Pensez à Christ, mort pour nous racheter.

Les messieurs se tordent de rire, et ce sont quatre bouches énormes, quatre gueules écarlates ouvertes dans les toisons rousses, grises et noires des barbes.

Cruelles et dévoratrices, les quatre gueules se haussent par-dessus la petite Salutiste, qui s'écarte des plastrons de porcelaine ornés, sur le cœur, d'uniques pastilles d'or ; elle s'écarte des visages rouges de digestion, des bras soyeux qui tendent vers elle les braises ardentes des cigares.

— Christ est mort pour nous racheter...

En vain leur oppose-t-elle la phrase sainte. Ni l'eau, ni les paroles bénites n'auraient d'influence sur ces princes de démons. Vraiment la terreur l'étrangle, seule dans le cercle des damnés qui vocifèrent ; et, par delà, nul secours. Les passants eux-mêmes sont convulsés par le rire. Ils joignent à l'insulte des conseils plus durs.

— Va donc, hé ! la môme ! Tu me repasseras les pépettes, si t'as peur qu'elles te brûlent.

A la voix du camelot succède la voix de la prostituée.

— Dix louis !... et tu ne marches pas... Si tu crois mon enfant, qu'on te les offrira toujours !

Mais l'intrusion de ces gens dans le concert des facéties dégoûte un peu les messieurs. Le plus jeune brusque les choses...

— Écoute, nous montons là, dans ce restaurant... Nous y resterons deux heures... Si tu arrives au dessert, les dix louis seront pour toi...

— Au fait, dit le plus vieux, sans doute est-elle encore mascotte...

— En ce cas... ma petite... tu auras tes vingt-cinq louis... Vingt-cinq louis...

— Ce serait crevant... non, vrai... ce serait crevant... cueillir la rose de l'Armée du Salut... je m'inscris pour vingt-cinq louis...

— Tu demanderas au garçon le cabinet de M. Frédéric ?

Et les voilà disparus dans le bruit de leurs rires par le royal escalier aux marches de velours, entre les saluts des maîtres d'hôtel imposants comme des magistrats, humbles comme des mendiants.

Elle demeure seule, la petite Salutiste, et le cercle des badauds, peu à peu se dissipe... Seule, dans la pluie, avec des larmes lourdes qui salent et piquent ses joues...

On lui a tant répété, à la conférence, que la vertu prépare le bonheur et qu'elle impose le respect aux plus pervertis...

Le Christ a donc menti pour éblouir les hommes et leur faire prendre la misère en patience... Quel chaos dans la tête de la petite Salutiste... Les paroles de ces messieurs lui restent à la mémoire comme des crachats sur une porte d'église.

Pour ce soir, du moins, elle n'ira point plus avant. Ses idées titubent et radotent, ainsi que de vieilles femmes ivres. Elle rassemble en sa main les plis trempés de sa pauvre jupe bleue ; elle cache, sous son châle sombre, les exemplaires du journal *En Avant*. Son uniforme lui donne de la honte, ainsi que si elle portait du fard de catin... Ah ! le Christ est bien mort, bien mort sur le Golgotha, et c'est ici l'enfer, l'enfer...

Des cris percent l'ombre... et des jurons sourds... D'une rue étroite un homme surgit ; une femme pendue à ses bras s'efforce de l'immobiliser... « Mademoiselle... je vous en prie... Aidez-moi... il veut se tuer... » La Salutiste aperçoit une arme luire au poing du forcené... « Au nom de Dieu, Mademoiselle, aidez-moi ! »

La plainte est si déchirante... La petite Salutiste s'accroche donc aussi au bras de l'homme. Elles luttent et peu à peu il cède. L'arme tombe. La banale histoire : Ménage à bout de ressources, à bout d'emprunts ; enfants sans pain ; la ritournelle de misère ; et il a volé, et on l'a su ; et s'il ne remet la somme avant minuit (cinq cents francs !), on l'arrêtera..... Plus jamais il ne trouvera d'ouvrage... alors, mieux vaut, de suite, périr...

— Vingt-cinq louis, ça fait bien cinq cents francs ?
— Oui.
— Je puis les avoir dans une heure, dit la Salutiste. Attendez-moi... devant le restaurant, là-bas, où il y a un royal tapis de velours rouge...

Elle court, et repousse toutes les idées qui l'assaillent. Seulement, elle répète précipitamment la sentence de l'Ecclésiaste : « Mieux vaut une belle action que dix grandes vertus. » Et l'autre : « Tu aimeras le prochain comme toi-même... » Quelle plus grande charité que de sacrifier son âme même, son salut même, pour autrui...

La petite Salutiste sent tout une fête qui s'allume dans son cœur. Sa foi l'illumine... Elle ne perçoit plus sa chair, ni l'effort de sa marche. Des chants de lyres frémissent à ses oreilles. Il y a des chœurs célestes plein la rue... et une voix ardente comme un glaive qui crie : « En avant, pour le Christ... en avant ! »

Elle se trouve dans le salon rouge et bas devant les quatre rires des damnés, devant les coupes de vin mousseux et les montagnes de fruits rares ; mais le firmament entier vibre en elle. Il lui semble qu'elle commande aux mille phalanges des chérubins et aux dix mille légions des Trônes... et qu'en sa main étincelle le glaive de la Toute-Justice...

Ainsi la petite Salutiste se dévoua ; et elle eut la

somme, et elle se sauva vite, malgré sa blessure sanglante, et elle versa tout l'or dans les mains du pauvre qui attendait en face du restaurant au royal tapis de velours rouge...

Malheureusement, après qu'elle eut tourné la rue, une grande douleur la déchira. Elle dut s'asseoir dans l'angle d'une porte... et elle comprit bien qu'elle allait mourir.

Son sang la quittait, et ça faisait une flaque qu'elle recouvrit en étendant, par pudeur, sa jupe bleue.

Mais cela lui demeurait bien égal, il sonnait du triomphe dans son cœur... Son armée d'archanges l'acclamait de cent mille hosannahs... Et voilà que Christ lui-même se penchait sur ses lèvres et qu'il lui donnait le baiser des épousailles légendaires.

Au matin, les balayeurs découvrirent le corps menu roulé dans sa jupe bleue; et il y avait un sourire ineffable, un sourire de petit enfant qui découvre la lumière, un sourire tout à fait nouveau dans le fond du grand chapeau de paille noire...

INVECTIVES AU MENDIANT

Cette antique redingote de rustre verdie par bien des orages, ces chaussons que percent tes orteils rouges et noirs, ta barbe populeuse, ton feutre bosselé et ta chevelure couleur du fossé où tu dormis, la face indigo où clignote ton œil d'absinthe trouble ; tu les exposes à ma vue de gentleman brossé, avec le sot espoir que j'encouragerai par quelque aumône ta lâcheté de vivre ainsi, que je nourrirai la vanité de tes appétits immédiats et la crapuleuse bassesse de ton abjection, ô mendiant !

A l'autre coin de la rue, ta femelle guette la venue de la police. En son ignoble débraillage elle offre une tétine flasque à l'avidité improbable d'un nourrisson quasi-mort ; non sans quelque espoir de ranimer dans les bas-fonds du passant un peu de luxure devant cette infâme nudité, de le contraindre à payer d'un décime le prétexte de s'arrêter cet instant où il songera aux fraîches carnations de l'épouse qui attend, sous l'âtre, son retour.

Écoute, mendiant, pour cette fois, je veux satisfaire tes vœux imbéciles. Appelle ta moitié, pousse la porte de ce bouge où les mouches bleues bourdonnent et se heurtent ; commande, mange et bois avec ta compagne... je veux t'expliquer (bien que je sache l'inutilité absolue de mon effort) les paroles mystérieuses que je répondis tout à l'heure à ta prière muette : *Ne sais-tu pas le courage du meurtre ?*

Oh ! garde-toi-de t'indigner. Que de minutes ta méditation évoque la lame propice qui trancherait net la carotide d'un homme replet et suffisant. Ne t'indigne pas ; cette pensée est la seule lumière divine qui brille encore en toi ; cela seul te laisse plus noble que le passif végétal et te poste à ton rang de bête automotrice.

Oui, tu dois tuer. Ne doute pas que si les Elohim te jetèrent sur la planète, dépourvu des ruses nécessaires, de la faculté de saisir la douceur des soifs apaisées, c'est qu'ils te destinèrent à propager le principe même de ton existence : *l'impossibilité de jouir.* Si l'homme, en effet, cherchant le bonheur, finissait par acquérir la certitude de sa réalisation, s'il parvenait à déduire mathématiquement des expériences d'histoire que l'hygiène physique et morale, la fortune pécuniaire, l'instruction à dose modérée et progressive, l'emploi méthodique des excitants et des calmants, suffisent à établir l'harmonie entre les sensations objectives, il ne tarderait pas à délaisser ses tentatives de hausser et d'accroître l'esprit de la race. Son seul motif d'agir se limiterait alors au souci de jouir immédiatement selon les principes de cette précieuse découverte ; et il peinerait pour matérialiser le sublime de son être afin de ne se plus créer de nouveaux désirs, c'est-à-dire de nouvelles souffrances pour les satisfaire, et de nouvelles déceptions après l'assouvissement. Les quelques milliers de citoyens qui détiennent la fortune publique, supprimeraient aussitôt sous le vague prétexte de répression d'émeute ou de crimes imaginaires les dissidents de cette théorie. Eux organiseraient l'exploitation parfaite et définitive des peuples, abaisseraient les arts à la mesure de leur digestion, nivelleraient les ambitions fâcheuses, et quelques-uns, maîtres de toute la planète, arriveraient enfin à *jouir*, grâce à l'esclavage du reste de la race humaine.

N'ayant plus le stimulant de la douleur, les génies cesseraient de produire. Animalisées par un dur esclavage et par une ignorance légalement imposée, les masses s'assimileraient complètement aux bêtes de somme, dont est déjà si proche le paysan actuel. Enfin, niée pour jamais, la fin de l'homme qui est de comprendre ce mot de la genèse LUI-LES-DIEUX et de se rendre semblable a LUI, — ne fournirait plus à la planète sa raison d'être dans la valse rythmique des astres parents. L'harmonie de l'univers serait compromise ; l'OEuvre deviendrait défectueuse ; c'est-à-dire non sens et, par suite, néant.

Mais tu existes, ô mendiant. Ta voracité instinctive guette le monsieur cossu qui rêve de jouir en paix. Tu surgis du creux des portails, à l'angle des murs, tu rappelles sur le symbole immonde de ta face que la douleur humaine est, par-dessus tout.

Ta femelle présente son nourrisson quasi-mort, et

17.

inflige au passant en affaires la menace d'une postérité loqueteuse propre à perpétuer la terreur et le dégoût. Alors quoiqu'il puisse méditer de propre à accroître sa fortune et sa sécurité, ce marchand repu s'épeure, il songe à la foule des pauvres et des humbles, à la multitude des souffrants; il tressaille et, par peur, par la seule peur, il pense à alléger les maux des misérables, à les occuper sur quelque mince proie afin qu'ils ne prennent pas tout; ce qui leur serait immédiatement facile.

De là de nouveaux efforts pour connaître, pour inventer, pour créer, c'est-à-dire pour approcher de LUI LES DIEUX et s'assimiler à son essence.

Voilà, mendiant, ton emploi, ta mission. Peut-être t'imaginais-tu orgueilleusement que le monde nourrissait ta paresse inutile. Tu te leurrais. Toi seul, la peur que tu inspires aux gens adipeux possesseurs d'immeubles et d'industries, fais mouvoir le monde, et ces intelligences du règne hominal. Toi seul es le plus grand ouvrier de la planète, le plus important, le manieur du plus énorme levier par quoi s'opèrent nos travaux modificateurs d'apparences. Tu es le grand travailleur, le porte-symbole de la souffrance humaine à apaiser, à racheter du péché de la déchéance primitive.

Mais parce que tu ne travailles qu'en inspirant la terreur, il importe que cette terreur se justifie par une sanction certaine. Quand tu as jeûné de longs jours, et que la faim te presse, que ta femelle geint sous la pile d'un pont, ou s'en est allée vers les aventures dont tu ne dois plus être, la rage parfois te prend, les mâchoires se serrent. Tes entrailles crispées s'échauffent et brûlent. Tes oreilles bourdonnent. Des flammèches de sang dansent devant tes yeux ; et tu vas rôdant dans les quartiers sombres, dans les avenues aux somptueux hôtels bien clos, où le promeneur rare, mais riche, rémunérera peut-être ta plainte sourde. Quand tu t'es dressé en vain devant plusieurs de ces messieurs hâtifs vers la table ou l'alcôve, ne sens-tu pas l'envie, ne comprends-tu pas le devoir de t'emparer par la force de ce qu'on te refuse ?

Oui, n'est-ce pas ? Ne crains pas le péché dans ce cas. Saint Augustin a dit que l'homme qui demeure sans manger tout un jour a droit à la vie d'un autre. Plonge ferme ta lame dans la nuque grasse du banquier et retourne rapidement ses poches. Qui sait ! Avec cette première mise de fonds tu pourras peut-être t'établir fruitier, entreprendre des affaires, augmenter ton commerce, te retirer riche et devenir député. Il n'y a que le premier pas qui coûte dans la marche à la croix d'honneur.

Peut-être des gens de police accourant aux râles éperdus de l'hostie sacrifiée à la Douleur Humaine, t'appréhendront-ils au corps, et, par un matin pluvieux, iras-tu voir luire le couperet de la guillotine prêt à trancher ta vie. Qu'importe ! Tu mourras avec la conscience du devoir accompli. Tu embrasseras le crucifix, tu diras au Christ : « Seigneur j'ai rempli ma mission : j'ai été la terreur du riche et du philistin ! Par peur de moi on a fondé tant d'asiles, tant d'hospices ; on a donné un peu plus de pain aux déshérités du monde. Je vais expier maintenant. Me voici à mon tour victime. Comme je sacrifiai ce monsieur cossu à la Douleur Humaine, je vais être sacrifié à mon tour à la jouissance humaine, parce que je suis un être de mort et qu'il est écrit que toute œuvre entreprise suivant un principe reproduit ce principe même! je glorifie votre sagesse, ô mon Dieu, et je vous remercie d'avoir bien voulu prendre votre serviteur pour contraindre les glorieux du monde à respecter les maximes de l'Évangile! »

Peut-être déplaira-t-il à ta pusillanimité d'encourir le risque de tenir le premier rôle dans cette pantomime judiciaire. Sans doute, par suite d'atavismes reculés, l'essence de ta race, dépravée par de longs séjours dans les âmes d'obscurs marchands ou d'esclaves ouvriers, répugne à l'infamie de cette mort. Je ne puis croire un instant toutefois que tu sois attaché au désir de vivre. Cela ferait honte à la parcelle de lumière divine qui luit au fond de toi. L'art complexe et fatigant que tu exerces, la multiplicité des ruses et la diplomatie de la quête quotidienne découragèrent depuis l'enfance les instincts de conservation. Si tu ne profites point jusque ce jour de la rivière limoneuse qui invite de ses murmures au repos dans les linceuls d'eau douçâtre, c'est que, disciple instinctif de Schopenhauer, dont tu ignores le nom même, tu pensas comme lui que le suicide ne marque pas une protestation contre l'existence, mais un simple découragement, l'aveu d'une basse faiblesse à supporter les tortures sociales et animales, en un mot la confession d'une lâcheté. Ton orgueil de réfractaire se refuse à afficher sur l'étal de quelque Morgue d'aussi ignobles principes de couardise.

Au fait l'amour de ta femelle, de ton avorton te tiennent-ils vaguement au cœur, et penses-tu leur devoir aussi longue que possible, ta présence protectrice !

Si humble que soit ta conscience, l'instinct de paternité t'asservit. Quel autre témoin invoquerai-je que ce gazetier publiant naguère :

« Le chef de la police de Bjelina, en Bosnie, reçoit depuis quelques jours de nombreuses visites de paysans qui viennent réclamer la grâce d'être décapités à la place du baron de Rothschild. Un farceur a répandu le bruit que le célèbre financier avait été condamné à la peine de mort et offrait une somme d'un million de florins à l'individu qui voudrait bien prendre sa place au billot fatal. Il n'en fallait pas davantage pour provoquer la formation d'un syndicat d'aspirants au martyre et au gros pécule. Le sort déciderait entre les participants; les survivants se partageraient le magot. Le chef de la police ne parvient pas à faire comprendre aux pauvres paysans qu'ils ont été victimes d'une facétie. »

Tu n'as donc pas peur de la mort puisque tu mets ta vie en loterie avec la même désinvolture que les mondaines envoyent aux ventes de charité des bandes d'atroces broderies que confectionnèrent leurs mains inhabiles mais aristocratiques.

Ce qui te perd c'est la coquetterie, le féminité de ta nature double. Comme le mineur d'hier élu député par ses camarades ne songe plus qu'à frayer avec les messieurs du Trafic, à porter chapeau haut et redingote inélégante indiquant une individualité cossue qui n'a nul besoin d'apparence fascinatrice, étant puissante par son bien, ainsi tu songes vaguement à devenir un bourgeois, à pouvoir, toi aussi, revendiquer le titre d'honnête homme, tout comme MM. Reinach ou Wilson ; et tu penses qu'une section nette pratiquée par la main d'un opérateur à gages officiels entre tes épaules et ton crâne t'empêcherait de prendre part devant la postérité à la collectivité des Honnêtes Gens.

Quelle sotte erreur !

Mais je comprends toutes les faiblesses humaines. Et puisque tu redoutes cette vaine menace d'infamie posthume, je veux te signaler, maintenant que tu manges avec moins de voracité ce fromage mobile, le moyen d'acquérir, en fort peu de temps, la GLOIRE!! LA GLOIRE!!

Va, en pieux pèlerinage, jusque la colonne de Juillet : lis, sur les stèles qui l'ornent, les noms des martyrs qui moururent pour la liberté (?) durant les *Trois glorieuses*. Je ne te propose rien moins que de parader ainsi en lettres d'or, sur les stèles d'une autre colonne érigée par nos fils pour l'éducation libérale des arrière-neveux.

Quand tu tues seul, cela se nomme assassinat. Quand tu tues en bande, cela s'appelle émeute : Si tu parviens à grouper cent mille de tes frères, cela signifie guerre civile, révolution, liberté. Le pauvre qui geint seul, se lamente et implore, n'est que vil mendiant digne du violon, tout au plus d'un internement prolongé au dépôt de Nanterre. Mille pauvres qui crient la faim et défilent sur les boulevards, sont des insurgés que respecte déjà la prudence du capitaliste. Le plus jeune fils du banquier, à qui son père refuse les subsides indispensables pour entretenir de jeunes personnes dépensières, viendra se mettre devant ta tête, t'enflammera par sa rhétorique et, dans l'espoir très sûr de conquérir ton suffrage, se sacrifiera pour la cause. Ça lui rapportera neuf mille francs annuels après les prochaines élections ; sans compter « les affaires ».

Mais cent mille pauvres qui, armés de bons gourdins et de coutelas de bazar, descendraient dans la rue, pour généraliser et tenter en syndicat l'exploitation de l'art que tu exerces seul, jusqu'à présent, cent mille pauvres luttant cinq heures contre les gardes corses de la caserne Tournon, obtiendraient immanquablement, de la peur publique, de précieuses concessions capables d'assurer ton bien-être à toi, celui de ta femelle et du fœtus qu'elle allaite.

Car si, par malheur, tu succombais sous le feu de la garde corse, peu de temps après, les jeunes avocats élus par tes frères survivants et par ceux qu'aurait indignés ta mort ne manqueraient pas de réclamer à la tribune parlementaire des pensions en faveur des veuves et des orphelins des citoyens tombés pour la liberté. L'exemple de 1848 confirme l'avis que je t'en donne.

Alors, vraiment, tu aurais accompli la mission pour laquelle les Elohim permettent que tu respires sur la planète. Alors tu pourras sans crainte te présenter au jugement de Dieu, les mains noires de poudre et dire : « Mon Dieu, j'ai été le symbole de la Douleur Humaine, j'ai rempli jusqu'au bout mon devoir d'avertisseur en terrorisant l'égoïsme de l'homme qui veut jouir ! J'ai ranimé dans l'âme des puissants, l'idée moribonde de la justice. J'ai obtenu un peu plus de pain, un allègement de labeurs, pour la multitude des laborieux et des simples, et je suis mort à la tâche pour satisfaire à votre divin principe de charité jusque le sacrifice de mon corps ! »

Les trompettes des archanges sonneront, ô mendiant, devant le trône de Dieu ! et tu t'assoieras à sa droite, ce qui est infiniment plus glorieux que d'engraisser derrière un comptoir en empilant des louis d'or, et en proclamant un athéisme idiot qui signifie seulement la bêtise repue et satisfaite de soi.

Sois martyr, jusqu'au bout, ô mendiant, mon frère !

Renouvelle les miracles d'austérité et de douleur inaugurés par les ancêtres chrétiens dans les cirques de Rome, devant les parvenus du Forum, et les prostituées de Suburre !

Sois magnifique de ton sang...

Et peut-être un jour, le pontife de Rome, écartant le voile d'erreur qui tombe en plis lourds sur sa face, comprendra la faute de son église, le péché de saint Pierre qui renie le pauvre, pour se donner aux puissants et aux riches.

Christ ne l'a-t-il pas dit : « Le pauvre c'est moi ! Mon royaume n'est pas de ce monde ! »

« Pierre, tu me renieras par trois fois avant que le coq ait chanté ! »

O Pierre, Pierre, pourquoi renier ton Sauveur à la face des servantes ? Les pauvres ne sont-ils pas les membres du Christ rédempteur ? Ne l'a-t-elle pas annoncé, la bonne nouvelle ! N'a-t-elle pas annoncé cette identification du Christ et de la chair douloureuse d'Adam ?

INVECTIVES AU MENDIANT

Pierre, tu as renié ton Christ pendant plus de mille ans. Dans la splendeur de la tiare et des vêtements pontificaux, sous les marbres du Vatican tu t'es repu de vanité, tu as dit : « Non je ne connais pas cet homme, je suis du parti des marchands du temple et des publicains !

« Je ne connais pas cet homme que l'on torture, dont le front est ceint d'épines, dont le torse nu est rougi par les lanières, et à la face de qui crachent les soldats ! »

« Je ne connais pas le pauvre que voici, qu'on va crucifier entre les voleurs ! »

Depuis mille ans, Pierre, tu dis cela pour avoir la faveur des servantes et l'estime des gardes de prétoire !

En vain Dieu t'avertit ! En vain on te dépouille et on te violente. Tu persistes dans ton orgueil insensé ?

Quelles larmes au réveil ! Quand le coq chantera !

Le coq symbolique des Écritures ! Ah ! ignores-tu le sens de prophéties divines ! Le coq c'est l'incendie à la crête rouge, c'est le clairon de la révolte et de la résurrection, et le coq c'est la Gaule !

O mendiant ! Agis ! accomplis la parabole.

Ne faut-il pas que le coq se réveille enfin ! que sa crête de flammes frémisse sur les cités oublieuses, que sa grande voix claironne le lever du jour nouveau, l'ère de la fraternité prédite ?

Ne faut-il pas que Pierre pleure son péché, et périsse, comme son divin Maître, de la main des bourreaux ?

Va, mendiant, montre ton spectre hideux à la faconde du riche, arme ton bras et parais, et attise la fournaise de la Douleur Humaine, pour que sous l'éperon de la souffrance Adam peine et tâche à reconquérir l'Eden, à recréer le fruit de l'arbre de la science, le fruit intégral et parfait, la panacée qui détruira les différences du Bien et du Mal effacées à l'aurore du règne de justice !

« Ne sais-tu pas le courage du meurtre ? »

Tu as fini, mendiant, de te repaître. Ta femelle dort sur la table grasse ; et toi, l'œil vague, tu regardes les mouches bleues qui se heurtent dans le bouge, comme de jeunes béliers, et je lis à ta face que tu es trop lâche pour tenter ta délivrance, pour accomplir jusqu'à la Fin nécessaire ton œuvre de martyr... que tu préfères, seul dans ta détresse, quémander éternellement à l'orgueil du riche le pain qu'il te doit... Tu es amoureux de ta honte et de ta bassesse, et tu tends aux talons et aux crachats ton visage ignoble

« Ne sais-tu pas le courage du meurtre ? »

ÉLOGE DE RAVACHOL

En ce temps les miracles et les saints semblaient vouloir disparaître. On croyait facilement que les âmes contemporaines manquaient de l'esprit de sacrifice. Les martyrs du siècle furent surtout d'obscurs citoyens hallucinés par le tintamarre des mots politiques, puis mitraillés impitoyablement en 1830, en 1848, en 1871 au bénéfice de certaines situations parlementaires que se préparaient ainsi des avocats violents et sournois ; et il y aurait même de l'imprudence à prétendre que nul vœu d'intérêt individuel n'engagea ces combattants malheureux à rechercher, eux-mêmes, les armes à la main, un profit électoral.

Les parades des Deux Chambres avec leurs scandales quotidiens, leurs syndicats de fabricants de sucre, de bouilleurs de cru, de vendeurs de bière, de faiseurs de vin, de courtiers en céréales et d'éleveurs de bestiaux nous revélèrent, à maintes reprises, les mobiles du suffrage universel. Il y eut Méline et Morelli, le sénateur Le Guay... Aussi toutes ces batailles de la chaussée parisienne, toutes les histoires de la rue Transnonain ou de Satory finissent-elles par nous paraître de simples querelles de marchands âpres à la concurrence.

Nos âmes sans complexité se fussent probablement déplues à suivre encore les jeux brusques de ces marionnettes ; et la politique eût été mise hors de notre préoccupation, si la légende du sacrifice, du don de la vie pour le bonheur humain n'eût subitement réapparu dans l'Époque avec le martyre de Ravachol.

Quelles qu'aient pu être les invectives de la presse bourgeoise et la ténacité des magistrats à flétrir l'acte de la Victime, ils n'ont pas réussi à nous persuader de son mensonge. Après tant de débats judiciaires, de chroniques, et d'appels au meurtre légal, Ravachol reste bien le propagateur de la grande idée des religions anciennes qui préconisèrent la recherche de la mort individuelle pour le Bien du monde ; l'abnégation de soi, de sa vie et de sa renommée pour l'exaltation des pauvres, des humbles. Il est définitivement le Rénovateur du Sacrifice Essentiel.

Avoir affirmé le droit à l'existence au risque de se laisser honnir par le troupeau des esclaves civiques et d'encourir l'ignominie de l'échafaud, avoir conçu comme une technique la suppression des inutiles afin de soutenir une idée de libération, avoir eu cette audace de concevoir, et ce dévouement d'accomplir, n'est-ce pas suffisant pour mériter le titre de Rédempteur ?

De tous les actes de Ravachol, il en est un plus symbolique peut-être de lui-même. En ouvrant la sépulture de cette vieille et en allant chercher à tâtons sur les mains gluantes du cadavre le bijou capable d'épargner la faim, pour des mois, à une famille de misérables, il démontra la honte d'une société qui pare somptueusement ses charognes alors que, pour une année seule, 91,000 individus meurent d'inanition entre les frontières du riche pays de France, sans que nul y pense, hormis lui et nous.

Par cela même que sa tentative fut inutile, et que le cadavre se trouva dénué de parures, la signification de l'acte devient plus importante encore. Elle se dépouille de tout profit réel ; elle prend l'allure abstraite d'une idée logique et déductive. De cette affirmation que rien ne doit être à qui n'a de besoin immédiat, il se prouve qu'à tout besoin une satisfaction doit répondre. C'est la formule même du Christ : *A chacun selon les besoins*, si merveilleusement traduite dans la parabole du père de famille qui paye au même prix les ouvriers entrés dans sa vigne à l'aube, ceux venus à midi et ceux embauchés au soir. Le travail ne mérite point salaire; mais le besoin réclame satiété. Vous ne devez point donner dans l'espoir d'une reconnaissance rémunératrice, ou d'un travail à vous utile, mais par unique amour du semblable, pour assouvir votre faim d'altruisme, votre soif du Bien et du Beau, votre passion de l'harmonie et du bonheur universel.

Si l'on reproche à Ravachol le meurtre de l'ermite, n'a-t-il pas, chaque jour, un argument à recueillir parmi les divers faits de la gazette? Est-il, en effet, plus coupable en cela que la société, elle qui laisse périr dans la solitude des mansardes des êtres aussi utilisables que l'élève des Beaux-Arts naguère trouvé mort à Paris, faute de pain. La société tue plus que les assassins : et quand l'homme acculé aux suprêmes misères arme son désespoir et frappe pour ne pas succomber, n'est-il pas le légitime défenseur d'une vie dont le chargèrent, en un instant de plaisir, des parents insoucieux ? Tant qu'il existera au monde des hommes pour lentement souffrir de la faim jusqu'à l'exténuation dernière, le vol et l'assassinat demeureront naturels. Nulle justice ne pourra logiquement s'opposer et punir à moins qu'elle se déclare loyalement et sans autre raison la Force écrasant la Faiblesse. Mais si une nouvelle force se lève devant la sienne, elle ne doit point flétrir l'adversaire. Il lui faut accepter le duel et ménager l'ennemi afin qu'aux jours de sa propre défaite, elle trouve dans la Nouvelle Force de la clémence.

Ravachol fut le champion de cette Force Nouvelle. Le premier il exposa la théorie de ses actes et la logique de ses crimes ; et il n'est pas de déclamation publique capable de le convaincre d'errements ou de faute. Son acte est bien la conséquence de ses idées, et ses idées naissent de l'état de barbarie où végète l'humanité lamentable.

Autour de lui Ravachol a vu la Douleur, et il a exalté la Douleur des autres en offrant la sienne en holocauste. Sa charité, son désintéressement incontestables, la vigueur de ses actes, son courage devant l'irrémédiable mort le haussent jusque les splendeurs de la légende. En ce temps de cynisme et d'ironie, un Saint nous est né.

Son sang sera l'exemple où s'abreuveront de nouveaux courages et de nouveaux martyrs. La grande idée de l'Altruisme universel fleurira dans la flaque rouge au pied de la guillotine.

Une mort féconde s'est accomplie. Un événement de l'histoire humaine s'est marqué aux annales des peuples. Le meurtre légal de Ravachol ouvre une Ère.

Et vous artistes qui d'un pinceau disert contez sur la toile vos rêves mystiques, voilà offert le grand sujet de l'œuvre. Si vous avez compris votre époque, si vous avez reconnu et baisé le seuil de l'Avenir, il vous appartient de tracer en un pieux triptyque la vie du Saint, et son trépas. Car un temps sera où dans les temples de la Fraternité Réelle, on emboîtera votre vitrail à la place la plus belle, afin que la lumière du soleil passant dans l'auréole du martyr, éclaire la reconnaissance des hommes libres d'égoïsme sur la planète libre de propriété.

GRANDEUR FUTURE DE L'AVARE

Pendant les heures d'imagination, on se plaît souvent à croire qu'après plusieurs époques Paris enfin disparu deviendra pour les hommes futurs une cité purement symbolique où vivront les légendes de leur art.

Les humoristes du siècle dernier aimèrent à installer dans un Orient de porcelaine les personnages de leurs contes moraux. Peut-être les écrivains de l'ère à venir choisiront-ils le décor fabuleux de nos boulevards pour tréteaux aux dialogues des marionnettes littéraires.

Si les collections de nos gazettes leur sont gardées à peu près intactes, les sujets de commentaires piquants ne manqueront pas; et je pense qu'on puisera fort dans la multitude des historiettes pareilles à celle-ci enregistrée au cours des faits-divers les plus récents.

Un pauvre violoneux allait de taverne en taverne, égayant la verve des buveurs et sollicitant de leur générosité quelques sous versés au fond de sa sébile après l'exécution de chaque romance. D'un sien oncle, chanteur de carrefours, il lui arriva d'hériter. Une guitare composait tout le legs, car le mort avait été enseveli dans ses haillons. Or, un soir que le pauvre violoneux s'était pris de querelle avec un ivrogne, son adversaire lui arracha le legs des mains et le lui brisa sur la tête. Les hommes de police intervinrent et conduisirent les champions chez le commissaire. En examinant les débris de l'instrument, la subtilité du magistrat réussit à y découvrir, en un angle intérieur, douze mille francs de titres de banque que le mendiant défunt y avait, peu à peu, amassés. On renonce à dire la joie du violoneux et comme son cœur reconnaissant pardonna l'agression de l'ivrogne.

Voilà toute la matière du conte. L'allure en est assez saugrenue. Mais il convient ici de pressentir sa portée philosophique en l'ère future dont nous parlons, quand aura cessé le combat de chaque heure pour la conquête de l'argent, quand le mot « fortune » ne signifiera plus que l'institution lointaine et arbitraire d'un préjugé propre à d'anciens Barbares, quand l'envie des pauvres n'aura plus à méconnaître l'Avare, ni la grandeur religieuse de son ascétisme volontaire.

Car, en ce temps-là, les théories économiques de l'anarchie auront depuis longtemps atteint au succès. La vie sera simple et tout mouvement utile. On attendra la mort en repos, au ronflement universel des machines qui nourriront, vêtiront, chaufferont, rafraîchiront et réjouiront le monde au moyen de rares frôlements d'index distraits reposant l'ennui de leurs ongles sur l'ivoire des boutons moteurs.

Les honnêtes gens, les personnes de bon sens auront évidemment renoncé à l'effort. On n'engraissera même plus. Les contractions musculaires suscitées par les bâillements des flâneurs suffiront à produire la force initiale immédiatement emmagasinée, condensée, multipliée dans des appareils récepteurs établis partout. Les engrenages se répareront de soi, pour dernier emploi de la force utilisée. L'usage de méthodes mnémotechniques appliquées à l'éducation rendra avec célérité les esprits adolescents pareils à des phonographes où l'on aurait récité le contenu de la Bibliothèque nationale.

Ces dilettantes iront en pèlerinage — Dieu sait par quels sleepings-cars merveilleusement conditionnés! — assister à des aurores de gala devant les ruines de la seconde Babylone. Sur le lieu précis de notre ville folle, s'élèveront évidemment des retraites officielles où l'on soignera les quelques genres de délire qui, malgré les découvertes innombrables de la thérapeutique, auront persisté en des âmes assez fâcheuses pour contredire la santé générale et insulter par un travail de création intellectuelle à la Paresse Acquise.

Le long de pelouses calmes, non loin de douches disposées en éventails, tournesols ou chrysanthèmes, rendues lumineuses par l'interposition de prismes de cristal, les derniers types de la gent poète se promèneront; et la foule des pèlerins cosmopolites se tassera derrière les grilles pour les voir, — chose étonnante et archaïque, — *rêver!*

18.

Ce rêve, proposé à l'admiration des hommes, quel sera-t-il?

Les poètes d'alors ne sauront apparemment s'éprendre ni de leur présent, ni de leur avenir; car il ne surgira plus en leurs âmes une illusion un peu précise que les machines ne puissent aussitôt satisfaire. Tout se trouvant réalisé, le désir n'existera plus. Cependant, l'art consiste surtout à traduire des espérances, des idées illusoires. L'art se sera donc effacé en même temps que ces formes de l'intelligence, s'il ne subsiste encore en ce temps même, un souhait irréalisable par essence : le désir de désirer.

A cause du vague même de cette aspiration, les poètes de l'ère future auront dû, afin de prêter à ce vague une forme quasi sensible, se reporter aux époques où florissait le désir et le cultiver sous les apparences frustes de notre actuelle barbarie. Il leur aura fallu se confiner dans une tâche purement rétrospective, et se contenter de revivre les émotions des cerveaux antérieurs.

Mais les œuvres qui parèrent les cerveaux des conquérants, des artistes ou des législateurs leur sembleront infiniment moins méritoires que celles qui hantèrent l'âme de l'avare. En effet, alors que les uns s'évertuèrent à prostituer leur désir du Beau par la guerre, la plastique, ou l'harmonie sociale, et à le soumettre aux suffrages imbéciles du vulgaire, l'avare dédaigna toujours de dégrader ses désirs en les réalisant. Il se priva de tout ce qu'offre la vie d'heureux et de gai. Il se bornait à supputer combien de ces choses lui pouvait valoir son trésor, et la contemplation seule de cette possession virtuelle rassasiait son être plus fort que le cri des instincts et le sanglot des passions. Il aima l'espoir, son vœu, pour lui-même sans rien donner à l'extériorisation du Dieu. Il n'estima nul culte capable d'exprimer suffisamment la puissance de son idole.

Ce sera donc le type de l'Avare que les poètes des Temps futurs évoqueront dans le décor reculé de nos boulevards, et parmi l'action d'une histoire compliquée, tandis que les peintres illustreront instantanément ces fables sur des écrans disposés en y inscrivant la réminiscence de nos architectures et de nos costumes, pour la liesse des enfants fin-de-période-géologique.

Les traits d'héroïsme les plus connus, tels que le dévouement de Décius, ne remporteront plus qu'un maigre succès d'estime. Au contraire la description des douleurs endurées par ces mendiants d'église qui se refusent toute joie pour périr de faim sur une paillasse bourrée de papiers de banque, enthousiasmera les auditeurs, ravis de tant d'énergie dépensée pour garder intégral et pur le culte ardent du Désir. Le martyre de cet oncle qui entassa douze mille francs dans le creux d'une guitare, et devant cette possibilité de vie, se laissa mourir, exaltera l'admiration des peuples ; et, la séance finie, les foules méditatives s'éloigneront en silence des poètes encagés, en songeant à cette mystérieuse chose disparue, le Désir, ce Dieu pour qui se sacrifièrent tant d'existences, volontairement, obscurément, par le seul amour de la douleur.

Et les poètes, s'acheminant vers les douches coutumières, penseront aux merveilleux avares qu'ils auraient pu être si la Providence avait permis que leur naissance devançât leur civilisation mécanique.

« Comme nous aurions manié les effigies monétaires et quelle ivresse, se diront-ils, eût été la nôtre ! Nous aurions répété : « Si je voulais, cepen-
» dant, je tiendrais les délires de l'amour, ceux de
» la gloire politique ou littéraire, la jouissance des
» arts et des pays splendides... Si je voulais ! » Et nous aurions vécu dans cette illusion perpétuelle sans connaître jamais les déboires du réel. Dans nos mains nous aurions élevé la poignée d'or, le métal magique. Tous les bonheurs en auraient émané. Ils auraient lui pour le ravissement de nos imaginations. Ils se seraient irradiés dans notre extase. Nous aurions enfermé le monde dans le creux de nos paumes. Le Désir eût communié avec nous ! Maintenant, hélas ! le Dieu est mort... Oh ! comme nous aurions fait souffrir ceux de nos parents, de nos frères révoltés contre notre saint égoïsme. Fermes dans notre foi, nous aurions imposé notre paradis à nos proches, au prix de toutes leurs souffrances, et des pires, sans remords, sans crainte, sachant les mener aux jardins ouverts du paradis ! »

Et les poètes d'alors éclateront en sanglots, parce qu'il ne leur sera pas donné d'être un mendiant avare qui implore sous une porte la charité passante.

FIN

TABLE DES MATIÈRES

Dédicace	v
De la critique	1
De l'amant	11
Du crime passionnel	27
De l'épouse	33
Du mariage	47
De la jeune fille	75
Des courtisanes	103
Des naïves	111
L'Inéluctable	117
Au vieillard !	139
Du centenaire	145
Les origines du socialisme	161
Du parlementarisme	169
De la société	177
Le père	195
Les cœurs durs	201
De la grève	209
De l'aventure panamique	219

TABLE DES MATIÈRES

De la guerre 233
Le nouvel anarchiste 255
Avis à l'enfant 261
Chevalerie 269
Le rêve du futur 275
De la révolte 279
La charité suprême 289
Invectives au mendiant 295
Éloge de Ravachol 307
Grandeur future de l'avare 313

ÉMILE COLIN — IMPRIMERIE DE LAGNY

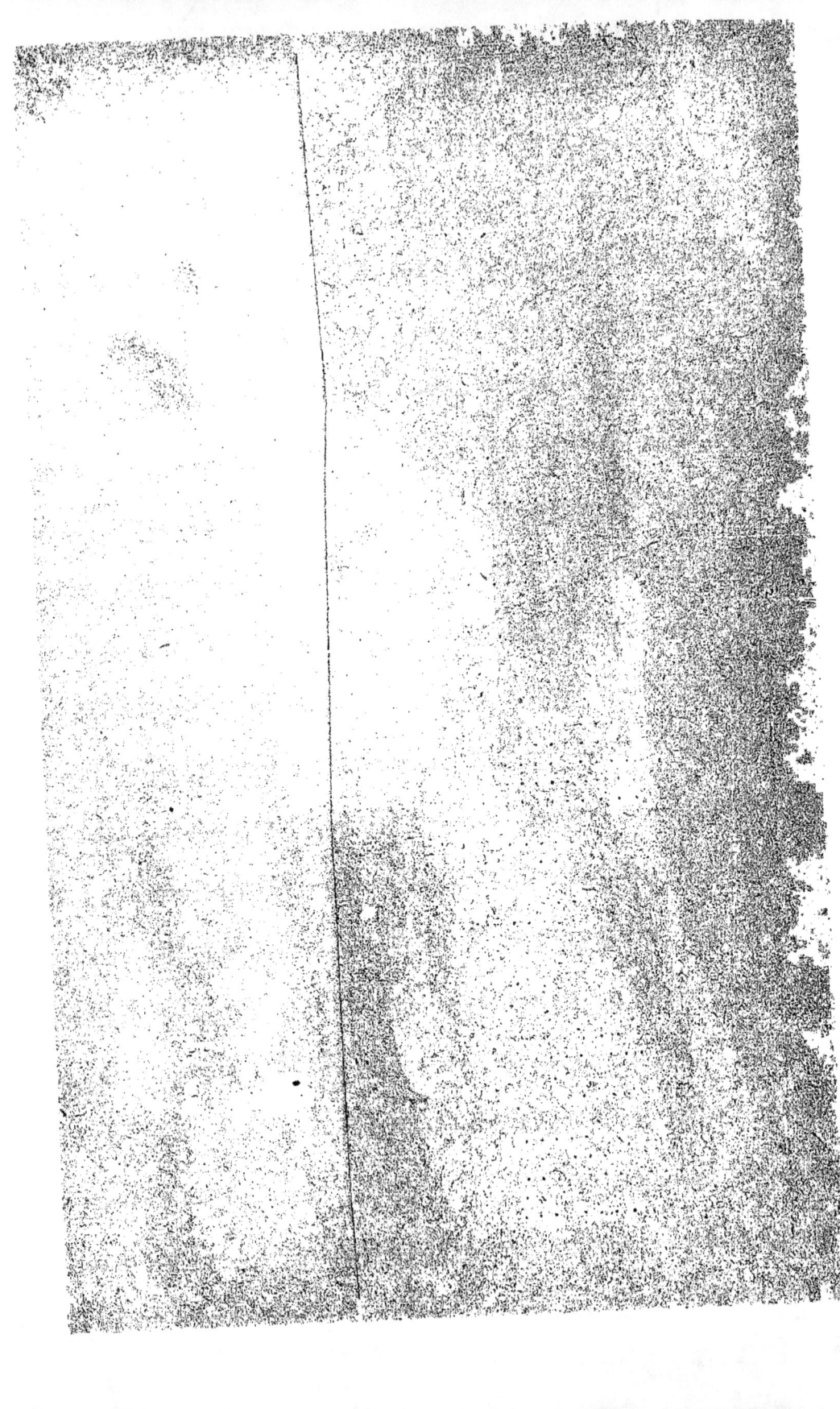

A LA LIBRAIRIE E. KOLB

8 RUE SAINT-JOSEPH, PARIS

EXTRAIT DU CATALOGUE

Collection à 3 fr. 50 le volume grand in-18 jésus

PAUL ADAM
- Robes rouges.......... 1 vol.
- Vice filial................ 1 —
- Cœurs utiles........... 1 —

GASTON BERGERET
- Le Cousin Babylas...... 1 —

F. DU BOISGOBEY
- La Main froide.......... 1 —

ALBERT CIM
- Bonne Amie............. 1 —

HENRY FÈVRE
- Monsieur Pophilat, roman comique............. 1 —
- L'Honneur............... 1 —

GEORGES GRISON
- L'ami du Commissaire.. 1 —

Lt-COLONEL HENNEBERT
- L'Artillerie moderne.... 1 —
- Les Frontières de France. 1 —

HENRI LAVEDAN
- La Haute................ 1 —
- Petites Fêtes............ 1 —
- Nocturnes............... 1 —
- Le nouveau Jeu......... 1 —
- Leur Cœur.............. 1 —

CH. LEGRAND
- L'Age de papier......... 1 —
- Assassin................. 1 —

JULES LERMINA
- A tes pieds.............. 1 —
- La Magie pratique...... 1 —

CH. LEROY
- Mme Flercadet cantinière 1 —
- Le Major von Trouspet. 1 —
- Les Fredaines du commandant Vermouil... 1 —
- Les exploits du caporal Verdure................ 1 —

GEORGES MALDAGUE
- La Boscotte............. 1 —

PAUL MARGUERITTE
- Pascal Gefosse.......... 1 —
- Jours d'épreuve......... 1 —
- Amants.................. 1 —
- La Force des Choses... 1 —
- Sur le retour............ 1 —

Dr PAUL MARIN
- L'Hypnotisme théorique et pratique avec les procédés d'hypnotisation.. 1 vol.

JULES MARY
- Quand même........... 1 —
- Guet-Apens............. 1 —
- Paradis perdu........... 1 —
- Amour défendu......... 1 —
- Le Régiment............ 2 —
- La Course au Bonheur. 1 —
- Tante Berceuse......... 1 —

Cte DE MAUGNY
- Souvenirs du Second Empire................ 1 —

VICTOR MEIGNAN
- Pauvre Islande.......... 1 —

OSCAR MÉTÉNIER
- Le Mari de Bertlie...... 1 —

EDMOND NEUKOMM
- Guillaume II et ses soldats................ 1 —
- Berlin tel qu'il est...... 1 —
- Voyage au pays du déficit. 1 —
- L'Allemagne à toute vapeur................. 1 —

GEORGES REGNAL
- Toujours................ 1 —

J.-H. ROSNY
- Vamireh................ 1 —

GEORGES SAUVY
- Loin de la vie.......... 1 —

GÉNÉRAL THOUMAS
- Causeries militaires.... 1 —

Cte TOLSTOI
- Bonheur intime......... 1 —

C. DE VARIGNY
- Les Ruines d'Uxmal.... 1 —
- Les États-Unis.......... 1 —

ZED
- Parisiens et Parisiennes en déshabillé............ 1 —
- La Grande Vie de Paris. 1 —
- La Parisienne au point de vue de l'amour.... 1 —
- Le Demi-Monde sous le Second Empire....... 1 —

IMP. NOIZETTE, 8, RUE CAMPAGNE-PREMIÈRE, PARIS

www.ingramcontent.com/pod-product-compliance
Lightning Source LLC
Chambersburg PA
CBHW060358170426
43199CB00013B/1916